회계사 · 세무사 · 경영지도사 ㅎ

해커스 경영아카데미
합격 시스템

해커스 경영아카데미 인강

취약 부분 즉시 해결!
교수님께 질문하기
게시판 운영

무제한 수강 가능+
PC 및 모바일
다운로드 무료

온라인 메모장+
필수 학습자료
제공

* 인강 시스템 중 무제한 수강, PC 및 모바일 다운로드 무료 혜택은 일부 종합반/패스/환급반 상품에 한함

해커스 경영아카데미 학원

쾌적한 환경에서 학습 가능!
개인 좌석 독서실
제공

철저한 관리 시스템
미니 퀴즈+출석체크
진행

복습인강 무제한 수강+
PC 및 모바일
다운로드 무료

* 학원 시스템은 모집 시기별로 변경 가능성 있음

회계사 · 세무사 · 경영지도사 단번에 합격! **해커스 경영아카데미 cpa.Hackers.com**

해커스
세무사
객관식 민법

해커스 경영아카데미

█ 이 책의 저자

김지원

경력

현 | 해커스 경영아카데미 교수
　　해커스 주택관리사 교수

전 | 일산 박문각 민법 강사 역임
　　에듀나인 본원 민법 강사 역임
　　올윈에듀 민법 강사 역임
　　한국부동산 TV강의 민법 강사 역임

저서

해커스 세무사 민법
해커스 세무사 객관식 민법
해커스 주택관리사 기본서 1차 민법
해커스 주택관리사 출제예상문제집 1차 민법

머리말

세무사 시험에서 민법의 최근 출제경향을 살펴보면, 출제지문이 상당히 길어졌고, 민법 전반에 걸친 체계적인 이해 여부를 묻는 종합적인 사례형 문제와 판례형, BOX형 문제의 출제비중이 갈수록 증가하여 난이도가 상당히 올라가 있습니다. 세무사 민법 시험의 난이도가 올라가 있다 하더라도 기본에 충실하고 최신 출제경향을 분석하여 대비한다면 좋은 점수를 얻을 수 있습니다. 실제 시험에 있어서 민법에서 고득점하여 다른 과목의 점수를 보충하는 것이 가장 좋습니다. 「해커스 세무사 객관식 민법」을 통하여 세무사 민법 시험에서 최대한 점수를 많이 얻으실 수 있도록 구성하였습니다.

「해커스 세무사 객관식 민법」의 특징은 다음과 같습니다.

1. 기본서 목차의 순서에 맞추어 기본문제와 판례형, 사례형, BOX형 출제예상문제를 정리하여 실었습니다.

2. 민법의 논점별 출제경향을 과학적으로 분석하여 출제 가능성이 높은 부분을 문제로 구성하여 수록하였습니다.

3. 실제 시험의 난이도에 대비하여 각종 국가고시 기출지문을 참고하여 정리하실 수 있도록 문제를 구성하여 학습 효율성을 최대화하였습니다.

4. 여타의 문제집과 달리 문제의 해설을 간략하게 정리하여 보시기에 편리하도록 실었습니다.

세무사 시험 준비를 하시는 모든 분들께서 객관식 문제집을 보시는 가장 큰 이유는 실전 적응력 배양에 있습니다. 기본서에서 학습한 부분을 문제집을 통하여 확실하고 효율적으로 정리하셔야 합니다. 「해커스 세무사 객관식 민법」을 통하여 학습하신 내용에 대한 이해와 깊이를 더하여 효율적으로 정리하시고, 실전 적응력을 키우셔서 세무사 시험에서 전원 합격의 영광을 얻으시길 간절히 기원합니다.

김지원

목차

제1편

민법 총칙

제1장   민법 서론
제2장   권리와 의무

제1장 민법 서론

01 「민법」의 법원(法源)에 관한 설명으로 옳지 않은 것은? (다툼이 있으면 판례에 따름)

① 헌법에 의하여 체결·공포된 민사에 관한 조약은 「민법」의 법원(法源)이 될 수 있다.
② 관습법은 헌법재판소의 위헌법률심판의 대상이 된다.
③ 관습법의 존재는 특별한 사정이 없으면 당사자의 주장·증명을 기다릴 필요 없이 법원이 직권으로 확정하여야 한다.
④ 사실인 관습은 법원(法源)으로서 법령에 저촉되지 않는 한 법칙으로서의 효력이 있다.
⑤ 공동선조와 성과 본을 같이 하는 후손은 성별의 구별 없이 성년이 되면 당연히 종중의 구성원이 된다고 보는 것이 조리에 합당하다.

02 관습법에 관한 설명으로 옳지 않은 것은? (다툼이 있으면 판례에 따름)

① 물권은 관습법에 의해서도 창설할 수 있다.
② 미등기 무허가건물의 양수인에게는 소유권에 준하는 관습상의 물권이 인정된다.
③ 사실인 관습은 관습법과는 달리 법령의 효력이 없는 단순한 관행으로서 법률행위 당사자의 의사를 보충함에 그친다.
④ 민사에 관하여 법률에 규정이 없으면 관습법에 의하고 관습법이 없으면 조리에 의한다.
⑤ 관습법으로 승인되었던 관행이 그러한 관습법을 적용해야 할 시점에서의 전체 법질서에 부합하지 않게 되었다면, 그 관습법은 법적 규범으로서의 효력이 부정된다.

03 관습법과 사실인 관습에 관한 설명으로 옳은 것은? (다툼이 있으면 판례에 따름)

① 사회의 거듭된 관행이 관습법으로 승인되었다면, 그것이 적용될 시점에 전체 법질서와 부합하지 않더라도 효력이 인정된다.
② 상행위와 관련된 법률관계에서는 「민법」이 상관습법에 우선한다.
③ 관습법은 당사자의 주장·증명이 없으면 법원이 직권으로 이를 확정할 수 없다.
④ 사실인 관습이 강행규정에 관한 것이더라도, 강행규정에서 관습에 따르도록 위임한 경우라면 그 관습에 대하여 법적 효력을 부여할 수 있다.
⑤ 물권은 관습법에 의하여 창설될 수 없다.

04 「민법」의 법원(法源)에 관한 설명으로 옳은 것은? (다툼이 있으면 판례에 따름) [세무사 22]

① 법률행위 해석의 표준인 사실인 관습은 「민법」의 법원이 될 수 없다.

② 적법하게 체결·공포된 국제조약이 민사에 관한 것이라 하더라도 「민법」의 법원이 될 수는 없다.

③ 관습법이 그 적용시점에서 전체 법질서에 부합하지 않는다 하더라도 그 법적 규범으로서의 효력이 부정되지는 않는다.

④ 당사자의 주장이 없음에도 불구하고 법원이 직권으로 관습법의 존재를 확정할 수는 없다.

⑤ 민사에 관한 대통령의 헌법상 긴급명령은 「민법」의 법원이 될 수 없다.

05 「민법」의 법원(法源)에 관한 설명으로 옳은 것은? (다툼이 있으면 판례에 따름)

① 명인방법은 관습법에 의한 공시방법으로 볼 수 없다.

② 대법원규칙도 「민법」의 법원이 될 수 있다.

③ 판례는 관습법과 사실인 관습을 구별하지 않는다.

④ 상사에 관하여는 「민법」이 상관습법에 우선한다.

⑤ 온천에 관한 권리는 관습법상의 물권이다.

정답 및 해설

01 ④ 관습법은 법원(法源)으로서 법령에 저촉되지 않는 한 법칙으로서의 효력이 있다.

02 ② 미등기 무허가건물의 양수인에게는 소유권에 준하는 관습상의 물권이 인정될 수 없다.

03 ④ ① 사회의 거듭된 관행이 관습법으로 승인되었더라도, 그것이 적용될 시점에 전체 법질서와 부합하지 않게 되었다면 관습법으로서의 효력은 부정된다. 따라서 관습법도 법이므로 「민법」상의 선량한 풍속 기타 사회질서에 반하지 않는 내용일 뿐만 아니라, 최상위 규범인 헌법상의 정당성과 합리성을 위반해서는 안 된다.
  ② 상사에 관하여 「상법」에 규정이 없으면 상관습법에 의하고 상관습법이 없으면 「민법」의 규정에 의한다 (「상법」 제1조, 특별법 우선의 원칙).
  ③ 관습법은 당사자의 주장·입증을 기다릴 필요 없이 법원이 직권으로 고려하여 재판의 준칙으로 삼을 수 있다.
  ⑤ 관습법에 의한 물권의 창설도 가능하다. 이 경우 관습법상의 물권으로는 분묘기지권, 관습법상의 법정지상권, 동산양도담보가 있다.

04 ① ② 적법하게 체결·공포된 국제조약이 민사에 관한 것이라면 「민법」의 법원이 될 수 있다.
  ③ 관습법이 그 적용시점에서 전체 법질서에 부합하지 않는다면 관습법으로서의 효력이 부정된다.
  ④ 관습법의 존부(存否)와 법원성의 인정 여부는 당사자의 주장을 기다릴 필요 없이 법원이 직권으로 확정할 수 있다.
  ⑤ 민사에 관한 대통령의 헌법상 긴급명령도 「민법」의 법원이 될 수 있다.

05 ② ① 명인방법은 관습법에 의한 공시방법이다.
  ③ 판례는 관습법과 사실인 관습을 구별한다.
  ④ 상사에 관하여는 상관습법이 「민법」에 우선한다.
  ⑤ 온천에 관한 권리는 관습법상의 물권이 아니다.

06 관습법에 관한 설명으로 옳은 것은? (다툼이 있으면 판례에 따름)

> ㄱ. 미등기 무허가건물의 양수인에게 소유권에 준하는 관습법상의 물권이 인정된다.
> ㄴ. 일반 주민들이 다른 사람의 공동 사용을 방해하지 않는 한 자유로이 이용할 수 있는 공원
> 　　이용권은 관습법상 물권이다.
> ㄷ. 분묘기지권을 시효취득한 경우 무상으로 취득한다.
> ㄹ. 온천수에 관한 권리는 관습법상 물권이 아니라 상린관계상 공용수 또는 생활상 필요한 용
> 　　수에 관한 권리에 해당한다.

① ㄱ　　　　　　　　　② ㄱ, ㄴ　　　　　　　　③ ㄷ, ㄹ
④ ㄴ, ㄷ, ㄹ　　　　　　⑤ 없음

07 「민법」의 법원(法源)에 관한 설명으로 옳지 않은 것은? (다툼이 있으면 판례에 따름)

① 「민법」 제1조의 관습법은 법률에 대하여 열후적·보충적 성격을 가진다.
② 헌법에 의하여 체결·공포된 조약으로서 민사에 관한 것은 「민법」의 법원이 된다.
③ 관습법은 원칙적으로 당사자의 주장·입증을 기다림이 없이 법원이 직권으로 이를 확정할 수 있다.
④ 「민법」 제1조 소정의 '법률'은 헌법이 정하는 절차에 따라서 제정·공포되는 형식적 의미의 법률만을 뜻한다.
⑤ 사회의 거듭된 관행으로 생성된 사회생활규범은 전체 법질서에 반하지 않아야 관습법으로서의 효력이 인정될 수 있다.

08 「민법」 제1조 법원(法源)에 관한 설명으로 옳은 것은? (다툼이 있으면 판례에 따름)

① 헌법재판소 결정은 민사에 관한 법원이 될 수 있다.
② 대법원 판례는 일반적으로 하급심을 구속한다.
③ 관습법은 성문법에 대하여 변경적 효력을 갖는다.
④ 조리는 법원이 아니다.
⑤ 지방자치단체의 자치법규는 민사에 관한 것이더라도 「민법」의 법원이 될 수 없다.

09 관습법과 사실인 관습에 관한 다음의 설명 중 옳은 것은? (다툼이 있으면 판례에 따름)

① 사실인 관습이 임의규정에 위반되는 경우에는 당사자의 의사가 명확하지 않은 때에도 해석의 표준이 될 수 없다.

② 강행규정에 배치되는 관습법은 그 효력이 부정되지만, 임의규정에 배치되는 관습법은 그 효력이 유효이다.

③ 판례는 관습법과 사실인 관습을 구별하지 않는다.

④ 관습법은 법령과 같은 효력을 가지며 그 존부가 불분명하므로 법원의 판결을 통해 그 존재가 확인된다.

⑤ 종중 구성원의 자격을 성년남자만으로 제한하는 종래의 관습법은 부정되었고, 이는 법원에 의해 새로운 관습법이 만들어진 것이다.

정답 및 해설

06 ⑤ ㄱ. 미등기 무허가건물의 양수인에게는 소유권에 준하는 관습법상의 물권이 인정되지 않는다.

ㄴ. 일반 주민들이 다른 사람의 공동 사용을 방해하지 않는 한 자유로이 이용할 수 있는 공원이용권은 관습법상 물권이 아니다.

ㄷ. 분묘기지권을 시효취득한 경우 토지소유자가 지료를 청구한 때로부터 지료를 지급할 의무가 있다.

ㄹ. 온천수에 관한 권리는 관습법상 물권도 아니고, 상린관계상 공용수 또는 생활상 필요한 용수에 관한 권리에 해당하지도 않는다.

07 ④ 「민법」 제1조 소정의 '법률'은 헌법이 정하는 절차에 따라서 제정·공포되는 형식적 의미의 법률만을 뜻하는 것이 아니고 실질적 의미의 법률을 의미한다.

08 ① ② 대법원 판례는 일반적으로 하급심을 구속하는 것이 아니고, 당해 사건에 한하여 하급심을 구속한다.

③ 「민법」 제1조의 관습법은 성문법에 대하여 보충적 효력만을 갖는다.

④ 조리도 민사에 관한 것이면 「민법」의 법원이다.

⑤ 지방자치단체의 자치법규(= 조례)가 민사에 관한 것이라면 「민법」의 법원이 될 수 있다.

09 ④ ① 사실인 관습이 임의규정에 위반되는 경우에도 그 효력은 유효이다. 당사자의 의사가 명확하지 않은 때에는 강행규정에 위반하지 않은 사실인 관습은 임의법규에 우선하여 해석의 표준이 된다(「민법」 제106조).

② 성문법(강행규정, 임의규정)에 배치되는 관습법은 그 효력이 없다.

③ 판례는 관습법과 사실인 관습을 엄격하게 구별한다.

⑤ 종중 구성원의 자격을 성년남자만으로 제한하는 종래의 관습법은 부정되었고, 이는 법원에 의해 새로운 관습법이 만들어진 것이 아니라 조리의 법원성을 인정한 것이다.

10 「민법」의 법원(法源)에 관한 설명으로 옳은 것은? (다툼이 있으면 판례에 따름)

① 민사(民事)에 관하여 법률에 규정이 없으면 조리에 의하고 조리가 없으면 관습법에 의한다.
② 「민법」 제1조의 민사에는 상사(商事)가 포함되지 않는다.
③ 관습법은 그 존부를 법원이 알 수 없는 경우를 제외하고는 당사자의 주장·입증을 기다림이 없이 법원이 직권으로 이를 확정하여야 한다.
④ 강행규정과 다른 관습이 있는 경우 당사자의 의사가 명확하지 아니한 때에는 그 관습에 의한다.
⑤ 조례와 규칙은 민사에 관한 것이라도 「민법」의 법원이 될 수 없다.

11 「민법」의 법원(法源)에 관한 설명으로 옳은 것은? (다툼이 있으면 판례에 따름)

① 판례는 사실인 관습에 대해 법령으로서의 효력을 인정한다.
② 「민법」의 법원(法源)은 민사에 관하여 재판을 할 때 적용되는 기준으로서 형식적 의미의 「민법」만이 이에 해당한다.
③ 관습법은 당사자의 주장·입증을 요하지 아니하고 법원(法院)이 직권으로 이를 확정하여야 한다.
④ 대법원이 제정한 부동산등기규칙은 「민법」의 법원이 아니다.
⑤ 민사에 관하여 일반적으로 승인된 국제법규라도 국회가 비준하지 않으면 「민법」의 법원이 될 수 없음이 원칙이다.

12 「민법」의 적용과 해석방법에 관한 설명으로 옳지 않은 것은? (다툼이 있으면 판례에 따름) [세무사 17]

① 민사에 관한 특별법은 「민법」에 우선하여 적용하여야 한다.
② 「민법」은 원칙적으로 대한민국의 영토 내에 있는 외국인에 대하여도 적용된다.
③ 「민법」을 해석함에 있어서 조문의 통상적인 의미에 따라 해석하는 것을 문리해석(문언적 해석, 문법적 해석)이라고 한다.
④ 어떤 법률요건에 관한 규정을 이와 유사한 다른 것에 적용하는 「민법」의 해석방법을 준용이라고 한다.
⑤ 「민법」의 해석은 구체적 타당성과 법적 안정성이 조화될 수 있도록 하여야 한다.

13 미성년자는 법정대리인의 동의 또는 대리에 의하지 않는 한 원칙적으로 단독으로 '재산상의 행위'를 할 수 없다고 하는 경우 '가족법상의 행위'는 단독으로 할 수 있다고 해석하는 「민법」의 해석방법은?

① 유권해석 ② 논리해석 ③ 유추해석
④ 반대해석 ⑤ 축소해석

14 「민법」의 효력에 관한 설명으로 옳지 않은 것은?

① 「민법」은 외국에 있는 대한민국 국민에게 그 효력이 미친다.
② 「민법」에서는 법률불소급의 원칙이 엄격하게 지켜지지 않는다.
③ 동일한 민사에 관하여 한국 「민법」과 외국의 법이 충돌하는 경우에 이를 규율하는 것이 섭외사법이다.
④ 우리 「민법」은 국내에 있는 국제법상의 치외법권자에게는 그 효력이 미치지 아니한다.
⑤ 「민법」은 한반도와 그 부속도서라면 예외 없이 효력이 미친다.

정답 및 해설

10 ③ ① 민사(民事)에 관하여 법률에 규정이 없으면 관습법에 의하고 관습법이 없으면 조리에 의한다.
② 「민법」 제1조의 민사에는 상사(商事)가 포함된다. 민사라는 용어는 상황에 따라 달리 해석되므로, 형사에 대응하여 민사라는 용어를 사용할 경우에는 상사를 포함한 사법관계 전체를 의미하는 것이다. 그러나 상사에 대응하여 민사라는 용어를 사용할 경우에는 상사를 제외한 사법관계를 의미한다.
④ 임의규정과 다른 관습이 있는 경우 당사자의 의사가 명확하지 아니한 때에는 그 관습에 의한다.
⑤ 조례와 규칙은 민사에 관한 것이라면 「민법」의 법원이 될 수 있다.

11 ③ ① 판례는 사실인 관습에 대해서는 법령으로서의 효력을 부정한다.
② 「민법」의 법원(法源)은 민사에 관하여 재판을 할 때 적용되는 기준으로서 형식적 의미의 법률뿐만이 아니라 각종 명령, 규칙, 조약, 조례도 민사에 관한 것이라면 「민법」의 법원(法源)에 해당한다.
④ 「민법」 제1조의 법률은 '실질적 의미의 법률'을 의미하므로 대법원이 제정한 부동산등기규칙도 「민법」의 법원이 된다.
⑤ 민사에 관하여 일반적으로 승인된 국제법규인 경우에는 국회의 비준절차를 거치지 않아도 「민법」의 법원이 될 수 있다.

12 ④ 어떤 법률요건에 관한 규정을 이와 유사한 다른 것에 적용하는 「민법」의 해석방법은 준용이 아니라 유추(또는 유추해석)라고 한다. 준용은 해석의 방법이 아니고 입법기술의 문제로서 법을 새롭게 제정하는 것이 아니고 그대로 적용하는 것을 말한다.

13 ④ 반대해석은 A사실에 대하여는 규정이 있고 B사실에 대하여는 규정이 없는 경우에 B사실에 대하여 A사실과는 정반대의 결론을 내리는 해석방법을 말한다. '소멸시효이익은 미리 포기하지 못한다'라고 규정하고 있으므로 '소멸시효완성 후에는 포기할 수 있다'라고 해석하는 것이 그 예가 될 수 있다.

14 ④ 속지주의의 원칙상 「민법」은 국내에 있는 국제법상의 치외법권자에게도 그 효력이 미친다.

제2장 권리와 의무

01 호의관계에 관한 다음 설명 중 옳지 않은 것은? (다툼이 있으면 판례에 따름)

① 호의관계는 법률관계와는 구별되는 생활관계이므로 원칙적으로 법률문제가 생길 여지가 없다.

② 호의관계에 수반하여 손해가 발생한 경우에 그 손해를 누가 부담할 것인가 하는 문제가 제기될 수 있다.

③ 호의관계에 대해서는 무상계약에서의 책임 강경의 법리를 유추적용할 수도 있다.

④ 호의관계에 대해서는 과실상계의 법리를 적용하지 않는 것이 판례의 입장이다.

⑤ 호의관계와 법률관계를 구별하는 기준은 대가성 또는 유상성에 기인하지 않는다.

02 甲은 출근하는 길에 호의로 회사 동료 乙을 자동차에 태워주기로 약속하였다. 甲과 乙 사이에 법적으로 구속당할 의사가 없는 경우, 이에 관한 설명으로 옳은 것은? (다툼이 있으면 판례에 따름) [세무사 15]

① 甲과 乙의 약속은 법률관계이다.

② 甲이 약속을 어길 경우 乙은 약속을 지킬 것을 법원에 청구할 수 있다.

③ 甲이 자동차에 태워주지 않음으로 인해 乙이 택시비를 지출한 경우 乙은 약속위반을 이유로 한 손해배상을 청구할 수 있다.

④ 甲이 乙을 자동차에 태우고 가다가 과실로 교통사고를 일으켜 乙이 다친 경우 원칙적으로 乙은 甲에게 손해배상을 청구할 수 있다.

⑤ 甲은 원칙적으로 乙에게 자동차에 태워준 대가를 청구할 수 있다.

03 권리와 의무에 관한 설명으로 옳은 것은? (다툼이 있으면 판례에 따름)

① 매매예약완결권의 법적 성질은 청구권이다.

② 주된 권리가 시효로 소멸하면 종된 권리도 소멸한다.

③ 채권자취소권은 권리자의 의사표시만으로 그 효과가 발생한다.

④ 연기적 항변권의 행사는 상대방의 청구권을 소멸시킨다.

⑤ 임대인의 임대차계약해지권은 행사상 일신전속권이다.

04 권리에 관한 설명으로 옳지 않은 것은?

① 청구권은 특정인이 다른 특정인에게 일정한 행위를 요구할 수 있는 권리로서 물권, 가족권 등으로부터도 발생한다.

② 형성권은 권리자의 일방적 의사표시로 법률관계를 변동시킬 수 있는 권리로서 이에 속하는 상계권, 해제권, 채권자취소권은 재판상 행사하여야 한다.

③ 항변권은 상대방의 청구권 행사에 대하여 일시적 또는 영구적으로 작용을 저지할 수 있는 권리이다.

④ 제3자가 지배권을 침해한 때에는 원칙적으로 불법행위가 성립하며 지배권자는 침해행위의 배제를 청구할 수 있다.

⑤ 일신전속권에는 특정인에게만 귀속되어야 하는 귀속상의 일신전속권과 권리자 자신이 행사하여야 하는 행사상의 일신전속권이 있다.

정답 및 해설

01 ④ 호의관계에 수반하여 손해가 발생한 경우 호의에 의한 급부제공자에게 전부 책임을 지게 하는 것은 지나치게 가혹하므로 무상계약의 법리, 신의칙, 과실상계의 법리를 적용하여 호의급부자의 책임을 경감하고 있다.

02 ④ ① 甲과 乙의 약속은 법률관계가 아니라 호의관계이다.

② 甲이 약속을 어길 경우 乙은 약속을 지킬 것을 법원에 청구할 수 없다.

③ 甲이 자동차에 태워주지 않음으로 인해 乙이 택시비를 지출한 경우 乙은 약속위반을 이유로 한 손해배상을 청구할 수 없다.

⑤ 甲은 원칙적으로 乙에게 자동차에 태워준 대가를 청구할 수 없다.

03 ② ① 매매예약완결권의 법적 성질은 형성권이다.

③ 채권자취소권은 권리자의 의사표시만으로 그 효과가 발생하지 않고 반드시 소송을 통해서 행사하여야 한다.

④ 연기적 항변권의 행사는 상대방의 청구권을 소멸시키거나 청구권의 존재를 부정하는 것이 아니라 청구권의 행사를 일시적으로 저지할 뿐이다.

⑤ 임대인의 임대차계약해지권은 행사상의 일신전속권이 아니므로 대리 또는 대위행사가 가능하다.

04 ② 상계권·해제권은 형성권으로서 반드시 재판상 행사할 필요가 없고 상대방에 대한 의사표시로 충분하다.

05 사권(私權)에 관한 설명으로 옳지 않은 것은? (다툼이 있으면 판례에 따름)

① 토지임차인의 지상물매수청구권은 형성권이다.

② 채권자취소권은 소로써만 행사할 수 있다.

③ 청구권은 채권뿐만 아니라 물권으로부터도 생긴다.

④ 하자담보책임에 기한 토지매수인의 손해배상청구권은 제척기간에 걸리므로, 소멸시효 규정의 적용이 배제된다.

⑤ 항변권은 상대방의 청구권 자체를 소멸시키는 권리가 아니라 그 작용을 저지할 수 있는 권리이다.

06 형성권에 관한 설명으로 옳은 것을 모두 고른 것은? (다툼이 있으면 판례에 따름)

> ㄱ. 형성권의 행사는 상대방에 대한 일방적 의사표시로 한다.
> ㄴ. 다른 사정이 없으면, 형성권의 행사에 조건 또는 기한을 붙이지 못한다.
> ㄷ. 다른 사정이 없으면, 형성권은 그 일부를 행사할 수 있다.
> ㄹ. 다른 사정이 없으면, 형성권은 제척기간의 적용을 받는다.

① ㄱ, ㄴ, ㄷ   ② ㄱ, ㄴ, ㄹ   ③ ㄱ, ㄷ, ㄹ

④ ㄴ, ㄷ, ㄹ   ⑤ ㄱ, ㄴ, ㄷ, ㄹ

07 권리에 관한 설명으로 옳지 않은 것은?

① 보증인의 최고검색의 항변권·동시이행의 항변권 등은 영구적 항변권에 속한다.

② 조건부 권리·기한부 권리·상속개시 전의 추정상속인의 지위 등은 기대권의 일종이다.

③ 채권자취소권은 반드시 재판상 행사하여야 한다.

④ 권리의 성질상 양도·상속 등에 의해 타인에게 이전할 수 없는 권리를 일신전속권이라고 한다.

⑤ 청구권은 채권의 규정이 유추적용될 수 있으며 물권에 의해서도 발생할 수 있다.

08 권리의 분류와 그 예시가 옳지 않은 것은? [세무사 16]

① 가족권 – 친권

② 청구권 – 손해배상청구권

③ 형성권 – 의사표시의 취소권

④ 사원권 – 사원총회소집청구권

⑤ 항변권 – 계약해제권

09 권리의 충돌과 경합에 관한 설명으로 옳은 것은? (다툼이 있으면 판례에 따름) [세무사 17]

① 권리가 경합되는 경우에는 권리자는 그 중 가장 먼저 성립한 권리를 행사하여야 한다.

② 동일한 목적을 위하여 경합되는 권리 중 하나를 행사하여 그 목적을 달성한 경우에는 나머지 권리는 모두 소멸한다.

③ 일반채권이 서로 충돌하는 경우에는 먼저 성립한 채권이 우선한다.

④ 소유권과 제한물권이 충돌하면 소유권이 제한물권에 우선한다.

⑤ 물권과 채권이 충돌하는 경우에는 원칙적으로 채권이 물권에 우선한다.

정답 및 해설

05 ④ 매도인에 대한 하자담보에 기한 손해배상청구권에 대하여는 「민법」 제582조의 제척기간이 적용되고, 이는 법률관계의 조속한 안정을 도모하고자 하는 데에 취지가 있다. 그런데 하자담보에 기한 매수인의 손해배상청구권은 권리의 내용·성질 및 취지에 비추어 「민법」 제162조 제1항의 채권 소멸시효의 규정이 적용되고, 「민법」 제582조의 제척기간 규정으로 인하여 소멸시효 규정의 적용이 배제된다고 볼 수 없으며, 이때 다른 특별한 사정이 없는 한 무엇보다도 매수인이 매매목적물을 인도받은 때부터 소멸시효가 진행한다.

06 ② ㄷ. 다른 사정이 없으면, 형성권은 그 전부를 행사하는 것이 원칙이고, 일부를 행사할 수 없다. 따라서 일부분에 취소사유가 있을 경우에는 전부 취소가 원칙이고, 예외적으로 가분적이고 가정적 의사가 인정될 경우 일부 취소도 가능하다.

07 ① 연기적 항변권에 해당한다. 이와는 달리 소멸시효완성의 항변권·상속인의 한정승인의 항변권 등은 영구적 항변권이다.

08 ⑤ 계약해제권은 항변권이 아니고 형성권에 해당한다.

09 ② ① 권리가 경합하는 경우에는 권리자는 그 중에서 자유롭게 선택하여 행사할 수 있다.
③ 일반채권이 서로 충돌하는 경우에는 먼저 행사한 자가 우선한다(= 선이행의 원칙).
④ 소유권과 제한물권이 충돌하면 언제나 제한물권이 소유권에 우선한다.
⑤ 물권과 채권이 충돌하는 경우에는 원칙적으로 물권이 채권에 우선한다.

10 권리가 충돌할 때 우선순위에 관한 설명으로 옳지 않은 것은?

① 소유권과 제한물권이 충돌하면 성질상 제한물권이 언제나 우선한다.
② 양립 가능한 제한물권과 제한물권이 충돌하면 먼저 성립한 물권이 언제나 우선한다.
③ 동일한 물건에 대하여 채권과 나중에 성립한 물권이 충돌하면 채권이 대항력을 갖추지 않더라도 물권에 우선할 수 있는 경우가 있다.
④ 법률에 달리 정함이 없는 한, 수 개의 채권은 그 발생원인·발생시기·채권액에 상관없이 순위에 우열이 없다.
⑤ 수 개의 채권이 충돌하여 그 전부를 만족시키기에는 채무자의 재산이 부족한 경우, 채무자는 각 채권액에 안분비례하여 공평하게 변제하여야 한다.

11 권리 상호 간의 관계에 관한 설명으로 옳은 것을 모두 고른 것은? (다툼이 있으면 판례에 따름)

> ㄱ. 일방 당사자의 잘못으로 인해 상대방 당사자가 계약을 취소하거나 불법행위로 인한 손해배상을 청구할 수 있는 경우, 계약 취소로 인한 부당이득반환청구권, 불법행위로 인한 손해배상청구권은 경합하여 병존한다.
> ㄴ. 공무원이 공권력의 행사로 그 직무를 행함에 있어 고의 또는 과실로 위법하게 타인에게 손해를 가한 경우, 국가가 부담하는 「민법」상 불법행위책임과 「국가배상법」상 배상책임은 경합하여 병존한다.
> ㄷ. 매매의 목적물에 물건의 하자가 있는 경우, 매도인의 하자담보책임과 채무불이행책임은 별개의 권원에 의하여 경합하여 병존할 수 있다.

① ㄱ   ② ㄷ   ③ ㄱ, ㄴ
④ ㄱ, ㄷ   ⑤ ㄱ, ㄴ, ㄷ

12 권리의 순위와 경합에 대한 다음 설명 중 옳지 않은 것을 모두 고르면?

> ㄱ. 채권 상호 간에는 먼저 성립한 권리가 우선한다.
> ㄴ. 물권과 채권 간에는 먼저 성립한 권리가 우선한다.
> ㄷ. 물권 상호 간에는 먼저 성립한 권리가 우선한다.
> ㄹ. 소유권과 제한물권이 충돌하는 경우 당연히 소유권이 우선한다.
> ㅁ. 공무원의 불법행위로 타인에게 손해를 입힌 경우 「국가배상법」의 규정이 「민법」의 사용자책임 규정을 배제하고 우선적으로 적용된다.

① ㄱ, ㄷ   ② ㄱ, ㄴ, ㄷ   ③ ㄱ, ㄴ, ㄹ
④ ㄴ, ㄷ, ㄹ   ⑤ ㄴ, ㄹ, ㅁ

13 다음 사례에 관한 설명 중 옳지 않은 것을 고르면?

> 甲이 자기소유의 주택을 乙에게 임대하였는데, 乙이 임대차기간이 종료하였으나 돌려주지 않고 있는 경우 甲에게는 임대차에 기한 반환청구 및 소유권에 기한 반환청구권이 발생한다.

① 두 개의 청구권 중 어느 하나를 행사하면 다른 권리는 소멸한다.

② 임대차에 기한 반환청구권 행사에 의하여 반환받으면 소유물 반환청구권은 소멸한다.

③ 임대차에 기한 반환청구권은 소멸시효에 걸리지만 소유물 반환청구권은 소멸하지 않는다.

④ 두 개의 청구권은 서로 독립하여 존재하고 동시에 행사할 수도 있다.

⑤ 甲의 주택이 乙의 과실로 파손된 경우에는 반환청구권과 별개로 손해배상청구권을 甲이 행사할 수 있다.

정답 및 해설

10 ⑤ 수 개의 채권이 충돌하여 그 전체 채권을 만족시키기에는 채무자의 재산이 부족하여 채무초과의 상태가 있는 경우라 하더라도, 채무자가 파산신청을 하기 전에는 선행의 원칙에 의해 채권자는 각각 자신의 채권액 전부를 변제요구할 수 있다. 따라서 채무자가 임의로 각 채권액에 안분비례하여 변제하는 것은 허용되지 않는다.

11 ④ ㄴ. 공무원이 공권력의 행사로 그 직무를 행함에 있어 고의 또는 과실로 위법하게 타인에게 손해를 가한 경우, 법규경합에 따라 「국가배상법」상 배상책임만 인정되므로 국가가 부담하는 「민법」상 불법행위책임은 적용하지 않는다.

12 ③ ㄱ. 채권 상호 간에는 "채권자평등의 원칙"에 의해 성립시기를 불문하고 평등하게 다루어진다.
　　ㄴ. 권리가 서로 충돌되는 경우 물권 상호 간에는 물권의 배타성으로 인하여 먼저 성립한 물권이 뒤에 성립한 물권에 우선하지만, 물권과 채권 간에는 물권이 우선한다.
　　ㄹ. 소유권과 제한물권 사이에서는 언제나 제한물권이 우선한다.

13 ① 권리경합의 경우 하나의 권리를 행사한다고 하여 다른 권리가 소멸하는 것이 아니라, 별개로 발생하고 별개로 행사할 수 있다.

14 신의성실의 원칙(이하 '신의칙')에 관한 설명으로 옳지 않은 것은? (다툼이 있으면 판례에 따름)

① 사적 자치의 영역을 넘어 공공질서를 위하여 공익적 요구를 선행시켜야 할 경우에도 특별한 사정이 없는 한 신의칙이 합법성의 원칙보다 우월하다.
② 신의칙이란 "법률관계의 당사자는 상대방의 이익을 고려하여 형평에 어긋나거나 신의를 저버리는 내용 또는 방법으로 권리를 행사하거나 의무를 이행하여서는 안 된다"는 추상적 규범을 말한다.
③ 숙박업자는 신의칙상 부수적 의무로서 고객의 안전을 배려할 보호의무를 부담한다.
④ 인지청구권에는 실효의 법리가 적용되지 않는다.
⑤ 이사가 회사 재직 중에 채무액과 변제기가 특정되어 있는 회사채무를 보증한 후 사임한 경우, 그 이사는 사정변경을 이유로 그 보증계약을 일방적으로 해지할 수 없다.

15 신의칙에 관한 설명으로 옳은 것을 모두 고른 것은? (다툼이 있으면 판례에 따름)

> ㄱ. 법원은 당사자의 주장이 없으면 직권으로 신의칙 위반 여부를 판단할 수 없다.
> ㄴ. 무권대리인이 무권대리행위 후 단독으로 본인의 지위를 상속한 경우, 본인의 지위에서 그 무권대리행위의 추인을 거절하는 것은 신의칙에 반한다.
> ㄷ. 부동산거래에서 신의칙상 고지의무의 대상은 직접적인 법령의 규정뿐만 아니라 계약상, 관습상 또는 조리상의 일반원칙에 의해서도 인정될 수 있다.

① ㄱ   ② ㄴ   ③ ㄱ, ㄷ
④ ㄴ, ㄷ   ⑤ ㄱ, ㄴ, ㄷ

16 신의성실의 원칙에 위반되는 행위가 아닌 것은? (다툼이 있으면 판례에 따름)   [세무사 20]

① 해제권을 장기간 행사하지 않아 상대방이 해제권은 더 이상 행사되지 않을 것으로 정당하게 신뢰하였음에도 그 해제권을 행사하는 행위
② 상속인이 피상속인 생존 시 상속포기의 약정을 하였으나 상속개시 후 상속포기의 절차를 밟지 않고 자신의 상속권을 주장하는 행위
③ 특별한 사정이 없는 경우, 해고된 근로자가 퇴직금을 이의 없이 수령하고 그로부터 아무런 이의제기 등이 없는 상태에서 오랜 기간이 지난 후에 해고무효의 소를 제기하는 행위
④ 대항력을 갖춘 임차인이 임대인의 근저당권자에게 자신은 임차인이 아니며, 임차인으로서의 권리를 주장하지 않겠다고 확인서를 작성해 준 후 나중에 임차권을 주장하는 행위
⑤ 농지 매매계약을 체결한 매수인이 자신은 농가가 아니고 자영의 의사도 없다는 이유를 들어 그 매매계약의 무효를 주장하는 행위

17 신의성실의 원칙에 관한 설명으로 옳은 것을 모두 고른 것은? (다툼이 있으면 판례에 따름)

ㄱ. 회사의 이사가 회사의 확정채무를 보증한 경우에는 그 직을 사임하더라도 사정변경을 이유로 그 보증계약을 해지할 수 없다.

ㄴ. 소멸시효완성 전에 채무자가 시효중단을 현저히 곤란하게 하여 채권자가 아무런 조치를 취할 수 없었던 경우, 그 채무자가 시효완성을 주장하는 것은 신의칙상 허용되지 않는다.

ㄷ. 강행법규를 위반한 자가 스스로 강행법규 위반을 이유로 약정의 무효를 주장하는 것은 특별한 사정이 없는 한 신의칙에 반한다.

---

① ㄱ   ② ㄷ   ③ ㄱ, ㄴ
④ ㄴ, ㄷ   ⑤ ㄱ, ㄴ, ㄷ

정답 및 해설

14 ① 사적 자치의 영역을 넘어 공공질서를 위하여 공익적 요구를 선행시켜야 할 경우에도 특별한 사정이 없는 한 신의칙이 합법성의 원칙보다 우선할 수 없다.

15 ④ ㄱ. 법원은 당사자의 주장과 상관없이 직권으로 신의칙 위반 여부를 판단할 수 있다.

16 ② 상속인이 피상속인 생존 시 상속포기의 약정을 하였으나 상속개시 후 상속포기의 절차를 밟지 않고 자신의 상속권을 주장하는 행위는 신의칙 위반행위가 아니다.

[오답체크]
① 해제권을 장기간 행사하지 않아 상대방이 해제권은 더 이상 행사되지 않을 것으로 정당하게 신뢰하였음에도 그 해제권을 행사하는 행위는 신의칙 위반이다.
③ 특별한 사정이 없는 경우, 해고된 근로자가 퇴직금을 이의 없이 수령하고 그로부터 아무런 이의제기 등이 없는 상태에서 오랜 기간이 지난 후에 해고무효의 소를 제기하는 행위는 신의칙 위반이다.
④ 대항력을 갖춘 임차인이 임대인의 근저당권자에게 자신은 임차인이 아니며, 임차인으로서의 권리를 주장하지 않겠다고 확인서를 작성해 준 후 나중에 임차권을 주장하는 행위는 신의칙 위반이다.
⑤ 농지 매매계약을 체결한 매수인이 자신은 농가가 아니고 자영의 의사도 없다는 이유를 들어 그 매매계약의 무효를 주장하는 행위는 신의칙 위반이다.

17 ③ ㄷ. 강행법규를 위반한 자가 스스로 강행법규 위반을 이유로 약정의 무효를 주장하는 것은 특별한 사정이 없는 한 신의칙에 반하지 않는다.

18 신의성실의 원칙(이하 '신의칙')에 관한 설명으로 옳지 않은 것은? (다툼이 있으면 판례에 따름)

① 세무사와 의뢰인 사이에 약정된 보수액이 부당하게 과다하여 신의칙에 반하는 경우, 세무사는 상당하다고 인정되는 범위의 보수액만 청구할 수 있다.

② 계속적 보증계약의 보증인은 주채무가 확정된 이후에는 사정변경을 이유로 보증계약을 해지할 수 없다.

③ 병원은 입원계약에 따라 입원환자들의 휴대품이 도난되지 않도록 할 신의칙상 보호의무를 진다.

④ 인지청구권은 포기할 수 없는 권리이므로 실효의 원칙이 적용되지 않는다.

⑤ 관련 법령을 위반하여 무효인 편입허가를 받은 자에 대하여 오랜 기간이 경과한 후 편입학을 취소하는 것은 신의칙 위반이다.

19 사정변경의 원칙에 관한 설명으로 옳은 것은? (다툼이 있으면 판례에 따름)

① 「민법」에는 사정변경의 원칙에 입각한 일반규정과 개별규정이 없다.

② 계약당사자 일방의 책임 있는 사유로 인해 현저한 사정변경이 초래된 경우, 그 당사자는 사정변경을 이유로 계약을 해제할 수 있다.

③ 사정변경으로 인한 계약해제에 있어서 사정이라 함은 계약의 기초가 되었던 객관적인 사정 및 당사자의 주관적 또는 개인적인 사정을 포함하는 것이다.

④ 이사로 재직 중 채무액과 변제기가 특정되어 있는 회사의 확정채무에 대하여 보증을 한 후 이사직을 사임한 자는 사정변경을 이유로 그 보증계약을 해지할 수 있다.

⑤ 현저하게 변경된 사정이 계약 성립 당시에 당사자가 예견할 수 있었던 것이라면 그 당사자는 계약을 해제할 수 없다.

20 신의성실의 원칙(신의칙) 및 권리남용에 관한 설명으로 옳은 것은? (다툼이 있으면 판례에 따름)

[세무사 21]

① 법정대리인의 동의 없이 신용구매계약을 체결한 미성년자가 사후에 법정대리인의 동의 없음을 이유로 이를 취소하는 것은 신의칙에 위배되지 않는다.
② 채무자의 소멸시효에 기한 항변권의 행사는 신의칙의 지배를 받지 않는다.
③ 신의칙은 당사자의 주장이 없으면 법원이 직권으로 판단할 수 없다.
④ 권리의 행사에 의하여 얻는 이익보다 상대방에게 발생할 손해가 현저히 크다는 사정만으로도 권리남용이 된다.
⑤ 채권자가 유효하게 성립한 계약에 따른 급부의 이행을 청구하는 때에 법원이 신의칙에 따라 급부의 일부를 감축하는 것은 원칙적으로 허용된다.

정답 및 해설

18 ⑤ 강행규정인 관련 법령을 위반하여 무효인 편입허가를 받은 자에 대하여 오랜 기간이 경과한 후 편입학을 취소하는 것은 신의칙 위반이 아니다.

19 ⑤ ① 「민법」에는 사정변경의 원칙에 입각한 일반규정은 존재하지 않지만 개별규정은 존재한다[예 지료증감청구권(「민법」 제286조), 차임증감청구권(「민법」 제628조), 고용계약의 해지(「민법」 제661조) 등].
②③ 사정변경으로 인한 계약해제는 계약 성립 당시 당사자가 예견할 수 없었던 현저한 사정의 변경이 발생하였고 그러한 사정의 변경이 해제권을 취득하는 당사자에게 책임 없는 사유로 생긴 것으로서, 계약내용대로의 구속력을 인정한다면 신의칙에 현저히 반하는 결과가 생기는 경우에 계약준수 원칙의 예외로서 인정되는 것이고, 여기에서 말하는 사정이라 함은 계약의 기초가 되었던 객관적인 사정으로서, 일방 당사자의 주관적 또는 개인적인 사정을 의미하는 것은 아니다.
④ 이사로 재직 중 채무액과 변제기가 특정되어 있는 회사의 확정채무에 대하여 보증을 한 후 이사직을 사임한 자는 사정변경을 이유로 그 보증계약을 해지할 수 없다.

20 ① ② 소멸시효완성 전에 채무자가 채권자에게 시효중단조치가 불필요하다고 믿게 하는 행동을 하였고 채권자도 이를 신뢰하였다면 채무자는 소멸시효의 완성을 주장할 수 없다.
③ 신의성실의 원칙 및 권리남용금지의 원칙은 강행규정이므로, 당사자의 주장이 없더라도 법원은 직권으로 이를 판단할 수 있다.
④ 권리행사에 의하여 권리행사자가 얻는 이익보다 상대방이 잃을 손해가 현저히 크다는 사정만으로 권리남용이 될 수 없고, 다만 이러한 주관적 요건은 권리자의 정당한 이익을 결여한 권리행사로 보여지는 객관적인 사정에 의하여 추인할 수 있다.
⑤ 유효하게 성립한 계약상의 책임을 공평의 이념 또는 신의칙과 같은 일반원칙에 의하여 제한하는 것은 사적 자치의 원칙이나 법적 안정성에 대한 중대한 위협이 될 수 있으므로, 채권자가 유효하게 성립한 계약에 따른 급부의 이행을 청구하는 때에 법원이 급부의 일부를 감축하는 것은 원칙적으로 허용되지 않는다.

21 권리실효의 원칙에 관한 설명으로 옳지 않은 것은? (다툼이 있으면 판례에 따름) [세무사 19]

① 포기할 수 없는 권리도 권리실효는 인정될 수 있다.
② 종전 토지소유자의 권리 불행사라는 사정은 새로운 소유자에게 실효의 원칙을 적용함에 있어서 고려되지 않는다.
③ 소멸시효에 걸리지 않는 권리라도 권리실효가 인정되면 더 이상 권리를 행사할 수 없다.
④ 권리실효가 인정되기 위해서는 의무자인 상대방이 더 이상 권리자가 그 권리를 행사하지 아니할 것으로 믿을 만한 정당한 사유가 있어야 한다.
⑤ 항소권과 같은 소송법상의 권리에도 실효의 원칙이 적용될 수 있다.

22 신의칙과 권리남용에 관한 설명으로 옳지 않은 것은? (다툼이 있으면 판례에 따름)

① 신의칙에 반하는 것인지 여부는 당사자의 주장이 없더라도 법원이 직권으로 판단할 수 있다.
② 신의칙에 기한 사정변경의 원칙에 의하여 계약해제권이 발생할 수 있다.
③ 강행법규에 반한다는 사정을 알면서 법률행위를 한 자가 강행법규 위반을 이유로 그 법률행위의 무효를 주장하는 것은 특별한 사정이 없는 한 신의칙에 위배되지 않는다.
④ 권리남용금지의 원칙은 본래적 의미의 권리뿐만 아니라 법인격의 남용에도 적용된다.
⑤ 국민을 보호할 의무가 있는 국가가 국민에 대하여 부담하는 손해배상채무의 소멸시효완성을 주장하는 것은 원칙적으로 신의칙에 반한다.

정답 및 해설

21 ① 인지청구권은 본인의 일신전속적인 신분관계상의 권리로서 포기할 수도 없으며 포기하였더라도 그 효력이 발생할 수 없는 것이고, 이와 같이 인지청구권의 포기가 허용되지 않는 이상 거기에 실효의 법리가 적용될 여지도 없다.

22 ⑤ 국민을 보호할 의무가 있는 국가가 국민에 대하여 부담하는 손해배상채무의 소멸시효완성을 주장하는 것은 특별한 사정이 없는 한, 신의칙에 반하지 않는다.

제2편

권리의 주체와 객체

01 권리능력에 관한 설명으로 옳은 것은? (다툼이 있으면 판례에 따름)

① 태아는 법정대리인에 의한 수증행위를 할 수 있다.
② 실종선고가 있더라도 당사자가 생존하는 한 권리능력이 상실되는 것은 아니다.
③ 인정사망 후 그에 대한 반증만으로 사망의 추정력이 상실되는 것은 아니다.
④ 출생 후 그 사실이 가족관계등록부에 기재되어야 권리능력이 인정된다.
⑤ 2인 이상이 동일한 위난으로 사망한 경우에는 동시에 사망한 것으로 간주된다.

02 권리주체에 관한 설명으로 옳지 않은 것은? (다툼이 있으면 판례에 따름)

① 의사능력은 자신의 행위의 의미와 결과를 합리적으로 판단할 수 있는 정신적 능력으로 구체적인 법률행위와 관련하여 개별적으로 판단되어야 한다.
② 어떤 법률행위가 일상적인 의미만으로 알기 어려운 특별한 법률적 의미나 효과를 가진 경우, 이를 이해할 수 있을 때 의사능력이 인정된다.
③ 현행 「민법」은 태아의 권리능력에 관하여 일반적 보호주의를 취한다.
④ 태아의 상태에서는 법정대리인이 있을 수 없고, 법정대리인에 의한 수증행위도 할 수 없다.
⑤ 피상속인과 그의 직계비속 또는 형제자매가 동시에 사망한 것으로 추정되는 경우에도 대습상속이 인정된다.

03 「민법」상 능력에 관한 설명으로 옳지 않은 것은? (다툼이 있으면 판례에 따름)　　　　　　[세무사 19]

① 사람은 생존한 동안 권리와 의무의 주체가 된다.
② 법인은 법률의 규정에 좇아 정관으로 정한 목적범위 내에서 권리와 의무의 주체가 된다.
③ 의사능력이란 자신이 행위의 의미나 결과를 정상적인 인식력과 예기력을 바탕으로 합리적으로 판단할 수 있는 정신적 능력 내지 지능을 말한다.
④ 행위능력의 유무는 구체적인 법률행위와 관련하여 개별적으로 판단되어야 한다.
⑤ 법인은 이사 기타 대표자가 그 직무에 관하여 타인에게 가한 손해를 배상할 책임이 있다.

04 권리능력에 관한 설명으로 옳지 않은 것은? (다툼이 있으면 판례에 따름)

① 사람은 생존하는 동안 권리와 의무의 주체가 된다.

② 「민법」은 일정한 사항에 대하여만 예외적으로 태아가 이미 출생한 것으로 본다.

③ 자연인의 권리능력은 출생이라는 사실에 의하여 취득하는 것이고, 출생신고에 의하여 취득하는 것은 아니다.

④ 운전자 甲의 과실에 의한 교통사고로 母가 충격되어 태아가 사산(死産)된 경우, 母는 태아의 甲에 대한 손해배상청구권을 상속받아 甲에게 행사할 수 있다.

⑤ 태아 乙의 출생 전에 甲의 불법행위로 乙의 父가 사망한 경우, 출생한 乙은 甲에 대하여 父의 사망에 따른 자신의 정신적 손해에 대한 배상을 청구할 수 있다.

05 권리능력에 관한 설명으로 옳지 않은 것은? (다툼이 있으면 판례에 따름)

① 사람은 생존한 동안 권리와 의무의 주체가 된다.

② 사람이 권리능력을 상실하는 사유로는 사망이 유일하다.

③ 수인(數人)이 동일한 위난으로 사망한 경우, 그들은 동시에 사망한 것으로 추정되므로 이 추정이 깨어지지 않는 한 그들 사이에는 상속이 일어나지 않는다.

④ 의사의 과실로 태아가 사망한 경우, 태아의 부모는 태아의 의사에 대한 손해배상채권을 상속하여 행사할 수 있다.

⑤ 인정사망에 의한 가족관계등록부에의 기재는 그 기재된 사망일에 사망한 것으로 추정하는 효력을 가진다.

정답 및 해설

01 ② ① 판례인 정지조건설에 의하면 태아인 동안에는 법정대리인이 없으므로, 태아는 법정대리인에 의한 수증행위를 할 수 없다.
③ 인정사망은 사망 추정적 효력에 불과하므로 반증이 있으면 사망 추정의 효력은 상실된다.
④ 자연인의 경우 출생 그 자체만으로 권리능력이 인정되므로, 가족관계등록부에 출생신고가 기재되지 않아도 출생하자마자 권리능력이 인정된다.
⑤ 2인 이상이 동일한 위난으로 사망한 경우에는 동시에 사망한 것으로 추정한다(「민법」 제30조).

02 ③ 현행 「민법」은 태아의 권리능력에 관하여 일반적 보호주의가 아니라 개별적 보호주의를 취한다.

03 ④ 행위능력의 유무는 의사능력과 달리 획일적, 객관적으로 판단한다. 따라서 행위능력의 유무는 오로지 연령과 가정법원의 심판만으로 판단한다.

04 ④ 판례에 따르면 태아의 법적 권리는 살아서 출생한 경우 문제된 시점으로 소급해서 권리능력이 인정된다(정지조건설). 따라서 운전자 甲의 과실에 의한 교통사고로 母가 충격되어 태아가 사산(死産)된 경우, 태아는 출생을 하지 못하였으므로 태아의 권리능력은 인정되지 않는다. 그러므로 母는 태아의 甲에 대한 손해배상청구권을 상속받을 수 없게 되어, 甲에게 손해배상청구권을 행사할 수 없다.

05 ④ 판례인 정지조건설에 의하든, 학설인 해제조건설에 의하든 태아가 사산한 경우에는 태아의 권리능력이 인정되지 않는다. 따라서 의사의 과실로 태아가 사망한 경우, 태아의 부모는 태아의 의사에 대한 손해배상채권을 상속받아 행사할 수 없다.

06 권리능력의 종기(終期)에 관한 설명으로 옳지 않은 것은? (다툼이 있으면 판례에 따름)

① 2인 이상이 동일한 위난으로 사망한 경우에 이들은 동시에 사망한 것으로 추정된다.
② 법인의 청산종결등기가 마쳐졌더라도 청산사무가 종결되지 않았다면 그 범위 내에서는 청산법인으로 존속한다.
③ 법인에 대해서도 부재자 재산관리인이 선임될 수 있다.
④ 인정사망은 그 확증이 없더라도 사망이 확실시되는 경우, 가족관계등록부에 사망의 기재를 통하여 사망을 추정하는 제도이다.
⑤ 위 ④의 경우, 가족관계등록부에 사망으로 기재되었더라도, 그 기재가 진실이 아니라고 볼만한 특별한 사정이 있으면, 그 사망의 추정은 번복될 수 있다.

07 태아의 권리능력에 관한 설명으로 옳은 것은? (다툼이 있으면 판례에 따름)

① 태아는 유류분권에 관하여 이미 출생한 것으로 본다.
② 태아인 동안에는 모(母)가 법정대리인으로서 법률행위를 할 수 있다.
③ 태아가 타인의 불법행위로 인하여 사산된 경우, 태아의 손해배상청구권은 그 법정상속인에게 상속된다.
④ 태아를 피보험자로 하는 상해보험계약은 그 효력이 인정되지 않는다.
⑤ 태아에 대한 유증이 그 방식을 갖추지 못하여 무효이더라도 증여로서의 효력은 인정된다.

08 부부 사이인 甲과 그의 아이 丙을 임신한 乙은 A의 과실로 교통사고를 당했다. 이에 관한 설명으로 옳은 것을 모두 고른 것은? (다툼이 있으면 판례에 따름)

ㄱ. 이 사고로 丙이 출생 전 乙과 함께 사망하였더라도 丙은 A에 대하여 불법행위로 인한 손해배상청구권을 가진다.
ㄴ. 사고 후 살아서 출생한 丙은 A에 대하여 甲의 부상으로 입게 될 자신의 정신적 고통에 대한 위자료를 청구할 수 있다.
ㄷ. 甲이 사고로 사망한 후 살아서 출생한 丙은 甲의 A에 대한 불법행위로 인한 손해배상청구권을 상속받지 못한다.

① ㄱ   ② ㄴ   ③ ㄷ
④ ㄱ, ㄴ   ⑤ ㄴ, ㄷ

09 甲은 자기 자동차로 임산부 乙을 치었는데 후에 아기 丙이 그 결과 뇌손상을 입고 태어났다. 이 경우에 관한 설명으로 옳은 것은? (다툼이 있으면 판례에 따름)

① 태아인 동안에도 丙은 법정대리인을 통하여 甲에게 손해배상을 청구할 수 있다.

② 丙이 태어난 후에 손해배상을 청구할 수 있다.

③ 태아인 동안에도 乙은 태아의 손해를 자기의 손해로 하여 손해배상을 청구할 수 있다.

④ 丙이 태어난 후라 하더라도 그가 권리능력이 없는 때 사고가 발생하였으므로 손해배상을 청구할 수 없다.

⑤ 만일 丙이 모체 내에서 사산되었다면 甲은 乙에게 丙의 생명침해에 대한 손해배상을 청구할 수 있다.

정답 및 해설

06 ③ 성질상 자연인만이 부재자가 되므로, 법인은 부재자가 될 수 없다. 따라서 법인에 대해서는 부재자 재산관리인이 선임될 수 없다.

07 ① ② 판례는 정지조건설의 태도를 취하므로 임신 중 태아에게는 법정대리인이 존재할 수 없고, 따라서 태아인 동안에는 모(母)가 법정대리인으로서 법률행위를 할 수 없다.

③ 태아가 타인의 불법행위로 인하여 사산된 경우, 태아에게 손해배상청구권은 발생되지 않는다.

④ 태아를 피보험자로 하는 상해보험계약은 그 효력이 인정된다.

⑤ 태아에게 유증에 의한 수증능력이 인정되지만, 증여에 의한 수증능력은 부정된다.

08 ② ㄱ. 태아가 사산된 경우에는 어떠한 경우에도 권리능력이 인정되지 않는다. 따라서 태아 丙이 출생 전 어머니 乙과 함께 사망한 경우 태아 丙은 불법행위자 A에 대하여 불법행위로 인한 손해배상청구권을 가질 수 없다.

ㄷ. 아버지 甲이 사고로 사망한 후 살아서 출생한 丙은 사망한 甲의 A에 대한 불법행위로 인한 손해배상청구권을 상속받아서 행사할 수 있다.

09 ② ①③ 태아에게 법정대리인을 인정하지 않으므로 태아는 태아인 동안에는 손해배상을 청구할 수 없을 뿐만 아니라 태아의 어머니도 자신의 손해로 하여 손해배상을 청구할 수 없다.

④ 태아가 살아서 출생한 후에는 법정대리인을 통하여 태아인 동안에 발생한 손해에 대하여 손해배상을 청구할 수 있다.

⑤ 어떠한 견해를 취한다 하더라도 태아가 사산되었다면 손해배상을 청구할 수 없다.

10 미성년자의 법률행위에 관한 설명으로 옳은 것은? (다툼이 있으면 판례에 따름)

① 법정대리인이 취소한 미성년자의 법률행위는 취소한 때로부터 그 효력을 상실한다.

② 법정대리인이 재산의 범위를 정하여 미성년자에게 처분을 허락한 경우, 법정대리인은 그 재산에 관하여 유효한 대리행위를 할 수 없다.

③ 법정대리인이 미성년자에게 특정한 영업을 허락한 경우, 법정대리인은 그 영업에 관하여 유효한 대리행위를 할 수 있다.

④ 미성년자가 자신의 주민등록증을 변조하여 자기를 능력자로 믿게 하여 법률행위를 한 경우, 미성년자는 그 법률행위를 취소할 수 없다.

⑤ 미성년자가 오직 권리만을 얻는 법률행위를 할 경우에도 특별한 사정이 없는 한 법정대리인의 동의가 필요하다.

11 미성년자의 행위능력에 관한 설명으로 옳지 않은 것은? (다툼이 있으면 판례에 따름)　　　　[세무사 15]

① 미성년자가 법정대리인의 동의를 얻어 법률행위를 한 경우 그 행위는 미성년자임을 이유로 취소할 수 없다.

② 법정대리인의 동의가 있었다는 점에 대한 증명책임은 미성년자측이 부담한다.

③ 미성년자는 법정대리인의 동의 없이 타인의 대리인으로서 법률행위를 할 수 있다.

④ 미성년자는 경제적으로 유리한 매매계약을 체결하는 때에도 법정대리인의 동의가 필요하다.

⑤ 법정대리인이 미성년자에 대하여 특정한 영업에 관하여 허락을 하면 법정대리인의 대리권은 그 범위에서 소멸한다.

12 미성년자와 법정대리인 사이의 이해상반행위에 관한 설명으로 옳지 않은 것은? (다툼이 있으면 판례에 따름)　　　　[세무사 19]

① 친권자가 미성년자를 대리하여 자신의 성년의 자와 거래하는 행위도 이해상반이 된다.

② 이해상반이 되는 경우 친권자는 법원에 특별대리인의 선임을 청구하여야 한다.

③ 친권자의 이해상반행위는 무효가 되어 본인이 적법하게 추인하지 않는 한 무효이다.

④ 미성년자에게 친권자가 없어 후견인이 선임된 경우에도 이해상반의 법리가 적용된다.

⑤ 이해상반이 되는 경우 후견감독인이 선임되어 있다면 후견인은 특별대리인의 선임을 청구할 필요가 없다.

13 미성년자 甲과 그의 유일한 법정대리인 乙에 관한 설명으로 옳은 것은? (다툼이 있으면 판례에 따름)

① 甲이 그 소유 물건에 대한 매매계약을 체결한 후에 미성년인 상태에서 매매대금의 이행을 청구하여 대금을 모두 지급받았다면 乙은 그 매매계약을 취소할 수 없다.

② 乙이 甲에게 특정한 영업에 관한 허락을 한 경우에도 乙은 그 영업에 관하여 여전히 甲을 대리할 수 있다.

③ 甲이 乙의 동의 없이 타인의 적법한 대리인으로서 법률행위를 했더라도 乙은 甲의 제한능력을 이유로 그 법률행위를 취소할 수 있다.

④ 甲이 乙의 동의 없이 신용구매계약을 체결한 이후에 乙의 동의 없음을 이유로 그 계약을 취소하는 것은 신의칙에 반한다.

⑤ 乙이 재산의 범위를 정하여 甲에게 처분을 허락한 경우, 甲이 그에 관한 법률행위를 하기 전에는 乙은 그 허락을 취소할 수 있다.

정답 및 해설

10 ④ ① 법정대리인이 취소한 미성년자의 법률행위는 법률행위를 한 때로 소급하여 그 효력을 상실한다.
② 법정대리인이 재산의 범위를 정하여 미성년자에게 처분을 허락한 경우, 법정대리인은 그 재산에 관하여 유효한 대리행위를 할 수 있다.
③ 법정대리인이 미성년자에게 특정한 영업을 허락한 경우, 법정대리인은 그 영업에 관하여 대리권과 동의권이 소멸하므로 영업에 관한 대리행위를 할 수 없다.
⑤ 미성년자가 오직 권리만을 얻는 법률행위를 할 경우에는 특별한 사정이 없는 한 법정대리인의 동의가 필요 없다.

11 ② 법정대리인의 동의가 있었다는 점에 대한 증명책임은 미성년자측이 아니라 상대방이 부담한다.

12 ① 이해상반행위의 주체는 제한능력자와 법정대리인이므로 법정대리인이 아닌 제3자를 위한 법률행위를 하는 경우에는 이해상반행위에 해당하지 않는다.

13 ⑤ ① 甲이 그 소유 물건에 대한 매매계약을 체결한 후에 미성년인 상태에서 매매대금의 이행을 청구하여 대금을 모두 지급받았더라도 법정추인은 성립하지 않으므로 甲 또는 乙은 그 매매계약을 취소할 수 있다.
② 乙이 甲에게 특정한 영업에 관한 허락을 한 경우 乙은 그 영업에 관하여 甲을 대리할 수 없다.
③ 甲이 乙의 동의 없이 타인의 적법한 대리인으로서 법률행위를 했더라도 乙은 甲의 제한능력을 이유로 그 법률행위를 취소할 수 없다.
④ 甲이 乙의 동의 없이 신용구매계약을 체결한 이후에 乙의 동의 없음을 이유로 그 계약을 취소하는 것은 신의칙에 반하지 않는다.

14 미성년자의 행위능력에 관한 설명으로 옳은 것은? (다툼이 있으면 판례에 따름)

① 미성년자가 법률행위를 함에 있어서 요구되는 법정대리인의 동의는 언제나 명시적이어야 한다.

② 법정대리인의 동의에 대한 증명책임은 동의가 있었음을 이유로 법률행위의 유효를 주장하는 상대방에게 있다.

③ 혼인한 미성년자라도 법정대리인의 동의가 없으면 단독으로 유효한 매매계약을 체결할 수 없다.

④ 법정대리인으로부터 그 종류를 특정하지 않은 채 포괄적으로 허락을 얻은 영업에 관하여 미성년자는 성년자와 동일한 행위능력이 있다.

⑤ 미성년자의 법률행위에 법정대리인의 동의를 요한다는 「민법」규정은 임의규정이다.

15 미성년자의 행위능력에 관한 설명으로 옳지 않은 것은? (다툼이 있으면 판례에 따름)   [세무사 21]

① 혼인한 미성년자에게는 「민사소송법」상의 소송능력이 인정된다.

② 만 18세의 미성년자는 단독으로 유효한 유언을 할 수 있다.

③ 미성년자 자신의 노무 제공에 따른 임금의 청구는 미성년자가 독자적으로 할 수 있다.

④ 미성년자는 법정대리인의 동의 없이 타인의 대리인으로서 법률행위를 할 수 있다.

⑤ 법정대리인이 미성년자에게 영업을 허락한 경우 법정대리인은 이를 취소할 수 있고 이로써 선의의 제3자에게 대항할 수 있다.

16 제과점을 경영하는 자가 단독으로 제빵용 기계를 새로 구입하는 계약을 체결하였으나, 그 계약을 취소하고자 한다. 제한능력자임을 이유로 취소권을 행사할 수 있는 경영자인 경우는?   [세무사 17]

① 미성년자이지만 법정대리인으로부터 제과점의 영업허락을 얻은 경우

② 미성년자이지만 혼인한 경우

③ 법원으로부터 취소할 수 없는 법률행위의 범위를 지정받지 않은 피성년후견인이지만 혼인한 경우

④ 부동산 거래로 국한하여 후견범위가 정하여진 피특정후견인인 경우

⑤ 법률행위를 함에 있어서 한정후견인의 동의를 받을 필요가 없는 피한정후견인인 경우

17 피성년후견인에 관한 설명으로 옳은 것은?

① 가정법원은 성년후견개시의 심판을 할 때 본인의 의사를 고려할 필요가 없다.

② 가정법원은 본인 등 일정한 자의 청구 또는 직권으로 성년후견개시의 심판을 한다.

③ 성년후견종료의 심판이 있으면 피성년후견인은 장래에 향하여 행위능력을 회복한다.

④ 피성년후견인이 속임수로써 자기를 능력자로 믿게 한 경우에도 그 행위를 취소할 수 있다.

⑤ 피성년후견인이 성년후견인의 동의를 얻어서 한 부동산 매도행위는 특별한 사정이 없는 한 취소할 수 없다.

정답 및 해설

14 ② ① 미성년자가 법률행위를 함에 있어서 요구되는 법정대리인의 동의는 불요식행위이므로 명시적·묵시적으로 할 수 있다.

③ 혼인한 미성년자는 「민법」상 재산행위와 가족법상의 신분행위에서는 성년의제가 되므로 법정대리인의 동의 없이 단독으로 유효한 매매계약을 체결할 수 있다.

④ 법정대리인이 미성년자에게 그 종류를 특정하지 않은 채 포괄적으로 영업을 허락하는 경우에는 무효이므로 미성년자는 그 행위를 여전히 취소할 수 있다.

⑤ 미성년자의 법률행위에 법정대리인의 동의를 요한다는 「민법」규정은 강행규정이다.

15 ⑤ 법정대리인이 미성년자에게 영업을 허락한 경우 법정대리인은 그 영업허락을 취소 또는 제한할 수 있고 이로써 선의의 제3자에게 대항할 수 없다.

16 ③ 피성년후견인은 단독으로 재산행위를 할 수 없는 자이므로 성년후견인이 대리하지 않은 재산행위는 모두 취소할 수 있다.

[오답체크]
①②④⑤는 모두 유효가 확정된다.

17 ③ ① 가정법원은 성년후견개시의 심판을 할 때 본인의 의사를 고려하여야 한다(「민법」제9조 제2항).

② 가정법원은 본인 등 일정한 자의 청구가 있는 경우 성년후견개시의 심판을 하게 되며, 직권으로 성년후견개시의 심판을 할 수 없다(「민법」제9조 제1항).

④ 제한능력자가 속임수로써 자기를 능력자로 믿게 한 경우에는 그 행위를 취소할 수 없다(「민법」제17조 제1항).

⑤ 성년후견인에게는 재산행위에 관하여 동의권이 없으므로, 피성년후견인이 성년후견인의 동의를 얻어서 한 부동산 매도행위는 특별한 사정이 없는 한 여전히 취소할 수 있다.

18 제한능력자 등에 관한 설명으로 옳은 것은?

① 성년후견인은 원칙적으로 피성년후견인의 재산상 법률행위에 대한 동의권, 대리권 및 취소권이 있다.

② 피성년후견인의 법률행위는 일상생활에 필요하고 그 대가가 과도하지 않은 것이라도 성년후견인은 취소할 수 있다.

③ 한정후견인은 피한정후견인의 모든 법률행위에 대한 동의권, 대리권 및 취소권이 있다.

④ 특정후견심판으로 특정후견인이 선임되더라도 피특정후견인의 행위능력은 제한되지 않는다.

⑤ 특정후견의 심판을 하는 경우에 특정후견의 기간이나 사무범위를 정할 필요는 없다.

19 제한능력자에 관한 설명으로 옳은 것은?

① 특정후견의 심판이 있으면 피특정후견인의 행위능력이 제한된다.

② 피성년후견인이 법정대리인의 동의서를 위조하여 주택 매매계약을 체결한 경우, 성년후견인은 이를 취소할 수 있다.

③ 가정법원은 피한정후견인에 대하여 한정후견의 종료 심판 없이 성년후견개시의 심판을 할 수 있다.

④ 의사능력이 없는 자는 성년후견개시의 심판 없이도 피성년후견인이 된다.

⑤ 피한정후견인이 동의를 요하는 법률행위를 동의 없이 하였더라도 그 후 한정후견심판이 종료되었다면 그 법률행위는 취소할 수 없다.

20 피성년후견인과 피한정후견인에 관한 설명으로 옳지 않은 것은?

① 가정법원은 성년후견개시의 심판을 할 때 본인의 의사를 고려하여야 한다.

② 성년후견개시의 심판은 일정한 사유로 인한 정신적 제약으로 사무처리능력이 일시적으로 부족한 사람에게 허용된다.

③ 가정법원은 피한정후견인이 한정후견인의 동의를 받아야 하는 행위의 범위를 정할 수 있다.

④ 일상생활에 필요하고 그 대가가 과도하지 아니한 피성년후견인의 법률행위는 성년후견인이 취소할 수 없다.

⑤ 가정법원이 피성년후견인에 대하여 한정후견개시의 심판을 할 때에는 종전의 성년후견의 종료 심판을 한다.

21 제한능력자제도에 관한 설명으로 옳지 않은 것은?　　　　　　　　　　　　　　　　[세무사 21]

① 특정후견은 본인의 의사에 반하여 할 수 없다.

② 가정법원은 한정후견개시의 심판을 할 때 본인의 의사를 고려해야 한다.

③ 제한능력자의 단독행위는 추인이 있을 때까지 상대방이 제한능력자에 대해 이를 거절할 수 있다.

④ 피특정후견인의 행위능력은 특정후견심판에서 정해진 특정후견의 사무범위 내로 제한된다.

⑤ 가정법원은 취소할 수 없는 피성년후견인의 법률행위의 범위를 정할 수 있다.

정답 및 해설

18 ④ ① 성년후견인은 원칙적으로 피성년후견인의 재산상 법률행위에 대한 동의권을 갖지 못하고, 대리권 및 취소권, 추인권 등을 갖는다.
② 피성년후견인의 법률행위는 일용품의 구입 등 일상생활에 필요하고 그 대가가 과도하지 않은 것이라면 성년후견인이 취소할 수 없다(「민법」 제10조 제4항).
③ 피한정후견인의 법원이 범위를 정하여 단독으로 할 수 있는 법률행위와 일용품의 구입 등 일상생활에 필요하고 그 대가가 과도하지 아니한 법률행위는 한정후견인이 취소할 수 없다(「민법」 제13조 제4항).
⑤ 특정후견의 심판을 하는 경우에는 특정후견의 기간 또는 사무의 범위를 정하여야 한다(「민법」 제14조의2 제3항).

19 ② ① 특정후견의 심판이 있더라도 피특정후견인의 행위능력은 제한되지 않는다.
③ 가정법원이 피한정후견인 또는 피특정후견인에 대하여 성년후견개시의 심판을 할 때에는 종전의 한정후견 또는 특정후견의 종료 심판을 한다(「민법」 제14조의3 제1항).
④ 의사능력이 없는 자라도 성년후견개시의 심판이 없으면, 피성년후견인이 아니다.
⑤ 피한정후견인이 동의를 요하는 법률행위를 동의 없이 하였을 경우, 한정후견심판이 종료되고 난 후 3년까지는 그 법률행위를 취소할 수 있다.

20 ② 성년후견개시의 심판은 질병 등 일정한 사유로 인한 정신적 제약으로 사무처리능력이 지속적으로 결여된 사람에게 허용된다.

21 ④ 피특정후견인은 제한능력자가 아니므로 피특정후견인의 행위능력은 제한되지 않는다.

22 피성년후견인에 관한 설명으로 옳은 것은?

① 가정법원은 청구권자의 청구가 없더라도 직권으로 성년후견개시의 심판을 한다.
② 정신적 제약으로 사무처리능력이 일시적으로 결여된 경우, 성년후견개시의 심판을 해야 한다.
③ 법인은 성년후견인이 될 수 없다.
④ 일상생활에 필요하고 그 대가가 과도하지 아니한 피성년후견인의 법률행위는 성년후견인이 취소할 수 없다.
⑤ 가정법원은 청구권자의 청구가 없더라도 피성년후견인의 취소할 수 없는 법률행위의 범위를 임의로 변경할 수 있다.

23 甲이 한정후견인 乙의 동의 없이 丙과 거래행위를 한 경우, 그 추인 전에 丙이 할 수 없는 것은? (甲은 행위능력을 회복하지 못한 상태이고, 丙의 선의와 악의는 甲의 제한능력에 관한 것임)

① 선의인 丙의 甲에 대한 확답촉구권 행사
② 악의인 丙의 乙에 대한 확답촉구권 행사
③ 선의인 丙의 甲에 대한 단독행위의 거절권 행사
④ 선의인 丙의 乙에 대한 단독행위의 거절권 행사
⑤ 선의인 丙의 甲에 대한 계약의 철회권 행사

24 17세인 甲은 법정대리인 乙의 동의 없이 丙으로부터 고가의 자전거를 구입하는 계약을 체결하였다. 이에 관한 설명으로 옳은 것은?

① 甲이 성년자가 되더라도 丙은 甲에게 계약의 추인 여부에 대한 확답을 촉구할 수 없다.
② 甲은 乙의 동의 없이는 자신이 미성년자임을 이유로 계약을 취소할 수 없다.
③ 乙은 甲이 미성년자인 동안에는 계약을 추인할 수 없다.
④ 丙이 계약체결 당시 甲이 미성년자임을 알았다면, 丙은 乙에게 추인 여부의 확답을 촉구할 수 없다.
⑤ 丙이 계약체결 당시 甲이 미성년자임을 몰랐다면, 丙은 추인이 있기 전에 甲에게 철회의 의사표시를 할 수 있다.

25 미성년자 乙은 친권자 甲의 처분동의가 필요한 자기 소유의 물건을 甲의 동의 없이 丙에게 매도하는 계약을 체결하였다. 이에 관한 설명으로 옳지 않은 것은? (다툼이 있으면 판례에 따름)

① 丙은 乙이 성년이 된 후에 그에게 1개월 이상의 기간을 정하여 계약의 추인 여부의 확답을 촉구할 수 있다.

② 성년이 된 乙이 ①에서 丙이 정한 기간 내에 확답을 발송하지 아니하면 계약을 추인한 것으로 본다.

③ 丙이 계약 당시에 乙이 미성년자임을 알았더라도 丙은 자신의 의사표시를 철회할 수 있다.

④ 丙이 계약 당시에 乙이 미성년자임을 알지 못한 경우, 丙은 乙에게도 철회의 의사표시를 할 수 있다.

⑤ 乙이 계약 당시에 甲의 동의서를 위조하여 甲의 동의가 있는 것으로 丙을 믿게 한 경우, 甲은 그 계약을 취소할 수 없다.

정답 및 해설

22 ④ ① 가정법원은 직권으로 성년후견개시의 심판을 할 수 없고, 청구권자의 청구에 의하여 심판을 한다(청구권자 = 본인, 배우자, 4촌 이내의 친족, 미성년후견인, 미성년후견감독인, 한정후견인, 한정후견감독인, 특정후견인, 특정후견감독인, 검사 또는 지방자치단체의 장).
　② 정신적 제약으로 사무처리능력이 일시적으로 결여된 경우, 성년후견개시의 심판이 아니라 특정후견개시의 심판을 한다.
　③ 법인은 성년후견인과 한정후견인이 될 수 있다.
　⑤ 가정법원은 청구권자의 청구 없이 직권으로 피성년후견인의 취소할 수 없는 법률행위의 범위를 임의로 변경할 수 없다.

23 ① 확답촉구의 상대방은 추인권자이어야 하므로 법정대리인 또는 능력자 자신에게 확답의 촉구를 하여야 한다. 따라서 피한정후견인 甲에게 확답을 촉구하는 것은 무효가 된다.

24 ⑤ ① 제한능력자의 상대방은 제한능력자가 능력자가 된 후에 그에게 1개월 이상의 기간을 정하여 그 취소할 수 있는 행위를 추인할 것인지 여부의 확답을 촉구할 수 있다(「민법」 제15조 제1항). 따라서 甲이 성년자가 된 경우, 丙은 甲에게 계약의 추인 여부에 대한 확답을 촉구할 수 있다.
　② 표의자 자신도 취소할 수 있으므로, 미성년자인 甲은 법정대리인 乙의 동의 없이 단독으로 자신이 미성년자임을 이유로 계약을 취소할 수 있다.
　③ 법정대리인은 취소의 원인이 소멸되기 전에도 추인을 할 수 있다(「민법」 제144조 제2항). 따라서 乙은 甲이 미성년자인 동안에도 계약을 추인할 수 있다.
　④ 제한능력자의 상대방은 선·악을 불문하고 추인 여부의 확답을 촉구할 수 있으므로, 악의의 丙도 乙에게 추인 여부의 확답을 촉구할 수 있다.

25 ③ 선의의 상대방만이 계약을 철회할 수 있으므로 상대방 丙이 계약 당시에 乙이 미성년자임을 알았을 경우에는, 丙은 자신의 의사표시를 철회할 수 없다.

26 미성년자 甲이 법정대리인 乙의 동의 없이 자신의 노트북 컴퓨터를 丙에게 매각하였다. 이에 관한 설명으로 옳은 것은?

① 丙은 乙이 추인하기 전에 거절권을 행사할 수 있다.
② 丙이 그 물건을 다시 丁에게 증여한 경우, 甲은 丁을 상대로 매매계약을 취소할 수 있다.
③ 계약체결 시에 甲이 미성년자임을 안 丙은 그의 의사표시를 철회할 수 있다.
④ 甲이 속임수로써 乙의 동의가 있는 것으로 믿게 한 경우, 甲은 계약을 원인으로 얻은 모든 이득을 반환하고 계약을 취소할 수 있다.
⑤ 丙은 19세가 된 甲에게 1개월 이상의 기간을 정하여 매매계약을 추인할 것인지 여부의 확답을 촉구할 수 있다.

27 제한능력자의 법률행위에 관한 설명으로 옳은 것은? (다툼이 있으면 판례에 따름)

① 피성년후견인이 속임수로써 법정대리인의 동의가 있는 것으로 계약상대방을 믿게 한 경우에는 그 계약을 취소할 수 없다.
② 의사무능력자는 성년후견개시심판 없이도 피성년후견인으로서 보호된다.
③ 미성년자가 단순히 자기가 성년자라고 말하여 계약상대방을 믿게 한 경우에는 그 계약을 취소할 수 있다.
④ 제한능력자의 법률행위가 취소된 경우, 제한능력자가 악의이면 그는 받은 이익 전부를 반환하여야 한다.
⑤ 미성년자가 법정대리인의 동의 없이 시가보다 저렴한 가격으로 컴퓨터를 매수한 경우, 법정대리인은 이를 취소할 수 없다.

28 「민법」상 주소에 관한 설명으로 옳지 않은 것은? (다툼이 있으면 판례에 따름)

① 생활의 근거가 되는 곳을 주소로 한다.
② 국내에 주소가 없는 자에 대하여는 국내에 있는 거소를 주소로 본다.
③ 어느 행위에 있어서 가주소를 정한 때에는 그 행위에 관하여는 이를 주소로 본다.
④ 주소를 결정할 때 주민등록이 있으면 그것만으로 주소를 결정해야 한다.
⑤ 주소는 동시에 두 곳 이상 있을 수 있다.

29 주소에 관한 다음 설명 중 옳지 않은 것은?

① 주소는 두 곳 이상 있을 수 있다.

② 주소는 변제의 장소 및 상속개시지의 기준이 된다.

③ 사람은 주소 이외에 거소도 가질 수 있지만 거소만 가질 수는 없다.

④ 주소는 사람과 장소의 관계를 전제로 하는 것이고 물건이 있던 장소는 주소가 아니다.

⑤ 당사자가 거래와 관련된 장소를 가주소로 선정한 경우에는 그 거래에 한하여 주소로서의 효과가 발생한다.

정답 및 해설

26 ⑤ ① 단독행위가 아닌 계약이므로 丙은 乙이 추인하기 전에 거절권이 아니라 철회권을 행사할 수 있다.

② 丙이 그 물건을 다시 丁에게 증여한 경우, 甲은 丁을 상대로 하는 것이 아니라 직접 상대방인 丙에게 매매계약을 취소할 수 있다.

③ 계약체결 시에 甲이 미성년자임을 안 丙은 그의 의사표시를 철회할 수 없다.

④ 미성년자 甲이 속임수로써 법정대리인 乙의 동의가 있는 것으로 믿게 한 경우, 甲은 계약을 취소할 수 없다.

27 ③ ① 피성년후견인의 법정대리인인 성년후견인에게는 재산행위에 관하여 동의권이 없으므로 피성년후견인이 속임수로써 법정대리인의 동의가 있는 것으로 계약상대방이 믿게 한 경우에도 그 계약을 취소할 수 있다.

② 피성년후견인은 성년후견개시심판을 받은 자이므로 의사무능력자라고 하더라도 성년후견개시심판이 없으면 피성년후견인으로서 보호받지 못한다.

④ 제한능력자의 법률행위가 취소된 경우, 제한능력자 측에서는 선·악을 불문하고 현존이익만 반환하면 된다(「민법」 제141조).

⑤ 미성년자가 법정대리인의 동의 없이 경제적으로 유리한 매매를 하였다고 하더라도, 권리만 얻거나 의무만을 면하는 행위가 아니므로 법정대리인은 그 매매계약을 취소할 수 있다(「민법」 제5조 제1항).

28 ④ 「민법」상 자연인의 주소를 결정하는 기준은 복수주의, 실질주의, 객관주의를 적용하므로 주민등록은 그 요건이 아니며, 생활하는 곳을 주소로 결정하게 된다.

29 ③ 사람은 주소 이외에 거소도 가질 수 있고, 거소만 가질 수도 있다. 주소가 없거나 불명인 자는 거소를 주소로 본다.

30 주소에 관한 설명으로 옳지 않은 것은? (다툼이 있으면 판례에 따름)

① 주민등록지는 반증이 없는 한 주소로 추정된다.
② 주소를 정하거나 변경함에 있어 정주의 의사가 필요한 것은 아니다.
③ 주소는 동시에 두 곳 이상 둘 수 있다.
④ 가주소는 특정 거래관계에 관하여 주소로서의 기능을 갖는다.
⑤ 주소는 변제의 장소를 정하는 표준이 될 수 없다.

31 부재자의 재산관리에 관한 설명으로 옳지 않은 것은? (다툼이 있으면 판례에 따름)

① 법원이 선임한 재산관리인은 법원의 허가 없이 재산의 보존행위를 할 수 없다.
② 법원은 그 선임한 재산관리인으로 하여금 재산의 관리 및 반환에 관하여 상당한 담보를 제공하게 할 수 있다.
③ 법원이 선임한 재산관리인은 관리할 재산목록을 작성하여야 한다.
④ 법원은 그 선임한 재산관리인에 대하여 부재자의 재산으로 상당한 보수를 지급할 수 있다.
⑤ 법원이 선임한 부재자의 재산관리인은 그 부재자의 사망이 확인된 후라도 그에 대한 선임결정이 취소되지 않는 한 그 관리인으로서의 권한이 소멸되지 않는다.

32 X부동산을 소유한 甲은 재산관리인을 선임하지 않고 장기간 해외출장을 떠났다. 다음 설명 중 옳은 것은? (다툼이 있으면 판례에 따름)

① 법원은 직권으로 X부동산의 관리에 필요한 처분을 명하여야 한다.
② 甲의 채권자의 청구에 의하여 법원이 선임한 재산관리인은 甲의 임의대리인이다.
③ 법원이 선임한 재산관리인은 원칙적으로 법원의 허가 없이 X부동산을 처분할 수 있다.
④ 甲의 재산관리인이 甲을 위해 법원의 허가 없이 X부동산을 처분하였다면, 그 후 법원의 허가를 얻더라도 그 처분은 효력이 없다.
⑤ 甲이 사망한 경우, 재산관리인이 그 사실을 확인하였더라도 법원에 의하여 재산관리인 선임결정이 취소되지 않는 한, 재산관리인은 계속하여 X부동산을 관리할 수 있다.

33 부재자의 재산관리에 관한 설명으로 옳은 것은? (다툼이 있으면 판례에 따름)

① 법원은 그 선임한 재산관리인에 대하여는 재산의 관리 및 반환에 관하여 상당한 담보를 제공하게 할 수 있지만, 부재자가 선임한 재산관리인에 대하여는 그러하지 아니하다.

② 법원에 의하여 선임된 재산관리인은 법원이 언제든지 개임할 수 있지만 임의로 사임할 수는 없다.

③ 법원에 의하여 선임된 재산관리인의 처분행위에 대한 허가는 과거의 처분행위에 대한 추인을 위해서도 할 수 있다.

④ 재산관리인은 부재자의 사망이 확인되면 선임결정이 취소되지 않더라도 그 업무가 종료된다.

⑤ 부재자로부터 포괄적 재산처분권을 부여받은 수임인이 법원에 의해 재산관리인으로 개임되면, 그 재산관리인은 법원의 허가 없이도 부재자의 재산을 임의로 처분할 수 있다.

정답 및 해설

30 ⑤ 「민법」상 주소에 대한 효과로 부재 및 실종의 표준(「민법」 제22조, 제27조), 법인의 주소(「민법」 제36조), 변제의 장소를 정하는 표준(「민법」 제467조), 상속개시지(「민법」 제998조) 등을 규정하고 있으므로 주소는 변제의 장소를 정하는 표준이 된다.

31 ① 법원이 선임한 재산관리인은 법원의 허가 없이 재산의 보존행위를 할 수 있다.

32 ⑤ ① 부재자 재산관리를 위해서는 반드시 이해관계인 또는 검사의 청구가 있어야 하므로 가정법원이 직권으로 선임을 해서 필요한 처분을 명할 수 없다.
② 甲의 채권자의 청구에 의하여 법원이 선임한 재산관리인은 甲의 법정대리인이다.
③ 법원이 선임한 재산관리인은 포괄적 권한을 가지는 권한 행사의 범위가 불명확한 법정대리인으로 「민법」 제118조 규정에 의해 보존행위와 일정한 범위 내의 이용·개량행위는 할 수 있지만, 원칙적으로 법원의 허가 없이 부동산을 처분할 수는 없다.
④ 처분허가는 사후허가도 가능하므로, 甲의 재산관리인이 甲을 위해 법원의 허가 없이 X부동산을 처분하였더라도, 그 후 법원의 허가를 얻었다면 그 처분은 소급하여 유효이다.

33 ③ ① 법원은 그 선임한 재산관리인으로 하여금 재산의 관리 및 반환에 관하여 상당한 담보를 제공하게 할 수 있고, 그 선임한 재산관리인에 대하여 부재자의 재산으로 상당한 보수를 지급할 수 있다. 이러한 「민법」의 규정은 부재자의 생사가 분명하지 아니한 경우에 부재자가 정한 재산관리인에 준용한다.
② 법원에 의하여 선임된 재산관리인은 법원이 언제든지 개임할 수 있고, 재산관리인도 임의로 사임할 수 있다.
④ 재산관리인은 부재자의 사망이 확인되더라도 법원의 선임결정이 취소되지 않았다면, 재산관리인의 권한은 소멸하지 않는다.
⑤ 부재자로부터 포괄적 재산처분권을 부여받은 수임인이 법원에 의해 재산관리인으로 개임되면, 그 재산관리인은 법원의 허가 없이 부재자의 재산을 임의로 처분할 수 없다.

34 부재자의 재산관리에 관한 설명으로 옳지 않은 것은? (다툼이 있으면 판례에 따름)

① 법원은 그가 선임한 재산관리인에 대하여 부재자의 재산으로 보수를 지급할 수 있다.

② 법원이 선임한 재산관리인은 언제든지 사임할 수 있다.

③ 법원이 선임한 재산관리인이 부재자의 사망을 확인하였다면, 그 선임결정이 취소되지 않아도 재산관리인은 권한을 행사할 수 없다.

④ 재산관리인을 둔 부재자의 생사가 분명하지 않은 경우, 법원은 재산관리인의 청구에 의하여 재산관리인을 개임할 수 있다.

⑤ 법원이 선임한 재산관리인이 법원의 허가 없이 부재자 소유의 부동산을 매각한 후 법원의 허가를 얻어 소유권이전등기를 마쳤다면 그 매각행위는 추인된 것으로 본다.

35 해외지사에서 장기간 파견근무를 하게 된 甲은 사촌동생 乙에게 자신 소유의 X건물에 대한 관리·처분을 위임하였다. 다음 설명 중 옳지 않은 것은? (다툼이 있으면 판례에 따름)

① 乙이 X건물을 매각함에 있어 甲에게 경제적으로 불리한 계약이라도 법원의 허가를 받을 필요는 없다.

② 乙의 권한이 甲의 부재 중에 소멸한 경우, 가정법원은 甲의 추정상속인의 청구가 있으면 재산관리에 필요한 처분을 명해야 한다.

③ 甲의 생사가 불명하여 법원이 乙을 甲의 재산관리인으로 유임한 경우, 乙은 법원의 허가 없이 X건물을 매각할 수 있다.

④ 甲이 사망하더라도 乙은 甲의 상속인 등이 X건물에 대한 관리업무를 할 수 있을 때까지 그 사무의 처리를 계속하여야 한다.

⑤ 甲의 생사가 불명하여 법원이 새로 선임한 재산관리인은 재산관리를 위하여 지출한 필요비와 그 이자를 법원에 청구할 수 있다.

36 부재자 재산관리제도에 관한 설명으로 옳은 것을 모두 고르면? (다툼이 있으면 판례에 따름)

> ㄱ. 법원이 선임한 재산관리인 乙은 일종의 법정대리인으로서 재산관리에 관하여 포괄적인 권한을 가진다.
> ㄴ. 법원이 선임한 재산관리인 乙이 법원의 허가를 받아 재산을 처분한 후 그 허가결정이 취소되었더라도 이미 한 乙의 처분행위는 유효하다.
> ㄷ. 부재자가 선임한 재산관리인 乙은 재산관리에 필요한 재산목록을 작성하여야 한다.
> ㄹ. 생존이 확실한 자도 부재자가 될 수 있다.

① 없음 ② ㄱ, ㄴ ③ ㄱ, ㄴ, ㄷ
④ ㄱ, ㄴ, ㄹ ⑤ ㄱ, ㄴ, ㄷ, ㄹ

37 부재자의 재산관리에 관한 설명으로 옳지 않은 것은? (다툼이 있으면 판례에 따름)

① 부재자로부터 재산처분권한을 수여받은 재산관리인은 그 재산을 처분함에 있어 법원의 허가를 받을 필요가 없다.

② 부재자가 재산관리인을 정하지 않은 경우, 부재자의 채권자는 재산관리에 필요한 처분을 명할 것을 법원에 청구할 수 있다.

③ 법원이 선임한 재산관리인은 법원의 허가 없이 부재자의 재산에 대한 차임을 청구할 수 있다.

④ 재산관리인의 처분행위에 대한 법원의 허가는 이미 행한 처분행위를 추인하는 방법으로 할 수 있다.

⑤ 부재자가 사망한 사실이 확인되면 부재자 재산관리인 선임결정이 취소되지 않더라도 관리인의 권한은 당연히 소멸한다.

38 부재자에 관한 설명으로 옳지 않은 것은? (다툼이 있으면 판례에 따름)

① 법인은 부재자에 해당하지 않는다.

② 법원이 선임한 부재자의 재산관리인은 일종의 법정대리인이다.

③ 법원에 의하여 재산관리인이 선임된 후에도 부재자는 스스로 재산관리인을 정할 수 있다.

④ 재산관리인이 법원의 처분허가를 얻어 부재자의 재산을 처분한 후 그 허가결정이 취소된 경우, 처분행위는 소급하여 효력을 잃는다.

⑤ 법원에 의하여 선임된 재산관리인이 있는 경우, 부재자 본인을 상대로 한 공시송달은 그 효력이 인정되지 않는다.

정답 및 해설

34 ③ 법원이 선임한 재산관리인이 부재자의 사망을 확인하였더라도, 그 선임결정이 취소되지 않는 한 재산관리인의 권한은 소멸되지 않는다.

35 ③ 가정법원이 임의대리인 乙을 부재자 甲의 재산관리인으로 유임하는 처분을 내린 경우 乙은 종전의 임의대리인과는 달리 그 지위가 법정대리인으로서의 권한을 가지므로 법원의 허가 없이 처분행위를 할 수 없다.

36 ④ ㄷ. 부재자가 선임한 재산관리인 乙은 재산관리에 필요한 재산목록을 작성할 필요가 없다.

37 ⑤ 부재자가 사망한 사실이 확인되더라도 법원이 선임한 부재자 재산관리인의 선임결정이 취소되기 전이라면 관리인의 권한은 그대로 유지된다.

38 ④ 재산관리인이 법원의 처분허가를 얻어 부재자의 재산을 처분한 후 그 허가결정이 취소된 경우, 처분행위는 유효가 확정되므로 소급하여 효력을 잃지 않는다.

39 부재자의 재산관리인에 관한 설명으로 옳지 않은 것은? [세무사 21]

① 부재자가 재산관리인을 정하지 않은 때에는 법원은 이해관계인이나 검사의 청구에 의해 재산 관리에 필요한 처분을 명해야 한다.

② 부재자의 부재 중에 재산관리인의 권한이 소멸한 때 법원은 이해관계인이나 검사의 청구에 의해 부재자의 실종선고를 해야 한다.

③ 법원은 그 선임한 재산관리인에게 재산의 관리 및 반환에 관해 상당한 담보를 제공하게 할 수 있다.

④ 부재자가 재산관리인을 정한 경우에 부재자의 생사가 분명하지 않은 때는 법원은 이해관계인의 청구에 의해 재산관리인을 개임할 수 있다.

⑤ 법원은 그 선임한 재산관리인에 대해 부재자의 재산으로 보수를 지급할 수 있다.

40 실종선고에 관한 설명으로 옳지 않은 것은? (다툼이 있으면 판례에 따름)

① 부재자의 제1순위 상속인이 따로 있는 경우, 제2순위 상속인은 특별한 사정이 없는 한 부재자에 대하여 실종선고를 청구할 수 있는 이해관계인이 아니다.

② 실종선고가 취소되지 않았더라도 반증을 들어 실종선고의 효과를 다툴 수 있다.

③ 실종선고의 요건이 충족되면 법원은 이해관계인이나 검사의 청구에 의하여 실종선고를 하여야 한다.

④ 실종선고를 받은 자는 특별한 사정이 없는 한 실종기간이 만료한 때에 사망한 것으로 본다.

⑤ 실종선고가 취소된 때 실종선고를 직접원인으로 재산을 취득한 자가 선의인 경우에는 그 받은 이익이 현존하는 한도에서 반환할 의무가 있다.

41 실종선고에 관한 설명으로 옳은 것은? (다툼이 있으면 판례에 따름) [세무사 17]

① 실종선고를 받은 자는 실종기간이 만료한 때에 사망한 것으로 추정한다.

② 실종자를 사망한 것으로 보는 시기는 실종기간이 만료한 때가 아니라 실종선고가 이루어진 때이다.

③ 실종선고의 효력은 사법상 법률관계는 물론이고, 공법상 법률관계에도 그 효력이 미친다.

④ 이해관계없는 후순위 상속인은 선순위 상속인이 있더라도 실종선고를 청구할 수 있다.

⑤ 실종선고가 취소되지 않는 한, 실종자의 생존 등의 반증을 들어도 선고의 효력을 부정할 수 없다.

42 甲은 2014. 10. 20. 탑승한 항공기가 추락하여 그 생사를 알 수 없게 되었다. 당시 甲의 가족으로 배우자 乙, 어머니 丙, 동생 丁이 있었고, 甲은 2016. 1. 20. 실종선고를 받았다. 이에 관한 설명으로 옳은 것은? (다툼이 있으면 판례에 따름) [세무사 16]

① 2015. 4. 20. 乙이 甲에 대한 실종선고를 청구하면 인용될 수 있다.

② 乙과 丙의 생존에도 불구하고, 甲에 대한 丁의 실종선고 청구는 인용될 수 있다.

③ 甲에 대한 실종선고에 의하여 甲은 실종된 날인 2014. 10. 20. 사망한 것으로 의제된다.

④ 丙이 2016. 1. 5. 사망한 경우, 甲은 丙을 상속할 수 없는 것으로 된다.

⑤ 乙이 2016. 3. 10. 甲 소유의 물건을 戊에게 매각하여 소유권을 넘겨준 후 甲의 실종선고가 취소되면, 실종선고를 신뢰한 선의의 戊는 甲에게 현존이익을 반환하면 된다.

정답 및 해설

39 ② 부재자가 재산관리인을 정한 경우에 부재자의 생사가 분명하지 아니한 때에는 법원은 재산관리인, 이해관계인 또는 검사의 청구에 의하여 재산관리인을 개임할 수 있다.

40 ② 실종선고는 사망간주의 효과가 발생하므로 실종선고가 취소되지 않은 이상 반증을 들어 실종선고의 효과를 다툴 수 없다.

41 ⑤ ① 실종선고를 받은 자는 실종기간이 만료한 때에 사망한 것으로 간주한다.
② 실종자를 사망한 것으로 보는 시기는 실종기간이 만료한 때이다.
③ 실종선고의 효력은 사법상 법률관계에만 영향을 미치고, 공법상 법률관계에는 영향이 없다.
④ 선순위 상속인이 있는 경우 후순위 상속인은 실종선고를 청구할 수 없다.

42 ④ ① 실종기간이 만료되어야만 실종선고를 청구할 수 있다. 이 경우 실종기간 만료일은 2015. 10. 20.이므로 2015. 4. 20. 乙이 甲에 대한 실종선고를 청구하는 것은 허용되지 않는다.
② 선순위 상속인이 있는 경우 후순위 상속인은 실종선고를 청구할 수 없다. 따라서 乙과 丙이 선순위 상속인이므로 후순위 상속인인 동생 丁의 실종선고 청구는 허용되지 않는다.
③ 甲에 대한 실종선고에 의하여 甲은 실종기간 만료 시인 2015. 10. 20. 사망한 것으로 의제된다.
⑤ 乙이 2016. 3. 10. 甲 소유의 물건을 戊에게 매각하여 소유권을 넘겨준 후 甲의 실종선고가 취소되면, 반환의무자는 실종선고를 직접원인으로 재산을 취득한 乙이다. 따라서 戊는 반환의무자가 아니다.

43 실종선고에 관한 설명으로 옳은 것은? (다툼이 있으면 판례에 따름)

① 강가에서 낚시를 하고 있던 자의 생사가 1년간 분명하지 않은 경우에 이해관계인은 실종선고를 청구할 수 있다.

② 가족관계등록부상 이미 사망한 것으로 기재되어 있는 자에 대해서는 그 사망기재의 추정력을 뒤집을 수 있는 자료가 없는 한 실종선고를 할 수 없다.

③ 실종선고는 실종자의 종래 주소 또는 거소를 중심으로 하는 사법적, 공법적 법률관계를 종료시킨다.

④ 실종자가 실종기간의 기산점 이후에 생존했음을 이유로 실종선고가 취소된 경우에는 다시 실종선고를 청구할 수 없다.

⑤ 실종선고가 취소되면 실종선고를 직접원인으로 하여 재산을 취득한 자는 악의인 경우라도 발생한 손해를 배상할 필요가 없다.

44 실종선고에 관한 설명으로 옳지 않은 것은? (다툼이 있으면 판례에 따름)

① 가족관계등록부상 이미 사망으로 기재되어 있는 자에 대해서는 원칙적으로 실종선고를 할 수 없다.

② 실종선고를 받아 사망으로 간주된 자는 실종선고가 취소되지 않는 한 반증을 통해 그 효력을 번복할 수 없다.

③ 실종선고 후 그 취소 전에 선의로 한 행위의 효력은 실종선고의 취소에 의해 영향을 받지 않는다.

④ 실종선고의 취소에는 공시최고를 요하지 않는다.

⑤ 실종자를 당사자로 한 판결이 확정된 후에 실종선고가 확정되어 그 사망간주의 시점이 소 제기 전으로 소급하는 경우, 특별한 사정이 없는 한 그 판결은 당사자 능력이 없는 사람을 상대한 판결로서 무효가 된다.

45 실종선고에 관한 설명으로 옳지 않은 것은? (다툼이 있으면 판례에 따름)

① 사망의 원인이 될 위난을 당한 자의 실종기간은 위난종료 시부터 1년이다.

② 실종선고를 받은 자는 사망한 것으로 의제되며, 실종선고 그 자체가 법원에 의해 취소되지 않는 한 이 사망의 효과는 계속된다.

③ 가족관계등록부상 사망한 것으로 기재되어 있는 자는 그 사망기재의 추정력을 뒤집을 수 있는 자료가 없는 한 실종선고를 할 수 없다.

④ 제1순위 상속인이 있어도 제2순위 상속인은 실종선고를 청구할 수 있는 이해관계인에 해당한다.

⑤ 피상속인의 사망 후에 피상속인의 딸에 대한 실종선고가 이루어졌으나 실종기간이 피상속인의 사망 전에 만료되었다면 그 딸은 상속인이 될 수 없다.

46 실종선고 및 그 취소에 관한 설명으로 옳은 것은? (다툼이 있으면 판례에 따름) [세무사 20]

① 부재자의 부모가 생존해 있는 경우에도 부재자의 형제는 상속인이라는 이유로 실종선고를 청구할 수 있다.

② 침몰한 선박 중에 있던 자가 실종선고를 받은 경우, 그는 선박이 완전히 침몰한 때에 사망한 것으로 본다.

③ 실종자가 실종기간이 만료한 때와 다른 시기에 사망한 것이 증명되고 이해관계인이 실종선고의 취소를 청구한 경우, 법원은 실종선고를 취소하여야 한다.

④ 실종선고의 취소는 실종선고 후 그 취소 전에 악의로 한 행위의 효력에도 영향을 미치지 아니한다.

⑤ 실종선고가 취소되면 실종의 선고를 직접원인으로 하여 재산을 취득한 자는 그 받은 이익을 모두 반환할 의무가 있다.

정답 및 해설

43 ② ① 보통실종의 경우 최후 소식이 있는 때로부터 5년간 생사가 분명하지 않은 경우에 이해관계인 또는 검사는 실종선고를 청구할 수 있다.

③ 실종선고는 실종자의 종래 주소 또는 거소를 중심으로 하는 사법적 법률관계만을 종료시키므로, 공법적 법률관계에는 영향을 미치지 않는다.

④ 실종자가 실종기간의 기산점 이후에 생존했음을 이유로 실종선고가 취소된 경우라도 생사불명의 상태에 있다면 생존한 후 5년이 지난 후 다시 실종선고를 청구할 수 있다.

⑤ 실종선고가 취소되면 실종선고를 직접원인으로 하여 재산을 취득한 자는 악의인 경우 받은 이익에 이자를 붙여야 하고, 손해가 있으면 손해를 배상하여 반환하여야 한다.

44 ⑤ 실종선고의 효력은 사법관계만을 종료시키는 것이므로 공법관계에는 영향을 미치지 않는다. 따라서 실종자를 당사자로 한 판결이 확정된 후에 실종선고가 확정되어 그 사망간주의 시점이 소 제기 전으로 소급하는 경우, 특별한 사정이 없는 한 그 판결은 실종선고를 받은 자에게도 그 효력이 미친다.

45 ④ 제1순위 상속인이 있는 경우 제2순위 상속인은 실종선고를 청구할 수 있는 이해관계인에 해당하지 않는다.

46 ③ ① 부재자의 부모가 생존해 있는 경우 부재자의 형제는 후순위 상속인이므로 실종선고를 청구할 수 없다.

② 침몰한 선박 중에 있던 자가 실종선고를 받은 경우, 그는 선박이 완전히 침몰한 때로부터 1년이 지난 후에 사망한 것으로 본다.

④ 실종선고의 취소는 실종선고 후 그 취소 전에 선의로 한 행위의 효력에 대하여 영향을 미치지 아니한다.

⑤ 실종선고가 취소되면 실종의 선고를 직접원인으로 하여 재산을 취득한 자는 선의인 경우 현존이익을 반환하고, 악의인 경우 그 받은 이익이 있으면 이익에 이자를 붙여야 하고, 손해가 있으면 그 손해를 배상하여 반환할 의무가 있다.

제2장 법인

01 법인에 관한 설명으로 옳은 것은?

① 우리 「민법」은 법인실재설에 의하여 법인의 권리능력을 규정하기 때문에 법인의 실체만 갖추면 권리 · 의무의 주체가 된다.

② 법인의 불법행위능력은 법인의제설일 경우에 인정된다.

③ 법인의 감사가 업무 진행 중 타인에게 손해를 준 경우에도 법인의 불법행위능력은 인정된다.

④ 임시이사, 청산인도 법인의 대표기관이다.

⑤ 법인의제설에 의하면 대표가 아닌 대리의 개념이 필요하게 되고, 이 경우 법인의 권리능력에 관한 「민법」 제34조 규정은 편의적 규정이다.

02 법인이 그 법인격을 남용하는 경우 법인의 배후에 있는 자들에게 책임을 묻기 위한 이론을 무엇이라고 하는가?

① 법인부인설　　　　② 법인실재설　　　　③ 유기체설
④ 법인격부인론　　　⑤ 법인의제설

03 「민법」상 법인에 관한 설명으로 옳지 않은 것은? (다툼이 있으면 판례에 따름)

① 영리법인은 「민법」상 법인이 될 수 없다.

② 재단법인은 언제나 비영리법인이다.

③ 이사의 대표권제한은 정관의 필수적 기재사항이다.

④ 법인의 권리능력을 남용한 경우 신의칙 위반이 된다.

⑤ 재단법인을 설립하는 행위는 상대방 없는 단독행위이다.

04 「민법」상 비법인사단에 관한 설명으로 옳은 것은? (다툼이 있으면 판례에 따름)

① 비법인사단에는 대표권제한의 등기에 관한 규정이 적용되지 않는다.

② 비법인사단이 총유물에 관한 매매계약을 체결하는 행위는 총유물의 처분행위가 아니다.

③ 교회가 의결권을 가진 교인 2/3 이상의 찬성으로 소속 교단을 탈퇴한 경우, 종전 교회의 재산은 탈퇴한 교회 소속 교인들의 총유로 귀속되지 않는다.

④ 비법인사단의 구성원은 지분권에 기하여 총유물의 보존행위를 할 수 있다.

⑤ 비법인사단이 타인 간의 금전채무를 보증하는 행위는 총유물의 관리 · 처분행위로 볼 수 있다.

05 법인 아닌 사단에 관한 설명으로 옳지 않은 것은? (다툼이 있으면 판례에 따름)

① 법인 아닌 사단도 부동산에 관하여 등기권리자가 될 수 있다.

② 법인 아닌 사단도 그 대표자가 있는 경우에는 사단 명의로 소송을 제기할 수 있다.

③ 「주택법」상의 아파트 입주자 대표회의는 동별 세대수에 비례하여 선출되는 동별 대표자를 구성원으로 하는 법인 아닌 사단이다.

④ 법인 아닌 사단인 재건축조합의 대표자는 조합원 전원의 동의를 얻어 자기 명의로 조합재산 보존을 위한 소를 제기할 수 있다.

⑤ 법인 아닌 사단인 아파트 부녀회의 수익금이 부녀회장 명의의 예금계좌에 입금되어 있는 때에, 위 수익금의 관리권을 승계한 입주자 대표회의가 수익금의 지급을 청구할 경우 그 상대방은 부녀회이다.

정답 및 해설

01 ④ ① 법인이 권리능력을 취득하기 위해서는 실체만 갖는 것으로는 부족하고, 주된 사무소 소재지를 관할하는 등기소에 설립등기를 하여야 한다.
② 법인의 불법행위능력은 법인실재설일 경우에 가능하다.
③ 법인의 감사는 법인의 대표기관이 아니므로 법인의 불법행위능력은 인정되지 않는다.
⑤ 법인의제설에 의하더라도 권리능력은 인정되므로, 이 경우 법인의 권리능력에 관한 「민법」 제34조 규정은 편의적 규정이 아닌 당연규정으로서의 성격을 갖는다.

02 ④ 법인실재설을 전제로 법인격이 남용된 경우(= 법인격의 형해화) 그 해당 사항에서 법인격을 부인함으로써 법인의 배후자에게 책임을 묻고자 하는 이론을 '법인격부인론'이라 한다.

03 ③ 이사의 대표권제한은 정관의 필수적 기재사항이 아니다.

04 ① ② 비법인사단이 총유물에 관한 매매계약을 체결하는 행위는 총유물의 처분행위에 해당하므로 규약에 따르거나 총회결의를 통해서 하여야 한다.
③ 교회가 의결권을 가진 교인 2/3 이상의 찬성으로 소속 교단을 탈퇴한 경우, 종전 교회의 재산은 탈퇴한 교회 소속 교인들의 총유로 귀속된다.
④ 비법인사단의 구성원은 지분이 없으므로, 지분권에 기한 총유물의 보존행위를 할 수 없다.
⑤ 비법인사단이 타인 간의 금전채무를 보증하는 행위는 총유물의 관리·처분행위로 볼 수 없다.

05 ④ 비법인사단의 총유재산에 관한 소송은 법인 아닌 사단이 그 명의로 사원총회의 결의를 거쳐 하거나 또는 그 구성원 전원이 당사자가 되어 필수적 공동소송의 형태로 할 수 있을 뿐 그 사단의 구성원은 설령 그가 사단의 대표자라거나 사원총회의 결의를 거쳤다 하더라도 그 소송의 당사자가 될 수 없고, 또한 총유재산의 보존행위로서 소를 제기하는 경우에도 마찬가지이다.

06 법인 아닌 사단 및 재단에 관한 설명으로 옳지 않은 것은? (다툼이 있으면 판례에 따름) [세무사 14]

① 법인 아닌 재단은 관리인이 있는 경우 소송상 당사자 능력이 있다.

② 법인 아닌 사단의 이사가 결원인 경우, 법인의 임시이사 선임에 관한 「민법」규정이 유추적용된다.

③ 관계법령에 따라 구성된 공동주택의 입주자 대표회의는 특별한 사정이 없는 한 법인 아닌 재단이다.

④ 법인 아닌 사단의 재산에 대한 사원의 사용수익권은 사원이 사단에서 탈퇴하는 동시에 상실한다.

⑤ 법인 아닌 사단은 타인의 불법행위에 의해 명예가 실추된 것을 이유로 손해배상을 청구할 수 있다.

07 법인 아닌 사단에 관한 설명으로 옳지 않은 것은? (다툼이 있으면 판례에 따름)

① 법인 아닌 사단이 타인 간의 금전채무를 보증하는 행위는 총유물의 관리·처분행위에 해당한다.

② 고유한 의미의 종중의 경우에는 종중원이 종중을 임의로 탈퇴할 수 없다.

③ 법인 아닌 사단의 사원이 집합체로서 물건을 소유할 때에는 총유로 한다.

④ 구성원 개인은 특별한 사정이 없는 한 총유재산의 보존을 위한 소를 단독으로 제기할 수 없다.

⑤ 이사의 대표권제한에 관한 「민법」 제60조는 법인 아닌 사단에 유추적용될 수 없다.

08 권리능력 없는 사단에 관한 설명으로 옳지 않은 것은? (다툼이 있으면 판례에 따름)

① 법인 아닌 사단의 사원이 집합체로서 물건을 소유할 때에는 총유로 한다.

② 소집절차에 하자가 있어 그 효력을 인정할 수 없는 종중총회의 결의라도 후에 적법하게 소집된 종중총회에서 이를 추인하면 처음부터 유효로 된다.

③ 구성원 개인은 총유재산의 보존을 위한 소를 제기할 수 없다.

④ 대표자가 있는 권리능력 없는 사단의 부동산은 「부동산등기법」에 따라 대표자 명의로 등기하여야 한다.

⑤ 법인 아닌 사단이 그 소유토지의 매매를 중개한 중개업자에게 중개수수료를 지급하기로 한 약정은 총유물의 관리·처분행위에 해당하지 않는다.

09 법인 아닌 사단에 관한 설명으로 옳지 않은 것은? (다툼이 있으면 판례에 따름)

① 특별한 사정이 없는 한, 대표자 명의로 총유재산의 보존을 위한 소를 단독으로 제기할 수 없다.

② 법인 아닌 사단의 채무에 대해서는 특별한 사정이 없는 한, 구성원 각자가 그 지분비율에 따라 개인재산으로 책임을 진다.

③ 구성원들의 집단적 탈퇴로 분열되기 전 사단의 재산이 분열된 각 사단의 구성원들에게 각각 총유적으로 귀속되는 형태의 분열은 허용되지 않는다.

④ 사단법인의 하부조직이라도 스스로 단체로서의 실체를 갖추고 독자적인 활동을 하고 있다면 사단법인과 별개의 독립된 법인 아닌 사단이 될 수 있다.

⑤ 사원총회의 결의에 의하여 총유물에 대한 매매계약이 체결된 후, 그 채무의 존재를 승인하여 소멸시효를 중단시키는 행위는 총유물의 관리·처분행위에 해당하지 않는다.

10 A비법인사단은 대표자 甲을 두고 있으며, A의 구성원들은 집합체로서 X부동산을 소유하고 있다. 다음 설명 중 옳지 않은 것은? (다툼이 있으면 판례에 따름)   [세무사 21]

① A의 구성원들은 X부동산을 총유한다.

② A 명의로도 X부동산에 대한 등기를 할 수 있다.

③ A는 민사소송에서 당사자가 될 수 있다.

④ 甲이 그 직무에 관하여 제3자에게 불법행위를 한 경우에 A는 제3자에게 손해배상책임을 부담한다.

⑤ 甲이 정관에서 정한 대표권제한을 위반하여 제3자와 거래행위를 한 경우에 제3자가 선의, 무과실이더라도 그 거래행위는 무효이다.

정답 및 해설

06 ③ 관계법령에 따라 구성된 공동주택의 입주자 대표회의는 특별한 사정이 없는 한 법인 아닌 사단이다.

07 ① 법인 아닌 사단이 타인 간의 금전채무를 보증하는 행위는 총유물의 관리·처분행위에 해당하지 않으므로 사원총회의 결의가 없더라도 유효이다.

08 ④ 대표자가 있는 권리능력 없는 사단의 부동산은 「부동산등기법」에 따라 권리능력 없는 사단의 명의로 등기하여야 한다.

09 ② 법인 아닌 사단의 채무에 대해서는 특별한 사정이 없는 한, 법인 아닌 사단의 재산만으로 책임을 지게 되고, 구성원에게는 총유재산에 관하여 지분이 인정되지 않으므로 개인재산으로 책임을 부담하지는 않는다.

10 ⑤ 이사의 대표권제한을 등기하지 않은 경우 제3자에게 대항할 수 없다는 「민법」규정은 비법인사단에는 적용하지 않는다. 따라서 비법인사단의 대표자가 정관에서 정한 대표권제한을 위반하여 제3자와 거래행위를 한 경우에 제3자가 선의, 무과실이라면 그 거래행위는 유효이다.

11 「민법」상 비법인사단에 관한 설명으로 옳지 않은 것은? (다툼이 있으면 판례에 따름) [세무사 22]

① 비법인사단과 「민법」상 조합을 구별함에 있어서는 단체성의 강약을 기준으로 판단하여야 한다.

② 법인의 불법행위책임에 관한 「민법」 제35조의 규정은 비법인사단에 유추적용된다.

③ 고유한 의미의 종중은 종중원의 신분이나 지위를 박탈시킬 수 없다.

④ 사원총회의 결의를 거쳤다 하더라도 비법인사단의 구성원 중 1인은 총유재산에 대한 소송의 당사자가 될 수 없다.

⑤ 교회는 비법인사단에 해당하므로 합병 및 분열이 인정된다.

12 「민법」상 법인의 설립에 관한 설명으로 옳지 않은 것은? (다툼이 있으면 판례에 따름) [세무사 21]

① 사단법인의 설립행위는 요식행위이다.

② 사단법인의 정관의 법적 성질은 자치법규이다.

③ 생전처분으로 재단법인을 설립하는 때에는 유증에 관한 규정을 준용한다.

④ 재단법인의 발기인은 법인 설립인가를 받기 위한 준비행위로서 재산의 증여를 받을 수 있다.

⑤ 유언으로 부동산을 출연하여 재단법인을 설립하는 경우 제3자에 대한 관계에서는 등기를 마쳐야 출연부동산의 소유권이 법인에 귀속된다.

13 「민법」상 법인의 설립에 관한 설명으로 옳지 않은 것은? (다툼이 있으면 판례에 따름)

① 법인은 법률의 규정에 의하지 않으면 성립하지 못한다.

② 사단법인 설립행위는 2인 이상의 설립자가 정관을 작성하여 기명날인하여야 하는 요식행위이다.

③ 사단법인의 정관변경은 총사원 3분의 2 이상의 동의가 있으면 주무관청의 허가가 없더라도 그 효력이 생긴다.

④ 법인의 설립등기는 특별한 사정이 없는 한 주된 사무소 소재지에서 하여야 한다.

⑤ 사단법인의 사원들이 정관의 규범적인 의미 내용과 다른 해석을 사원총회의 결의라는 방법으로 표명하였다 하더라도 그 결의에 의한 해석은 그 사단법인의 사원을 구속하는 효력이 없다.

14 사단법인의 설립에 관한 설명으로 옳지 않은 것은?

[세무사 20]

① 「민법」상 법인이라도 반드시 공익을 목적으로 할 필요는 없다.
② 존립시기나 해산사유를 정하지 않아서 기재하지 않은 정관은 정관으로서의 효력이 없다.
③ 설립등기는 종된 사무소 소재지에 하여서는 안 된다.
④ 사단법인의 설립행위는 서면으로 하는 요식행위이다.
⑤ 정관의 임의적 기재사항도 정관에 기재되면 필수적 기재사항과 동일한 효력을 가진다.

15 「민법」상 법인에 관한 설명으로 옳은 것은? (다툼이 있으면 판례에 따름)

① 재단법인은 항상 비영리법인이다.
② 사단법인 설립행위는 법률행위이므로 특별한 방식이 요구되지 않는다.
③ 사단법인은 주무관청의 허가 없이 자유롭게 설립할 수 있다.
④ 재단법인 설립행위는 단독행위이므로 출연자라 하더라도 착오를 이유로 출연의 의사표시를 취소할 수 없다.
⑤ 법인의 목적 이외의 사업을 하더라도 주무관청은 설립허가 자체를 취소할 수 없다.

정답 및 해설

11 ⑤ 비법인사단의 분열은 허용되지 않는다.

12 ③ 생전처분으로 재단법인을 설립하는 때에는 증여에 관한 규정을 준용한다.

13 ③ 사단법인의 정관변경은 주무관청의 허가가 없으면, 그 효력이 없다.

14 ② 존립시기나 해산사유를 정하지 않아서 기재하지 않은 정관도 효력이 있으므로 사단법인의 설립이 가능하다.

15 ① ②③ 사단법인 설립행위는 엄격한 요식행위이므로 정관작성 시 필수적 기재사항을 기재한 후 기명날인을 하여 주무관청으로부터 설립허가를 받고, 주된 사무소 소재지 관할등기소에서 설립등기를 함으로써 법인이 성립하게 된다.
④ 재단법인의 출연자도 착오를 이유로 출연의 의사표시를 취소할 수 있다.
⑤ 법인의 목적 이외의 사업을 하게 되면 주무관청은 설립허가 자체를 취소할 수 있다.

16 부산에 주소를 둔 甲 외 11인이 자신들을 구성원으로 하고 甲을 대표자로 하여 서울에 주된 사무소를 두는 「민법」상 A사단법인을 설립하고자 한다. 이에 관한 설명으로 옳은 것은? (다툼이 있으면 판례에 따름)

[세무사 22]

① A법인의 설립을 위하여 작성한 정관의 법적 성질은 계약이다.

② A법인은 甲의 주소지에서 설립등기를 하여야 비로소 성립한다.

③ A법인의 정관이 유효하기 위해서는 자산에 관한 규정이 반드시 기재되어야 한다.

④ A법인은 특별한 사정이 없는 한, 총사원 3분의 2에 해당하는 8인 이상의 동의를 얻으면 해산을 결의할 수 있다.

⑤ A법인은 정관의 작성 이외에 재산의 출연을 그 설립요건으로 한다.

17 「민법」상 법인에 관한 설명으로 옳은 것은? (다툼이 있으면 판례에 따름)

① 사교 등 비영리를 목적으로 하는 사단은 주무관청의 허가 없이 신고만으로 법인을 설립할 수 있다.

② 이사가 없는 경우에 이로 인하여 손해가 생길 염려 있는 경우, 법원은 이해관계인의 청구에 의하여 특별대리인을 선임하여야 한다.

③ 법인이 주사무소 소재지를 관할하는 등기소의 관할구역 외로 주사무소를 이전하는 경우, 구소재지에서는 3주 내에 이전등기를 하고 신소재지에서는 3주 내에 설립등기사항에 게기한 사항을 등기하여야 한다.

④ 이사의 대표권에 대한 제한은 이를 정관에 기재하지 아니하여도 그 효력이 있다.

⑤ 법인은 정관 또는 총회의 결의로 감사를 두어야 한다.

18 「민법」상 사단법인에 관한 설명으로 옳지 않은 것은? (다툼이 있으면 판례에 따름)

① 이사는 원칙적으로 법인의 제반 업무처리를 대리인에게 포괄적으로 위임할 수 없다.

② 정관의 규범적 의미와 다른 해석이 사원총회의 결의에 의해 표명되었더라도 이는 법원을 구속하는 효력이 없다.

③ 이사의 임면에 관한 사항은 정관의 임의적 기재사항이다.

④ 이사회의 결의사항에 이해관계가 있는 이사는 의결권이 없다.

⑤ 「민법」상 청산절차에 관한 규정에 반하는 잔여재산 처분행위는 특단의 사정이 없는 한 무효이다.

19 재단법인에 관한 설명으로 옳은 것을 모두 고른 것은? (다툼이 있으면 판례에 따름)

> ㄱ. 법인의 대표자가 법인의 채무를 부담하는 계약을 할 때, 주무관청의 인가를 받도록 정관에 규정되어 있다면 이는 법인의 권리능력을 제한하는 것이다.
> ㄴ. 법인의 기본재산을 감소시키는 경우에는 주무관청의 허가를 받아야 하지만, 기본재산을 증가시키는 경우에는 주무관청의 허가가 필요치 않다.
> ㄷ. 유언으로 재단법인을 설립하기 위해 지명채권을 출연하는 경우, 그 채권이 법인에 귀속하는 시기는 유언의 효력이 발생한 때, 즉 출연자가 사망하는 때이다.
> ㄹ. 법인 설립을 위한 출연행위는 상대방이 있는 단독행위이다.
> ㅁ. 유언으로 재단법인을 설립하기 위해 특정 부동산을 출연하는 경우, 제3자에 대한 관계에서 그 부동산이 법인에 귀속하는 시기는 법인 명의로 등기를 마친 때이다.

① ㄱ, ㄴ   ② ㄱ, ㄷ   ③ ㄴ, ㄹ
④ ㄴ, ㅁ   ⑤ ㄷ, ㅁ

정답 및 해설

16 ③ ① 비영리사단법인의 설립을 위하여 작성한 정관의 법적 성질은 계약이 아니고 자치법규에 해당한다.
② 법인은 그 주된 사무소의 소재지에서 설립등기를 함으로써 성립한다(「민법」 제33조).
④ 비영리사단법인은 특별한 사정이 없는 한, 총사원 4분의 3 이상의 동의를 얻으면 해산을 결의할 수 있다.
⑤ 비영리사단법인의 설립은 정관의 작성으로 충분하며 재산의 출연은 그 설립요건이 아니다.

17 ③ ① 사교 등 비영리를 목적으로 하는 사단은 주무관청의 허가 없이 신고만으로 법인을 설립할 수 없고 설립등기를 하여야 한다.
② 이사가 없는 경우에 이로 인하여 손해가 생길 염려 있는 경우, 법원은 이해관계인 또는 검사의 청구에 의하여 임시이사를 선임하여야 한다.
④ 이사의 대표권에 대한 제한은 이를 정관에 기재하지 않으면 그 효력이 없다.
⑤ 「민법」상 비영리법인의 감사는 임의기관이므로 법인은 정관 또는 총회의 결의로 감사를 둘 수 있다.

18 ③ 이사의 임면에 관한 사항은 정관의 임의적 기재사항이 아니고 필수적 기재사항이다.

19 ⑤ ㄱ. 법인의 대표자가 법인의 채무를 부담하는 계약을 할 때, 주무관청의 인가를 받도록 정관에 규정되어 있다면 이는 법인의 권리능력을 제한하는 것이 아니라, 대표권을 제한하는 것이다.
ㄴ. 재단법인의 기본재산의 처분행위를 통한 증감변동은 정관의 변경을 초래하므로, 주무관청의 허가를 얻어야 유효가 된다.
ㄹ. 재단법인 설립을 위한 출연행위는 상대방이 없는 단독행위이다.

20 재단법인에 관한 설명으로 옳은 것은? (다툼이 있으면 판례에 따름)

① 재단법인은 유언으로 설립할 수 없다.

② 재단법인이 기본재산을 처분할 경우 주무관청의 허가를 얻어야 한다.

③ 재단법인의 출연자는 착오를 이유로 출연의 의사표시를 취소할 수 없다.

④ 재단법인의 출연자가 출연재산과 그 목적을 정하지 않고 사망한 때에는 주무관청이 이를 정한다.

⑤ 재단법인의 목적을 달성할 수 없는 경우, 이사는 설립자의 동의가 있으면 주무관청의 허가 없이 그 목적을 변경할 수 있다.

21 재단법인에 관한 설명으로 옳지 않은 것은? (다툼이 있으면 판례에 따름) [세무사 21]

① 설립자가 정관에 그 변경방법을 정한 때는 그 방법에 따라 정관을 변경할 수 있다.

② 재단법인의 재산의 보전을 위하여 적당한 때에는 사무소의 소재지를 변경할 수 있다.

③ 재단법인의 기본재산에 새로운 재산을 편입하는 행위는 주무관청의 허가가 필요하다.

④ 재단법인의 설립자가 이사 임면의 방법을 정하지 않고 사망한 때에는 이해관계인 또는 검사의 청구에 의해 법원이 이를 정한다.

⑤ 재단법인의 목적을 달성할 수 없는 때 이사는 주무관청의 허가 없이 그 목적 기타 정관의 규정을 변경할 수 있다.

22 「민법」상 재단법인에 관한 설명으로 옳지 않은 것은? (다툼이 있으면 판례에 따름)

① 1인의 설립자에 의한 재단법인 설립행위는 상대방 없는 단독행위이다.

② 재단법인의 설립을 위해서는 반드시 재산의 출연이 있어야 한다.

③ 출연재산이 부동산인 경우 법인의 설립등기만으로도 그 재산은 제3자에 대한 관계에서 법인에게 귀속된다.

④ 재단법인의 설립을 위하여 서면에 의한 증여를 하였더라도, 착오에 기한 의사표시를 이유로 증여의 의사표시를 취소할 수 있다.

⑤ 법인 아닌 재단에게도 부동산에 관한 등기능력이 인정될 수 있다.

23 「민법」상 재단법인에 관한 설명으로 옳은 것은?

① 재단법인은 정관 또는 총회의 결의를 통하여 반드시 감사를 두어야 한다.

② 재단법인이 목적을 달성할 수 없는 경우, 설립자나 이사는 주무관청의 허가를 얻어 설립취지를 참작하여 그 목적 기타 정관의 규정을 변경할 수 있다.

③ 대표이사는 매년 1회 이상 사원총회를 소집하여야 한다.

④ 재단법인의 존립시기와 해산사유는 정관에 반드시 기재되어야 하는 사항이다.

⑤ 유언으로 재단법인을 설립하는 행위는 특별한 방식이 요구되지 않는 불요식행위이다.

정답 및 해설

20 ② ① 사단법인과 달리 재단법인은 생전행위뿐만 아니라 유언으로도 설립할 수 있다.

③ 재단법인의 출연자는 착오를 이유로 출연의 의사표시를 취소할 수 있다.

④ 재단법인의 출연자가 출연재산과 그 목적을 정하지 않고 사망한 때에는 법원에 의한 정관보충이 처음부터 허용되지 않는다. 그러나 재단법인의 출연자가 출연재산과 그 목적만을 정하고 사망한 때에는 이해관계인 또는 검사의 청구에 의하여 법원이 정관보충을 할 수 있다.

⑤ 재단법인의 목적을 달성할 수 없는 때에는 설립자나 이사는 주무관청의 허가를 얻어 설립의 취지를 참작하여 그 목적 기타 정관의 규정을 변경할 수 있다(「민법」 제46조).

21 ⑤ 재단법인의 목적을 달성할 수 없는 때에는 설립자나 이사는 주무관청의 허가를 얻어 설립의 취지를 참작하여 그 목적 기타 정관의 규정을 변경할 수 있다(「민법」 제46조).

22 ③ 출연재산이 부동산인 경우 그 부동산은 제3자에 대한 관계에서는 재단법인의 설립등기만으로는 재단법인에게 귀속되지 않는다. 따라서 재단법인의 명의로 그 부동산의 소유권을 이전등기하여야 제3자에 대하여 소유권을 주장할 수 있다.

23 ② ① 「민법」상 비영리사단법인과 재단법인의 감사는 임의기관이므로 이사와 달리 정관 또는 총회의 결의를 통하여 감사를 둘 수 있다.

③ 재단법인에는 사원총회가 있을 수 없으므로 재단법인의 대표이사는 사원총회를 소집할 수 없다.

④ 재단법인의 존립시기와 해산사유는 재단법인의 정관에 반드시 기재되어야 하는 필수적 기재사항이 아니다.

⑤ 생전처분으로 재단법인을 설립하거나 유언으로 재단법인을 설립하는 행위는 특별한 방식이 요구되는 엄격한 요식행위이다.

24 甲이 생전처분으로 재산을 출연하여, 乙재단법인이 성립되었다. 이에 관한 설명으로 옳지 않은 것은? (다툼이 있으면 판례에 따름)

① 甲의 출연재산이 지명채권인 경우, 채무자에게 통지한 때에 乙법인에게 귀속된다.
② 甲의 출연재산이 동산인 경우, 법인 설립등기를 마친 때에 乙법인에게 귀속된다.
③ 甲의 출연행위가 「민법」상의 착오에 해당하는 경우, 출연재산이 乙법인의 기본재산이더라도 甲은 출연의 의사표시를 취소할 수 있다.
④ 甲의 출연재산이 부동산이고, 乙법인 앞으로 소유권이전등기를 하기 전에 甲의 사망으로 丙에게 상속등기가 된 경우라도 그 부동산은 乙법인의 소유이다.
⑤ 위 ④의 경우, 상속인 丙이 부동산을 丁에게 처분하여 소유권이전등기를 마쳤다면, 그 부동산은 丁의 소유이다.

25 「민법」상 법인의 능력에 관한 설명으로 옳은 것은? (다툼이 있으면 판례에 따름)

① 법인의 권리능력은 법률에 의해서만 제한된다.
② 법인은 미성년후견인이 될 수 있다.
③ 법인의 대표에 대해서는 대리규정을 준용할 수 없다.
④ 법인의 불법행위가 성립하는 경우 법인은 언제나 피해자에게 손해를 배상할 책임이 있다.
⑤ 법인실재설에 의해서만 법인의 불법행위가 성립한다.

26 법인의 능력에 관한 설명 중 옳지 않은 것은?

① 「민법」에는 법인의 권리능력에 관한 규정은 있으나, 행위능력에 관한 규정은 없다.
② 법인은 법률의 규정에 의하여만 권리능력을 제한받는다.
③ 법인의 불법행위가 성립하는 경우 법인의 책임과 기관 개인의 책임은 부진정 연대채무로 본다.
④ 청산법인이나 청산인이 청산법인의 목적범위 외의 행위를 한 때에는 그 행위는 무효이다.
⑤ 「민법」은 법인의 능력에 관하여 실재설의 입장을 취하고 있으나, 법인이 형해화된 사안에 있어서는 예외적으로 법인의 권리능력을 부정한다.

27 법인의 권리능력에 관한 설명으로 옳지 않은 것은? (다툼이 있으면 판례에 따름) [세무사 15]

① 법인의 권리능력은 정관으로 정한 목적의 범위 내로 제한된다.
② 법인에게는 상속권이 인정되지 않는다.
③ 법인도 명예에 관한 권리를 가질 수 있다.
④ 재단법인의 권리능력은 설립자가 재산을 출연하고 정관을 작성한 때부터 인정된다.
⑤ 법인은 권리능력의 범위 내에서 행위능력을 갖는다.

28 甲사단법인의 대표이사 乙이 외관상 그 직무에 관한 행위로 丙에게 불법행위를 한 경우에 관한 설명으로 옳지 않은 것은? (다툼이 있으면 판례에 따름)

① 乙의 불법행위로 인해 甲이 丙에 대해 손해배상책임을 지는 경우에도 乙은 丙에 대한 자기의 손해배상책임을 면하지 못한다.

② 甲의 손해배상책임 원인이 乙의 고의적인 불법행위인 경우에는 丙에게 과실이 있더라도 과실상계의 법리가 적용될 수 없다.

③ 丙이 乙의 행위가 실제로는 직무에 관한 행위에 해당하지 않는다는 사실을 알았거나 중대한 과실로 알지 못한 경우에는 甲에게 손해배상책임을 물을 수 없다.

④ 甲의 사원 丁이 乙의 불법행위에 가담한 경우, 丁도 乙과 연대하여 丙에 대하여 손해배상책임을 진다.

⑤ 甲이 비법인사단인 경우라 하더라도 甲은 乙의 불법행위로 인한 丙의 손해를 배상할 책임이 있다.

정답 및 해설

24 ① 출연자가 생전처분으로 출연한 재산은 출연자와 재단법인 사이에서는 별도의 절차를 필요로 하지 않고 법인 성립 시에 재단에 귀속된다. 따라서 채무자에게 지명채권의 양도를 통지할 필요가 없다.

25 ⑤ ① 법인의 권리능력은 성질, 법률, 정관으로 정한 목적에 의해서 제한된다.
② 법인은 미성년후견인이 될 수 없다.
③ 법인의 대표에 대해서는 대리규정을 준용한다.
④ 법인의 불법행위가 성립하는 경우 피해자가 직무관련성이 없음을 이미 알았거나 중과실로 인하여 알지 못한다면, 법인은 피해자에게 손해를 배상할 책임이 없다.

26 ② 법인의 권리능력은 성질, 법률의 규정, 정관으로 정한 목적의 범위에 의하여 제한받는다.

27 ④ 재단법인의 권리능력은 설립자가 재산을 출연하고 정관을 작성한 때가 아니라 주된 사무소 소재지의 관할 등기소에서 설립등기를 한 때로부터 인정된다.

28 ② 甲의 손해배상책임 원인이 乙의 고의적인 불법행위인 경우, 피해자 丙에게 과실이 있으면 과실상계의 법리가 적용될 수 있다.

29 「민법」상 법인의 불법행위능력에 관한 설명으로 옳은 것은? (다툼이 있으면 판례에 따름)

① 법인의 대표자는 법인을 사실상 대표하는지 여부와 관계없이 대표자로 등기되었는지 여부만을 기준으로 판단하여야 한다.

② 법인의 대표자가 부정한 대표행위를 한 경우에 그 행위가 직무범위 내에 있더라도 법인의 불법행위가 성립될 여지가 없다.

③ 행위의 외형상 법인의 대표자의 직무행위라고 인정되더라도 법령의 규정에 위배된 것이라면 직무에 관한 행위에 해당하지 않는다.

④ 법인의 대표자의 행위로 법인의 불법행위책임이 성립하는 경우, 특별한 사정이 없는 한 법인만이 피해자에게 불법행위책임을 진다.

⑤ 법인의 대표자의 행위가 직무행위에 해당하지 아니함을 피해자 자신이 경과실로 알지 못한 경우에는 법인에게 손해배상책임을 물을 수 있다.

30 법인의 불법행위능력(「민법」 제35조)에 관한 설명으로 옳은 것은? (다툼이 있으면 판례에 따름)

① 법인의 손해배상책임이 대표기관의 고의적 불법행위에 기한 것이라 해도 손해발생과 관련하여 피해자의 과실이 있다면 과실상계의 법리는 적용가능하다.

② 실제로는 직무와 관련 없는 대표기관의 행위가 외형상 직무에 관한 것으로 보인다면 피해자가 이에 관해 선의인 한 그 선의에 중과실이 있더라도 법인의 불법행위책임은 성립한다.

③ 대표기관이 직무와 관련하여 불법행위를 한 경우 피해자는 「민법」 제35조(법인의 불법행위능력)에 따른 손해배상과 「민법」 제756조(사용자의 배상책임)에 따른 손해배상을 선택적으로 청구할 수 있다.

④ 법인의 불법행위책임이 성립하면 대표기관은 손해배상책임을 면한다.

⑤ 법인의 불법행위능력에 관한 규정은 권리능력 없는 사단에 유추적용되지 않는다.

31 사단법인 甲의 대표자 乙이 직무에 관한 불법행위로 丙에게 손해를 가하였다. 甲의 불법행위능력(「민법」 제35조)에 관한 설명으로 옳지 않은 것은? (다툼이 있으면 판례에 따름)

① 甲의 불법행위가 성립하여 甲이 丙에게 손해를 배상하면 甲은 乙에게 구상할 수 있다.

② 乙이 법인을 실질적으로 운영하면서 사실상 대표하여 사무를 집행하였더라도 대표자로 등기되지 않았다면 「민법」 제35조에서 정한 '대표자'에 해당하지 않는다.

③ 甲의 불법행위책임은 그가 乙의 선임, 감독에 주의를 다하였음을 이유로 면책되지 않는다.

④ 乙의 행위가 외형상 대표자의 직무행위로 인정되는 경우라면 그것이 乙 개인의 이익만을 도모하기 위한 것이라도 직무에 관한 행위에 해당한다.

⑤ 乙이 청산인인 경우에도 甲의 불법행위책임이 성립할 수 있다.

32 「민법」상 A법인의 이사 甲의 불법행위로 乙에게 손해가 발생하였다. A의 불법행위(「민법」 제35조)에 관한 설명으로 옳지 않은 것은? (다툼이 있으면 판례에 따름)　　　　　　　　　　　　[세무사 21]

① A의 불법행위가 인정되는 경우에 甲은 면책되지 않는다.
② A의 불법행위책임이 인정되는 경우에 A는 「민법」 제756조의 사용자책임을 부담하지 않는다.
③ 甲의 불법행위가 외형상 대표기관의 직무행위라고 볼 수 있다면, 乙이 그 행위가 직무에 관한 행위가 아님을 안 경우에도 A의 불법행위는 인정된다.
④ 甲에게 대표권이 없다면 A의 불법행위는 인정되지 않는다.
⑤ 甲이 A의 목적범위 외의 행위를 한 경우라면 A의 불법행위는 인정되지 않는다.

정답 및 해설

29 ⑤ ① 법인의 대표자는 '대표자로 등기되었는지 여부와 관계없이' 법인을 사실상 대표하는지 여부만을 기준으로 판단하여야 한다.
　　② 법인의 대표자가 부정한 대표행위를 한 경우에 그 행위가 직무범위 내에 있다면 법인의 불법행위가 성립한다.
　　③ 행위의 외형상 법인의 대표자의 직무행위라고 인정되면 설령 법령의 규정에 위배된 것이라도 직무에 관한 행위에 해당한다.
　　④ 법인의 대표자의 행위로 법인의 불법행위책임이 성립하는 경우, 특별한 사정이 없는 한 법인과 대표기관이 피해자에게 불법행위책임을 진다(= 부진정 연대채무).

30 ① ② 실제로는 직무와 관련 없는 대표기관의 행위가 외형상 직무에 관한 것으로 보인다면 피해자가 이에 관해 알았거나 몰랐다 하더라도 중과실이 있는 경우에는 법인은 불법행위로 책임을 지지 않는다.
　　③ 대표기관이 직무와 관련하여 불법행위를 한 경우 피해자는 「민법」 제35조(법인의 불법행위능력)에 따른 손해배상만을 청구할 수 있고, 「민법」 제756조(사용자의 배상책임)에 따른 손해배상책임 규정은 적용되지 않는다.
　　④ 법인의 불법행위책임이 성립하면 법인과 대표기관은 부진정 연대배상책임을 진다.
　　⑤ 법인의 불법행위능력에 관한 규정은 법인뿐만 아니라 권리능력 없는 사단과 재단에도 유추적용된다.

31 ② 乙이 법인을 실질적으로 운영하면서 사실상 대표하여 사무를 집행하였다면 대표자로 등기되지 않았더라도 「민법」 제35조에서 정한 '대표자'에 해당한다.

32 ③ 대표기관의 불법행위가 외형상 대표기관의 직무행위라고 볼 수 있더라도, 상대방이 그 행위가 직무에 관한 행위가 아님을 알았거나 중대한 과실로 알지 못한 경우 법인의 불법행위책임은 부정된다.

33 법인의 불법행위책임에 관한 설명으로 옳은 것은? (다툼이 있으면 판례에 따름)

① 외형상 직무행위로 인정되는 대표자의 권한 남용행위에 대해서도 법인의 불법행위책임이 인정될 수 있다.

② 등기된 대표자의 행위로 인하여 타인에게 손해를 가한 경우에만 법인의 불법행위책임이 성립할 수 있다.

③ 대표자의 행위가 직무에 관한 행위에 해당하지 않음을 피해자 자신이 중대한 과실로 알지 못한 경우, 법인의 불법행위책임이 인정된다.

④ 대표권 없는 이사가 그 직무와 관련하여 타인에게 손해를 가한 경우, 법인의 불법행위책임이 성립한다.

⑤ 법인의 불법행위책임이 성립하는 경우 그 대표기관은 손해배상책임이 없다.

34 법인의 이사에 관한 설명으로 옳은 것은?

① 법인이 설립허가의 취소로 해산하는 경우 원칙적으로 이사는 청산인이 될 수 없다.

② 이사가 여러 명인 경우, 법인의 사무에 관하여 공동으로 법인을 대표하는 것이 원칙이다.

③ 이사는 정관 또는 총회의 결의로 금지하지 아니한 사항에 한하여 타인으로 하여금 특정한 행위를 대리하게 할 수 있다.

④ 이사의 대표권에 대한 제한은 정관의 기재만으로도 선의의 제3자에게 대항할 수 있다.

⑤ 법인과 이사의 이익이 상반하는 사항에 대해서는 법원이 이해관계인이나 검사의 청구에 의하여 임시이사를 선임하여야 한다.

35 「민법」상 법인의 기관에 관한 설명으로 옳은 것은? (다툼이 있으면 판례에 따름)

① 이사의 변경등기는 대항요건이 아니라 효력발생요건이다.

② 이사가 수인인 경우, 특별한 사정이 없는 한 법인의 사무에 관하여 이사는 공동으로 법인을 대표한다.

③ 사단법인의 정관변경에 관한 사원총회의 권한은 정관에 의해 박탈할 수 있다.

④ 이사회에서 법인과 어느 이사와의 관계사항을 의결하는 경우, 그 이사는 의사정족수 산정의 기초가 되는 이사의 수에 포함된다.

⑤ 법인의 대표권제한에 관한 사항이 등기되지 않았더라도 법인은 대표권제한에 대해 악의인 제3자에게 대항할 수 있다.

36 甲법인의 대표이사 乙은 대표자로서의 모든 권한을 丙에게 포괄적으로 위임하여 丙이 실질적으로 甲법인의 사실상 대표자로서 그 사무를 집행하고 있다. 이에 관한 설명으로 옳은 것을 모두 고른 것은? (다툼이 있으면 판례에 따름)

> ㄱ. 甲의 사무에 관한 丙의 대행행위는 원칙적으로 甲에게 효력이 미치지 않는다.
> ㄴ. 丙이 외관상 직무행위로 인하여 丁에 대하여 법인의 불법행위책임에 관한 「민법」 제35조의 손해배상책임을 진다.
> ㄷ. 만약 甲이 비법인사단이라면 乙은 甲의 사무 중 정관에서 대리를 금지한 사항의 처리에 대해서도 丙에게 포괄적으로 위임할 수 있다.

① ㄱ   ② ㄴ   ③ ㄱ, ㄴ
④ ㄱ, ㄷ   ⑤ ㄴ, ㄷ

정답 및 해설

33 ① ② 법인의 불법행위책임은 등기된 대표자의 행위로 인하여 타인에게 손해를 가한 경우로 한정되지 않고 등기되지 않은 사실상 대표자의 행위로 인해서도 법인의 불법행위책임이 성립할 수 있다.
③ 대표자의 행위가 직무에 관한 행위에 해당하지 않음을 피해자 자신이 알았거나 중대한 과실로 알지 못한 경우, 법인의 불법행위책임은 부정된다.
④ 대표권 없는 이사는 법인의 대표기관이 아니므로 그 직무와 관련하여 타인에게 손해를 가한 경우에도, 법인의 불법행위책임은 성립하지 않는다.
⑤ 법인의 불법행위책임이 성립하는 경우 그 대표기관은 손해배상책임을 면하지 못하므로, 양자의 책임은 부진정 연대채무가 된다.

34 ③ ① 법인이 해산하는 경우 파산의 경우를 제외하고는 정관으로 지정한 자가 없거나, 총회의 결의로 지정하지 않은 경우, 법원이 직권 또는 이해관계인, 검사의 청구로 선임하지 않았다면, 원칙적으로 해산 당시의 이사가 청산인이 된다.
② 이사가 여러 명인 경우, 법인의 사무에 관하여 각자 법인을 대표하는 것이 원칙이다(「민법」 제59조 제1항).
④ 이사의 대표권에 대한 제한은 정관에 기재가 되었더라도 등기하지 않으면, 선·악을 불문하고 제3자에게 대항할 수 없다(「민법」 제60조).
⑤ 법인과 이사의 이익이 상반하는 사항에 대해서는 당해 이사는 대표권이 없으므로, 법원이 이해관계인이나 검사의 청구에 의하여 임시이사가 아닌 특별대리인을 선임하여야 한다(「민법」 제64조).

35 ④ ① 이사의 변경등기는 효력발생요건이 아니고 대항요건이다.
② 이사가 수인인 경우, 특별한 사정이 없는 한 법인의 사무에 관하여 이사는 각자 법인을 대표한다.
③ 사단법인의 정관변경에 관한 사원총회의 권한은 사원총회의 전권사항이므로 정관에 의해서도 박탈할 수 없다.
⑤ 법인의 대표권제한에 관한 사항이 등기되지 않았다면 법인은 대표권제한에 대해 악의인 제3자에게도 대항할 수 없다.

36 ③ ㄷ. 대표기관의 복임권 행사에 의한 임의대리인 선임행위는 특정 행위를 대리하도록 하여야 하므로 포괄적으로 위임할 수 없다. 뿐만 아니라 정관에서 대리를 금지한 경우에는 복임권 행사가 금지되므로 임의대리인을 선임하는 것은 허용되지 않는다.

37 「민법」상 법인의 대표기관에 관한 설명으로 옳지 않은 것은? (다툼이 있으면 판례에 따름)

① 법인은 대표기관으로 이사를 두어야 하며, 이사가 수인이면 특별한 사정이 없는 한 법인의 사무에 관하여 각자 법인을 대표한다.

② 법인의 정관에 규정된 대표권제한을 등기하지 않았더라도 이를 악의의 제3자에게 대항할 수 있다.

③ 이사가 없거나 결원이 있는 경우에 이로 인하여 손해가 생길 염려가 있는 때에는 법원은 이해관계인이나 검사의 청구에 의하여 임시이사를 선임하여야 한다.

④ 법인과 이사의 이익이 상반하는 사항에 관하여 이사는 대표권이 없으므로, 법원은 이해관계인이나 검사의 청구에 의하여 특별대리인을 선임하여야 한다.

⑤ 직무대행자가 가처분명령에 다른 정함이 있는 경우와 법원의 허가를 얻은 경우를 제외하고, 법인의 통상사무에 속하지 아니한 행위를 하면 법인은 선의의 제3자에 대하여 책임을 진다.

38 「민법」상 사단법인의 기관에 관한 설명으로 옳지 않은 것은? (다툼이 있으면 판례에 따름)

① 이사의 임면에 관한 사항은 정관의 임의적 기재사항이다.

② 사단법인의 이사는 매년 1회 이상 통상총회를 소집하여야 한다.

③ 이사가 수인인 경우, 정관에 다른 규정이 없으면 법인의 사무집행은 이사의 과반수로써 결정한다.

④ 감사는 필요기관이 아니다.

⑤ 사원총회의 의결사항은 정관에 다른 규정이 없으면, 총회를 소집할 때 미리 통지된 사항에 한한다.

39 「민법」상 법인의 기관에 관한 설명으로 옳지 않은 것은? (다툼이 있으면 판례에 따름)

① 「민법」상 이사의 임기를 제한하는 규정은 없다.

② 사원총회의 결의는 「민법」 또는 정관에 다른 규정이 없으면 사원 과반수의 출석과 출석사원이 결의권의 과반수로써 한다.

③ 이사는 정관 또는 총회의 결의로 금지하지 아니한 사항에 한하여 타인으로 하여금 특정한 행위를 대리하게 할 수 있다.

④ 임시이사의 선임의 요건인 '이사가 없거나 결원이 있는 경우'란 이사가 전혀 없거나 정관에서 정한 인원수에 부족이 있는 경우를 말한다.

⑤ 정관에 이사의 해임사유에 관한 규정이 있는 경우에는 이사의 중대한 의무 위반이 있어도 법인은 정관에서 정하지 아니한 사유로 이사를 해임할 수 없다.

40 법인에 관한 설명으로 옳은 것을 모두 고른 것은?

> ㄱ. 임시이사는 법인과 이사의 이익이 상반하는 사항에 관하여 선임되는 법인의 기관이다.
> ㄴ. 법인의 이사가 여러 명인 경우에는 정관에 다른 규정이 없으면 법인의 사무집행은 이사의 과반수로써 결정한다.
> ㄷ. 법인의 대표에 관하여는 대리에 관한 규정을 준용한다.
> ㄹ. 이사는 정관 또는 총회의 결의로 금지하지 아니한 사항에 한하여 타인으로 하여금 특정한 행위를 대리하게 할 수 있다.

① ㄱ, ㄴ   ② ㄷ, ㄹ   ③ ㄱ, ㄴ, ㄷ
④ ㄴ, ㄷ, ㄹ   ⑤ ㄱ, ㄴ, ㄷ, ㄹ

41 법인의 감사에 관한 설명으로 옳지 않은 것은?

① 정관 또는 총회의 결의로 1人 또는 수인의 감사를 둘 수 있다.
② 감사의 성명, 주소는 등기하여야 한다.
③ 선량한 관리자로서의 주의의무를 진다.
④ 수인의 경우에는 각자 단독으로 업무를 수행한다.
⑤ 감사결과 부정 또는 불비한 것이 있을 시에는 총회 또는 주무관청에 보고한다.

정답 및 해설

37 ② 법인의 정관에 규정된 대표권제한을 등기하지 아니하면 제3자에게 선·악을 불문하고 대항할 수 없다.

38 ① 이사의 임면에 관한 사항은 사단법인과 재단법인의 설립 시 반드시 기재되어야 하는 정관의 필요적 기재사항이다.

39 ⑤ 정관에 이사의 해임사유에 관한 규정이 있는 경우 이사의 중대한 의무 위반이 있을 때에는 법인은 정관에서 정하지 아니한 사유로도 이사를 해임할 수 있다.

40 ④ ㄱ. 이사가 없거나 결원이 있는 경우에 이로 인하여 손해가 생길 염려 있는 때에는 법원은 이해관계인이나 검사의 청구에 의하여 임시이사를 선임하여야 한다(「민법」 제63조).

41 ② 이사와 달리 감사의 성명, 주소는 등기사항이 아니다.

42 「민법」상 법인의 기관에 관한 설명으로 옳지 않은 것은? (다툼이 있으면 판례에 따름)

① 사단법인은 감사를 두지 않을 수 있다.

② 이사의 대표권에 대한 제한은 이를 정관에 기재하지 아니하면 그 효력이 없다.

③ 사원총회에서 사단법인과 어느 사원과의 관계사항을 의결하는 경우에는 그 사원은 결의권이 없다.

④ 사원총회의 소집통지에서 목적사항으로 기재하지 않은 사항에 관한 사원총회의 결의는 특별한 사정이 없는 한 무효이다.

⑤ 이사의 결원으로 인하여 손해가 발생할 염려가 있는 경우, 법원의 직권으로 임시이사를 선임할 수 있다.

43 「민법」상 법인의 사원총회에 관한 설명으로 옳은 것은? (다툼이 있으면 판례에 따름)　　　[세무사 21]

① 사원총회의 결의로 사단법인을 해산할 수 없도록 한 정관은 유효하다.

② 사원이 대리인에 의하여 사원총회의 결의권을 행사하는 경우에는 출석한 것으로 보지 않는다.

③ 사단법인의 이사는 매년 2회 이상 통상총회를 소집하여야 한다.

④ 사단법인과 어느 사원과의 관계사항을 의결하는 경우에도 그 사원에게 사원총회에서의 결의권이 인정된다.

⑤ 정관에 따라서 사원의 지위를 양수한 자는 사원총회에서의 결의권을 가진다.

44 사단법인의 사원총회에 관한 설명으로 옳지 않은 것은?

① 사원총회에는 대외적인 대표권이나 대내적인 업무집행권이 없다.

② 각 사원은 평등한 결의권을 가지며, 정관으로도 달리 정할 수 없다.

③ 정관에 다른 규정이 없는 한, 총사원의 5분의 1 이상이 회의의 목적사항을 제시하여 총회소집을 청구한 경우에 이사는 임시총회를 소집하여야 한다.

④ 총회는 정관에 규정이 있으면, 소집통지에 기재한 목적사항 이외에 대해서도 결의할 수 있다.

⑤ 정관에 다른 규정이 없는 한, 정관변경을 위해서는 총사원의 3분의 2 이상의 동의가 있어야 한다.

45 「민법」상 사단법인의 정관에 관한 설명으로 옳지 않은 것은? (다툼이 있으면 판례에 따름)

① 사원총회의 결의에 의한 정관해석은 사원들이나 법원을 구속하는 효력이 없다.
② 정관의 변경은 주무관청의 허가를 얻지 않으면 그 효력이 없다.
③ 사원의 지위를 상속할 수 있도록 한 정관의 규정은 유효하다.
④ 사단법인의 정관은 총사원 3분의 2 이상의 동의가 있는 때에 한하여 이를 변경할 수 있는 것이 원칙이다.
⑤ 결의권 평등의 원칙을 변경하는 정관의 규정은 효력이 없다.

정답 및 해설

42 ⑤ 이사의 결원으로 인하여 손해가 발생할 염려가 있는 경우, 법원은 직권이 아니라 이해관계인 또는 검사의 청구에 의하여 임시이사를 선임하여야 한다.

43 ⑤ ① 사원총회의 결의로 사단법인을 해산하는 것은 사원총회의 전권사항이므로 사원총회로 해산할 수 없도록 한 정관규정은 무효이다.
② 사원이 대리인에 의하여 사원총회의 결의권을 행사하는 경우에는 당해 사원은 출석한 것으로 한다.
③ 사단법인의 이사는 매년 1회 이상 통상총회를 소집하여야 한다.
④ 사단법인과 어느 사원과의 관계사항을 의결하는 경우에는 그 사원은 결의권이 없다.

44 ② 각 사원은 평등한 결의권을 가지며, 이는 정관으로 달리 정할 수 있다.

45 ⑤ 각 사원은 원칙적으로 평등한 결의권을 가지며, 이러한 결의권 평등의 원칙은 사원의 고유권을 박탈하지 않는 범위 내에서 정관으로 변경할 수 있다.

46 「민법」상 법인의 정관에 관한 설명으로 옳은 것은? (다툼이 있으면 판례에 따름)

① 재단법인의 기본재산이 경매절차에 의하여 매각된 경우, 주무관청의 허가가 없는 한 매수인은 소유권을 취득할 수 없다.
② 사원총회의 결의에 의한 정관해석은 구성원인 사원들이나 법원을 구속한다.
③ 사단법인의 정관은 이를 작성한 사원 이외에 그 후에 가입한 사원은 구속하지 않는다.
④ 법인의 정관변경은 주무관청의 허가를 얻지 않더라도 효력이 발생한다.
⑤ 정관에 기재된 이사의 대표권제한을 등기하지 않았더라도, 법인은 대표권제한에 대해 알았던 제3자에게 대항할 수 있다.

47 「민법」상 법인의 정관에 관한 설명으로 옳지 않은 것은? (다툼이 있으면 판례에 따름)

① 사단법인의 정관의 법적 성질은 계약이 아니라 자치법규이다.
② 사원자격의 득실에 관한 규정은 사단법인 정관의 필요적 기재사항이다.
③ 재단법인의 목적을 달성할 수 없다고 하여 이사가 주무관청의 허가를 얻어 정관을 변경할 수는 없다.
④ 재단법인의 기본재산에 관한 저당권 설정행위는 특별한 사정이 없는 한 정관의 변경을 필요로 하지 않으므로 주무관청의 허가를 얻을 필요가 없다.
⑤ 재단법인의 설립자가 정관에서 이사의 임면방법을 정하지 않고 사망한 때에는 이해관계인 또는 검사의 청구에 의해 법원이 이를 정한다.

48 법인의 정관변경에 관한 다음 설명 중 옳지 않은 것은?

① 사단법인의 정관은 총사원 3분의 2 이상의 동의가 있는 때에 한하여 이를 변경할 수 있다. 그러나 정수에 관하여 정관에 다른 규정이 있는 때에는 그 규정에 의한다.
② 사단법인의 정관에 정관변경금지규정이 있는 경우에도 총사원의 동의를 얻어 변경할 수 있다.
③ 재단법인의 정관은 그 변경방법을 정관에 정한 때가 아니라도 예외적으로 변경할 수 있다.
④ 재단법인의 목적달성 또는 그 재산의 보전을 위하여 적당한 때에는 명칭 또는 사무소의 소재지를 변경할 수 있다.
⑤ 재단법인의 목적을 달성할 수 없는 때에는 설립자나 이사는 법원의 허가를 얻어 설립취지를 참작하여 그 목적 기타 정관의 규정을 변경할 수 있고 허가를 얻지 아니하면 그 효력이 없다.

49 「민법」상 사단법인과 재단법인의 공통된 해산사유가 아닌 것은?

① 파산

② 설립허가의 취소

③ 법인의 목적달성

④ 총사원 3/4 이상의 해산결의

⑤ 정관에 기재한 존립기간의 만료

정답 및 해설

46 ① ② 정관해석은 객관적인 기준에 따라 그 규범적인 의미 내용을 확정하는 법규해석의 방법으로 해석되어야 하는 것이지, 작성자의 주관이나 해석 당시의 사원의 다수결에 의한 방법으로 자의적으로 해석될 수는 없다. 따라서 어느 시점의 사단법인의 사원들이 정관의 규범적인 의미 내용과 다른 해석을 사원총회의 결의라는 방법으로 표명하였다 하더라도 그 결의에 의한 해석은 그 사단법인의 구성원인 사원들이나 법원을 구속하는 효력이 없다.

③ 사단법인의 정관은 이를 작성한 사원뿐만 아니라 그 후에 가입한 사원들에게 효력이 있다.

④ 법인의 정관변경은 주무관청의 허가를 얻지 아니하면 그 효력이 없다.

⑤ 이사의 대표권에 대한 제한은 정관에 기재하였다고 하더라도, 등기하지 아니하면 선·악을 불문하고 제 3자에게 대항하지 못한다.

47 ③ 재단법인의 목적을 달성할 수 없을 경우 해산이 원칙이지만, 일정한 경우 설립자의 취지를 참작하여 주무관 청의 허가를 얻어 목적 등과 같은 정관의 내용을 변경할 수 있다.

48 ⑤ 법원의 허가가 아니라 주무관청의 허가이다.

49 ④ 사원총회 결의를 통한 임의해산결의(= 총사원 3/4 이상의 해산결의)는 사단법인의 특유한 해산사유가 되고, 사원총회가 존재할 수 없는 재단법인의 해산사유가 아니다.

50 법인의 청산에 관한 다음 설명 중 옳지 않은 것은?

① 청산인은 알고 있는 채권자에 대하여서도 각각 그 채권신고를 최고하여야 한다.

② 청산으로부터 제외된 채권자는 법인의 채무를 완제한 후 귀속권리자에게 인도하지 아니한 재산에 대하여서만 변제를 청구할 수 있다.

③ 청산인은 취임한 날로부터 2월 내에 3회 이상의 공고로 채권자에 대하여 2월 이상의 기간을 정하여 그 기간 내에 채권을 신고할 것을 최고하여야 한다.

④ 해산한 법인은 청산의 목적범위 내에서만 권리가 있고 의무를 부담한다.

⑤ 청산인이 알고 있는 채권자에 대하여 각각 그 채권신고를 최고하였음에도 채권신고가 없다면 청산에서 제외할 수 있다.

51 「민법」상 법인의 해산 및 청산에 관한 설명으로 옳은 것은? (다툼이 있으면 판례에 따름) [세무사 21]

① 비법인사단인 교회의 교인이 존재하지 않는 경우 청산법인에 관한 「민법」규정이 유추적용된다.

② 법인의 목적달성이 불능한 경우에는 설립허가가 취소된 경우에 한하여 법인은 해산할 수 있다.

③ 청산사무가 종료되지 않았더라도 청산종결등기가 마쳐지면 청산법인은 소멸한다.

④ 청산 중에 법인의 채무초과상태가 분명하게 되어 청산인이 파산선고를 신청하면, 그 즉시 청산인의 임무는 종료된다.

⑤ 정관으로 이사 전원의 의결에 의하여 잔여재산을 처분하도록 하였으나 이를 등기하지 않은 경우, 그 정관을 위반한 잔여재산의 처분은 상대방이 이에 대해 선의라면 특별한 사정이 없는 한 유효하다.

52 「민법」상 법인의 해산 및 청산에 관한 설명으로 옳은 것은? [세무사 17]

① 파산에 의하여 법인이 해산하는 경우에는 원칙적으로 파산선고 당시의 이사가 청산인이 된다.

② 법인의 해산 및 청산에 관한 사무에 대해서는 주무관청이 이를 감독한다.

③ 청산인이 알고 있는 법인의 채권자라도 채권신고 기간 내에 채권신고를 하지 않으면 청산에서 배제된다.

④ 청산인은 채권신고기간 내에는 채권자에게 변제하지 못하므로, 청산인이 채권신고기간 내에 이행기가 도달한 채권을 변제하지 않더라도 법인은 지연손해배상의무를 부담하지 않는다.

⑤ 청산 중의 법인은 변제기에 이르지 않은 채권이라도 변제할 수 있으나, 이 경우 조건부 채권 기타 가액이 불확정한 채권에 관해서는 법원이 선임한 감정인의 평가에 의하여 변제하여야 한다.

53 「민법」상 법인의 해산 및 청산에 관한 설명으로 옳은 것은? (다툼이 있으면 판례에 따름)

① 재단법인의 목적달성은 해산사유가 될 수 없다.

② 청산절차에 관한 규정에 반하는 잔여재산의 처분행위는 특별한 사정이 없는 한 무효이다.

③ 청산 중인 법인은 변제기에 이르지 않은 채권에 대하여 변제할 수 없다.

④ 재단법인의 해산사유는 정관의 필요적 기재사항이다.

⑤ 법인의 청산사무가 종결되지 않았더라도 법인에 대한 청산종결등기가 마쳐지면 법인은 소멸한다.

정답 및 해설

50 ⑤ 알고 있는 채권자가 최고하였음에도 채권신고를 하지 않은 경우 청산에서 제외할 수 없다.

51 ① ② 법인의 목적달성이 불능한 경우에는 설립허가의 취소 여부와 상관없이 사단과 재단의 공통된 해산사유이므로 해산등기 후 법인은 해산할 수 있다.

③ 청산종결등기가 경료된 경우에도 청산사무가 종료되었다고 할 수 없는 경우에는 청산법인은 소멸하지 않는다.

④ 청산인이 파산선고를 신청하면, 그 즉시 청산인의 임무는 종료되는 것이 아니고, 파산관재인이 정해지면 청산인은 그 사무를 파산관재인에게 인계함으로써 임무가 종료된다.

⑤ 청산에 관한 규정은 강행규정이므로 청산규정에 위반한 잔여재산의 처분은 무효가 된다. 따라서 정관으로 이사 전원의 의결에 의하여 잔여재산을 처분하도록 하였으나 이를 등기하지 않은 경우라도 유효이므로, 그 정관을 위반한 잔여재산의 처분은 무효이다.

52 ⑤ ① 파산에 의하여 법인이 해산하는 경우에는 파산관재인이 청산인이 된다.

② 법인의 해산 및 청산에 관한 사무에 대해서는 법원이 이를 감독한다.

③ 청산인이 알고 있는 법인의 채권자는 채권신고 기간 내에 채권신고를 하지 않더라도 청산에서 배제할 수 없다.

④ 청산인은 채권신고기간 내에 이행기가 도달한 채권에 대해서는 신고기간 내에 변제할 수 없으나 법인은 지연손해배상의무를 부담한다.

53 ② ① 재단법인의 목적달성은 사단과 재단의 공통된 해산사유이다.

③ 청산 중인 법인은 변제기에 이르지 않은 채권에 대하여 변제할 수 있다(「민법」 제91조 제1항).

④ 재단법인의 해산사유는 정관의 필요적 기재사항이 아니다.

⑤ 법인에 대한 청산종결등기가 마쳐졌더라도 법인의 청산사무가 종결되지 않았다면, 법인은 소멸하지 않고 존속한다.

01 「민법」상 물건에 관한 설명으로 옳지 않은 것은? (다툼이 있으면 판례에 따름)

① 국립공원의 입장료는 법정과실이 아니다.

②「입목에 관한 법률」에 따라 등기된 입목은 그 토지와 독립하여 거래의 객체가 될 수 없다.

③ 장소, 종류, 수량 등이 특정되어 있는 집합물은 양도담보의 대상이 될 수 있다.

④ 주물의 소유자의 사용에 공여되고 있더라도 주물 그 자체의 효용과 직접 관계가 없는 물건은 종물이 아니다.

⑤ 지하에서 용출되는 온천수는 토지의 구성부분일 뿐 그 토지와 독립된 권리의 객체가 아니다.

02 「민법」상 물건에 관한 설명으로 옳지 않은 것은? (다툼이 있으면 판례에 따름)

① 건물의 개수(個數)를 결정함에 있어서 건축자나 소유자의 의사 등 주관적 사정은 고려되지 않는다.

② 주물 소유자의 상용에 공여되고 있더라도 주물 그 자체의 효용과 직접 관계없는 물건은 종물이 아니다.

③ 당사자는 특약으로 주물과 종물을 별도로 처분할 수 있다.

④ 국립공원의 입장료는 「민법」상 과실(果實)이 아니다.

⑤ 주물의 소유자가 아닌 다른 사람의 소유에 속하는 물건은 종물이 될 수 없다.

03 물건에 관한 다음 설명 중 옳지 않은 것은? (다툼이 있으면 판례에 따름)

①「민법」은 물건을 유체물로 제한하지 않고 관리가능한 자연력도 물건으로 정의한다.

② 권리의 객체와 물건은 동일한 법률개념이라고 할 수 없다.

③ 판례에 의하면, 적법한 권원이 없이 타인 소유의 토지에 경작물을 재배한 경우 이에 대한 소유권은 경작자에게 속한다.

④ 수목의 집단은 원칙적으로 토지의 구성부분이나, 독립된 공시방법을 갖춘 경우에는 독립된 부동산이 된다.

⑤ 집합물은 특별한 사정이 없으면 법률상 일체(一體)의 물건으로 취급된다.

04 물건에 관한 설명으로 옳지 않은 것은? (다툼이 있으면 판례에 따름)

① 물건이라 함은 유체물 및 전기 기타 관리할 수 있는 자연력을 말한다.
② 주유소의 주유기는 특별한 사정이 없는 한 주유소 건물의 종물이다.
③ 타인의 토지 위에 권원 없이 식재한 수목의 소유권은 특별한 사정이 없는 한 식재한 자에게 속한다.
④ 물건의 용법에 의하여 수취하는 산출물은 천연과실이다.
⑤ 최소한의 기둥과 지붕 및 주벽이 있는 건물은 토지와는 별개의 독립한 물건으로 인정될 수 있다.

05 물건에 관한 설명으로 옳은 것은? (다툼이 있으면 판례에 따름)

① 「민법」상의 종물규정은 강행규정이다.
② 종물은 주물의 처분에 따르는데, 이 경우의 처분은 사법(私法)상의 처분행위에 한정된다.
③ 주물 위에 저당권이 설정된 경우에 그 저당권의 효력은 종물에도 미치는 것이 원칙이다.
④ 하천은 사인(私人)이 소유할 수 없으므로 점유권의 객체도 될 수 없다.
⑤ 국립공원의 입장료는 「민법」상의 과실로 취급된다.

정답 및 해설

01 ② 「입목에 관한 법률」에 따라 등기된 입목은 토지와는 별개의 독립된 부동산이므로 소유권의 객체 또는 저당권의 객체가 된다.

02 ① 건물의 개수(個數)를 결정함에 있어서는 물리적 구조뿐만 아니라 건물의 상태, 주위 건물과 접근의 정도, 주위의 상황 등 객관적 사정은 물론 건축한 자의 의사와 같은 주관적 사정도 고려하여야 하며, 단순히 건물의 물리적 구조로서만 그 개수를 판단할 수 없다.

03 ⑤ 집합물은 특별한 사정이 있을 때에 한하여 1개의 권리를 인정하는 것이 허용된다. 이 경우 집합물은 법률상 여러 개의 물건이지만 하나의 담보권설정이 가능하다.

04 ③ 타인의 토지 위에 권원 없이 식재한 수목의 소유권은 특별한 사정이 없는 한 토지소유자에게 속한다.

05 ③ ① 「민법」상의 종물규정은 임의규정이다.
　② 종물은 주물의 처분에 따르는데, 이 경우의 처분은 사법(私法)상의 처분행위뿐만 아니라 공법상의 처분행위에도 적용된다.
　④ 관련 법이 개정됨에 따라 하천도 소유권을 등기할 수 있으며, 따라서 점유권의 객체가 될 수 있다.
　⑤ 국립공원의 입장료는 토지의 사용대가라는 「민법」상 과실이 아니라 수익자 부담의 원칙에 따라 국립공원의 유지·관리비용의 일부를 국립공원 입장객에게 부담시키고자 하는 것에 불과하다.

06 물건에 관한 설명으로 옳은 것은? (다툼이 있으면 판례에 따름)

① 쌀과 같이 개성이 중요시되지 않는 물건은 특정물로 거래할 수 없다.

② 임야의 자연석을 조각하여 제작한 석불은 그 임야의 일부분으로서 독립된 소유권의 대상이 아니다.

③ 부동산의 일부가 용익물권의 객체가 되는 경우는 없다.

④ 종물은 주물로부터 독립한 물건이어야 한다.

⑤ 법정과실은 그것이 원물로부터 분리될 때에 이를 수취할 권리자에게 속한다.

07 「민법」상 물건에 관한 설명으로 옳은 것은? (다툼이 있으면 판례에 따름)

① 무체물은 형체가 없으므로 물건이 될 수 없다.

② 유체물은 관리가능성이 없는 경우에도 물건에 해당한다.

③ 피상속인의 유체, 유골은 제사용 재산에 준하여 그 제사주재자에게 승계된다.

④ 타인의 토지에서 권원 없이 경작한 수확기의 보리는 부합에 의하여 그 토지의 소유자에게 귀속된다.

⑤ 대체물(代替物)과 부대체물(不代替物)은 당사자의 의사에 따른 구별이다.

08 물건에 관한 설명으로 옳지 않은 것은? (다툼이 있으면 판례에 따름)

① 분묘에 매장된 조상의 유골은 「민법」이 정하는 제사용 재산인 분묘와 함께 그 제사주재자에게 승계된다.

② 농작물을 권원 없이 타인의 토지에서 경작하고 그 농작물이 성숙하여 독립한 물건이 되었으면 그에 대한 소유권은 경작자에게 있다.

③ 「입목에 관한 법률」에 의한 입목은 토지와 독립한 동산으로 본다.

④ 지상권은 1필의 토지의 일부에도 설정될 수 있다.

⑤ 건물은 토지와 독립한 별개의 부동산이다.

09 「민법」상 물건에 관한 설명으로 옳지 않은 것을 모두 고르면? (다툼이 있으면 판례에 따름)

> ㄱ. 종물과 주물의 관계에 관한 법리는 물건 상호 간의 관계뿐 아니라, 권리 상호 간에도 적용된다.
> ㄴ. 용익물권 설정 여부는 부동산과 동산의 구별실익이 없다.
> ㄷ. 저당권자는 원칙적으로 과실수취권이 있다.
> ㄹ. 주유소 지하에 매설된 유류저장탱크는 주유소의 종물이다.

① ㄴ, ㄷ   ② ㄷ, ㄹ   ③ ㄱ, ㄷ, ㄹ

④ ㄴ, ㄷ, ㄹ   ⑤ ㄱ, ㄴ, ㄷ, ㄹ

10 「민법」상 동산과 부동산의 법률상의 취급에 관한 차이를 설명한 것으로 옳지 않은 것은?

① 물권변동에 관하여 양자 모두 공신의 원칙이 적용된다.

② 공시방법에 있어서 전자는 인도를, 후자는 등기를 필요로 한다.

③ 전자는 질권설정의 목적물이 될 수 있지만, 후자는 그렇지 않다.

④ 무주물인 경우 전자는 점유자에게 귀속하지만, 후자는 국가에 귀속한다.

⑤ 전자는 용익물권의 설정대상이 될 수 없지만, 후자는 그렇지 않다.

11 동산과 부동산의 구별실익이 없는 경우는?

① 소유권 취득의 요건

② 유치권의 성립 여부

③ 취득시효의 요건

④ 강제집행의 방법

⑤ 제한물권의 허용범위

정답 및 해설

06 ④ ① 쌀과 같이 개성이 중요시되지 않는 물건도 당사자의 의사에 의하여 특정할 수 있으므로, 특정물로 거래하는 것이 가능하다.

② 임야의 자연석을 조각하여 제작한 석불은 그 임야의 구성부분이 아니라 독립한 물건으로서 소유권의 대상이 된다.

③ 부동산의 일부로서 토지의 일부, 1동 건물의 일부도 용익물권의 객체가 될 수 있다.

⑤ 법정과실 → 천연과실

07 ③ ① 형체가 없는 전기 등과 같은 자연력도 관리가능성이 있으므로 「민법」상 물건이다(「민법」 제98조).

② 유체물이라도 관리가능성이 없는 것은 「민법」상 물건이 아니다(「민법」 제98조).

④ 타인의 토지에서 권원 없이 경작한 수확기의 농작물은 언제나 경작자 소유의 독립한 부동산이다.

⑤ 대체물(代替物)과 부대체물(不代替物)은 당사자의 의사에 따른 주관적 구별이 아니라 교환가능성을 기준으로 한 객관적 구별이다.

08 ③ 「입목에 관한 법률」에 의한 입목은 토지와 독립한 부동산으로 본다. 따라서 동산이 아니다.

09 ④ ㄴ. 용익물권 설정 여부는 부동산과 동산의 구별실익이 있다.

ㄷ. 저당권자에게는 원칙적으로 과실수취권이 없다.

ㄹ. 주유소 지하에 매설된 유류저장탱크는 주유소의 종물이 아니고 토지의 부합물이다.

10 ① 동산물권변동에 있어서는 공신의 원칙이 적용되어 선의취득이 인정되지만, 부동산물권변동인 등기부에는 공신력이 부정된다.

11 ② 유치권의 성립은 동산, 부동산에 대해서 인정되므로 동산과 부동산의 구별실익이 없다.

12 주물과 종물에 관한 설명으로 옳지 않은 것은? (다툼이 있으면 판례에 따름)

① 부동산은 종물이 될 수 있다.

② 주물을 처분하면서 특약으로 종물을 제외할 수 있다.

③ 주물에 저당권이 설정된 경우, 특별한 사정이 없는 한 저당권의 효력은 그 설정 후의 종물에도 미친다.

④ 점유에 의하여 주물을 시효취득하면 종물을 점유하지 않아도 그 효력이 종물에 미친다.

⑤ 주유소 건물의 소유자가 설치한 주유기는 주유소 건물의 종물이다.

13 주물과 종물에 관한 설명으로 옳지 않은 것을 모두 고른 것은? (다툼이 있으면 판례에 따름)

> ㄱ. 명인방법을 갖추지 못하고 입목등기를 하지 않은 수목은 토지의 종물이다.
> ㄴ. 주물·종물에 관한 「민법」규정은 권리 상호 간에도 유추적용될 수 있다.
> ㄷ. 종물은 주물의 처분에 따르는 것이 원칙이므로 종물을 따로 처분하기로 하는 약정은 무효이다.
> ㄹ. 주물에 저당권이 설정된 경우, 그 저당권의 효력은 저당권 설정 후의 종물에도 미친다.
> ㅁ. 종물은 주물의 구성부분이므로 독립성이 없다.

① ㄱ, ㄴ, ㄹ   ② ㄱ, ㄷ, ㄹ   ③ ㄱ, ㄷ, ㅁ

④ ㄴ, ㄷ, ㅁ   ⑤ ㄴ, ㄹ, ㅁ

14 주물과 종물에 관한 설명으로 옳지 않은 것은? (다툼이 있으면 판례에 따름)

① 건물의 구성부분인 창문은 종물이 아니다.

② 주물의 소유자와 다른 사람의 소유에 속하는 물건은 종물이 될 수 없는 것이 원칙이다.

③ 주물만 처분하기로 하고 종물은 처분하지 않기로 하는 특약은 유효하다.

④ '종물은 주물의 처분에 따른다'는 규정은 사법관계에만 적용될 뿐 공법상의 처분에는 적용되지 않는다.

⑤ 주물 자체의 상용에 이바지하는 것이 아니라 주물의 소유자의 상용에 이바지하는 물건은 종물이 아니다.

15 주물과 종물에 관한 설명으로 옳지 않은 것은? (다툼이 있으면 판례에 따름)

① 주물에 대한 취득시효가 완성되었더라도 점유하지 않은 종물에 대해서는 취득시효를 주장할 수 없다.

② 원본채권이 양도되면 특별한 사정이 없는 한 이미 변제기에 도달한 이자채권도 함께 양도된다.

③ 당사자가 주물을 처분하는 경우, 특약으로 종물을 제외할 수 있고 종물만을 별도로 처분할 수도 있다.

④ 저당부동산의 상용에 이바지하는 물건이 다른 사람의 소유에 속하는 경우, 그 건물에는 원칙적으로 부동산에 대한 저당권의 효력이 미치지 않는다.

⑤ 토지임차인 소유의 건물에 대한 저당권이 실행되어 매수인이 그 소유권을 취득한 경우, 특별한 사정이 없는 한 건물의 소유를 목적으로 한 토지임차권도 건물의 소유권과 함께 매수인에게 이전된다.

16 주물과 종물, 원물과 과실에 관한 설명으로 옳지 않은 것은? (다툼이 있으면 판례에 따름)

① 주물과 다른 사람의 소유에 속하는 물건은 원칙적으로 종물이 될 수 없다.

② 유치권자는 금전을 유치물의 과실로 수취한 경우, 이를 피담보채권의 변제에 충당할 수 있다.

③ 종물을 주물의 처분에 따르도록 한 법리는 권리 상호 간에는 적용되지 않는다.

④ 매수인이 매매대금을 모두 지급하였다면 특별한 사정이 없는 한, 그 이후의 과실수취권은 매수인에게 귀속된다.

⑤ 주물 소유자의 사용에 공여되고 있더라도 주물 그 자체의 효용과 직접 관계가 없는 물건은 종물이 아니다.

정답 및 해설

12 ④ 점유에 의하여 주물을 시효취득한 경우 점유하고 있는 종물에 대해서는 시효취득의 효력이 인정되지만, 점유하지 않은 종물에 대해서는 시효취득의 효력이 인정되지 않는다.

13 ③ ㄱ. 명인방법을 갖추지 못하고 입목등기를 하지 않은 수목은 토지의 종물이 아니라 토지의 일부이다.
ㄷ. 종물을 따로 처분하기로 하는 약정은 임의규정이므로 유효이다.
ㅁ. 종물은 주물의 구성부분이 아닌 독립된 물건이어야 한다.

14 ④ '종물은 주물의 처분에 따른다'는 「민법」 제100조 제2항의 규정은 사법관계뿐만 아니라 공법상의 처분 및 권리 상호 간에도 적용된다.

15 ② 원본채권이 양도되면 특별한 사정이 없는 한 이미 변제기에 도달한 이자채권은 함께 양도되지 않는다.

16 ③ 종물을 주물의 처분에 따르도록 한 법리는 권리 상호 간에도 유추적용된다.

17 다음 중 법정과실(法定果實)인 것은?

① 노동의 대가인 임금
② 물건의 매매대금
③ 특허권의 사용료
④ 임대주택의 차임
⑤ 의사의 진료비

18 다음 중 천연과실을 수취할 수 없는 자는?

① 원물(元物)의 소유자
② 선의의 점유자
③ 전세권자
④ 매수인
⑤ 사용차주(使用借主)

19 원물과 과실에 관한 설명으로 옳지 않은 것은? (다툼이 있으면 판례에 따름)

① 임금은 법정과실이 아니다.
② 임야에서 채취한 석재(石材)는 천연과실이다.
③ 선의의 점유자가 건물을 사용함으로써 얻은 이익(= 사용이익)은 그 건물의 과실에 준한다.
④ 천연과실은 원물로부터 분리되는 때 수취권자에게 귀속되지만, 당사자 사이에 특약이 있으면 그에 따른다.
⑤ 미분리의 과실은 독립한 물건이 아니므로, 명인방법을 갖추더라도 독립한 소유권의 객체가 될 수 없다.

20 원물과 과실에 관한 설명으로 옳지 않은 것은? (다툼이 있으면 판례에 따름) [세무사 21]

① 천연과실에는 유기물과 인공적, 무기적으로 수취되는 물건도 포함된다.
② 전세권자는 천연과실의 수취권자가 될 수 있다.
③ 주식배당금은 법정과실이다.
④ 국립공원의 입장료는 토지의 사용대가라는 「민법」상의 과실이 아니다.
⑤ 법정과실은 수취할 권리의 존속기간일수의 비율로 취득한다.

21 물건에 관한 설명으로 옳지 않은 것은? (다툼이 있으면 판례에 따름)

① 법률상 공시방법이 인정되지 않은 집합물이라도 특정성이 있으면 이를 양도담보의 목적으로 할 수 있다.

② 법정과실은 원칙적으로 수취할 권리의 존속기간 일수의 비율로 취득한다.

③ 수목에 달려있는 미분리의 과실에 대해 명인방법을 갖추면 그 과실은 독립한 물건으로 거래의 목적으로 할 수 있다.

④ 천연과실은 다른 특약이 있더라도 그 원물로부터 분리하는 때에 이를 수취할 권리자에게 속한다.

⑤ 권원 없이 타인의 토지에서 경작한 농작물도 성숙하여 독립한 물건으로 인정되면 그 소유권은 명인방법을 갖출 필요 없이 경작자에게 있다.

22 다음 중 과실수취권을 갖지 못하는 자는?

① 자신에게 전세권이 있다고 오신하고 물건을 점유한 자

② 자신에게 지상권이 있다고 오신하고 물건을 점유한 자

③ 자신에게 임차권이 있다고 오신하고 물건을 점유한 자

④ 자신에게 소유권이 있다고 오신하고 물건을 점유한 자

⑤ 자신에게 양도담보권이 있다고 오신하고 물건을 점유한 자

정답 및 해설

17 ④ 법정과실은 물건의 사용대가이므로 월세와 같은 임대료, 차임은 법정과실에 해당한다.

18 ④ 목적물 인도 전의 매도인이 천연과실의 수취권을 가지며, 인도 전의 매수인은 천연과실의 수취권이 없다.

19 ⑤ 미분리의 과실은 수목의 일부이지만, 명인방법을 갖춘 경우 독립한 물건으로서 부동산으로 보는 것이 판례의 태도이다.

20 ③ 주식배당금은 물건의 사용대가가 아니므로 법정과실이 아니다.

21 ④ 천연과실은 원물로부터 분리하는 때에 이를 수취할 권리자에게 속하는 것이 원칙이지만, 임의규정이므로 당사자의 특약이 있는 경우에는 원물로부터 분리되기 전이라도 천연과실의 귀속권자를 정할 수 있다. 따라서 특약이 있는 경우에는 수취권이 없는 자도 과실을 취득할 수 있다.

22 ⑤ 특약이 없는 이상 양도담보권자에게는 천연과실의 수취권이 없으므로 선의로 점유했다 하더라도 천연과실을 수취할 수 없다.

회계사 · 세무사 · 경영지도사 단번에 합격!
해커스 경영아카데미 cpa.Hackers.com

제3편

법률행위

제1장 법률행위 총설

01 권리의 승계취득에 해당하는 것을 모두 고른 것은? (다툼이 있으면 판례에 따름)

> ㄱ. 타인 소유의 부동산에 저당권을 취득한 경우
> ㄴ. 신축건물의 소유권 보존등기를 마친 자로부터 그 건물에 대하여 전세권을 취득한 경우
> ㄷ. 유실물에 대하여 적법하게 소유권을 취득한 경우
> ㄹ. 점유취득시효의 완성에 의해 완전한 부동산 소유권을 취득한 경우

① ㄱ, ㄴ   ② ㄴ, ㄷ   ③ ㄴ, ㄹ
④ ㄷ, ㄹ   ⑤ ㄱ, ㄴ, ㄹ

02 권리의 원시취득에 해당하는 것을 모두 고른 것은? (다툼이 있으면 판례에 따름)

> ㄱ. 유실물을 습득하여 적법하게 소유권을 취득한 경우
> ㄴ. 금원을 대여하면서 채무자 소유의 건물에 저당권을 설정받은 경우
> ㄷ. 점유취득시효가 완성되어 점유자 명의로 소유권이전등기가 마쳐진 경우

① ㄱ   ② ㄴ   ③ ㄱ, ㄴ
④ ㄱ, ㄷ   ⑤ ㄴ, ㄷ

03 권리변동의 원인과 그 성질이 올바르게 연결된 것을 모두 고른 것은? (다툼이 있으면 판례에 따름)

> ㄱ. 지명채권의 양도 – 준물권행위
> ㄴ. 해약금(「민법」 제565조)으로서의 계약금계약 – 요물계약
> ㄷ. 무권대리행위의 추인 – 단독행위
> ㄹ. 점유취득시효에 의한 소유권의 취득 – 승계취득

① ㄱ   ② ㄱ, ㄴ   ③ ㄷ, ㄹ
④ ㄱ, ㄴ, ㄷ   ⑤ ㄴ, ㄷ, ㄹ

04 권리의 원시취득에 해당하지 않는 것은? (다툼이 있으면 판례에 따름)

① 건물의 신축에 의한 소유권 취득
② 유실물의 습득에 의한 소유권 취득
③ 무주물의 선점에 의한 소유권 취득
④ 부동산점유취득시효에 의한 소유권 취득
⑤ 근저당권 실행을 위한 경매에 의한 소유권 취득

05 甲은 X부동산을 乙에게 매도하고 소유권이전등기를 해 주었다. 乙은 丙으로부터 금전을 차용하면서 X부동산에 丙을 위한 저당권을 설정하였다. 이에 관한 설명으로 옳은 것은? (다툼이 있으면 판례에 따름)

① 甲과 乙 사이의 매매계약은 법률요건이고, 그로 인한 乙의 소유권이전등기청구권은 법률효과에 해당한다.
② 乙의 소유권 취득은 포괄승계에 해당한다.
③ 丙의 저당권 취득은 이전적 승계에 해당한다.
④ 乙의 저당권 설정은 준법률행위에 해당한다.
⑤ 乙의 저당권 설정은 소유권의 질적 변경에 해당한다.

정답 및 해설

01 ① ㄱ, ㄴ.은 승계취득으로서 설정적 승계취득에 해당한다.
   [오답체크]
   ㄷ, ㄹ.은 원시취득에 해당한다.

02 ④ ㄱ, ㄷ.은 원시취득에 해당한다.
   [오답체크]
   ㄴ.은 승계취득으로서 설정적 승계취득에 해당한다.

03 ④ ㄹ. 점유취득시효에 의한 소유권의 취득은 승계취득이 아니라 원시취득에 해당한다.

04 ⑤ 근저당권 실행을 위한 경매에 의한 소유권 취득은 승계취득이므로 원시취득에 해당하지 않는다.

05 ① ② 乙의 소유권 취득은 포괄승계가 아니라 특정승계에 해당한다.
   ③ 丙의 저당권 취득은 이전적 승계가 아니라 설정적 승계에 해당한다.
   ④ 乙의 저당권 설정은 준법률행위가 아니고 처분행위로서 물권행위에 해당한다.
   ⑤ 乙의 저당권 설정은 권리변경에 있어서 양적 변경에 해당한다.

06 권리변동과 법률요건 등에 관한 설명으로 옳지 않은 것은? (다툼이 있으면 판례에 따름)

① 내용의 변경에는 저당권의 순위승진도 해당된다.
② 채무불이행은 법률요건이다.
③ 매매계약에 의한 소유권이전등기청구권의 취득은 원시취득이다.
④ 의사표시는 법률행위이다.
⑤ 처분권 없는 자의 채권행위는 유효이다.

07 다음 중 법률행위가 아닌 것은?

① 지상권 설정의 합의
② 대리권의 수여
③ 사단법인의 설립행위
④ 동산의 가공
⑤ 의사표시의 취소

08 준법률행위가 아닌 것은?

① 취소할 수 있는 법률행위의 추인
② 사원총회의 소집통지
③ 시효중단사유인 채무의 승인
④ 승낙연착의 통지
⑤ 이혼청구권을 소멸시키는 사후용서

09 준법률행위에 해당하는 것을 모두 고른 것은?

ㄱ. 채무의 승인
ㄴ. 채권양도의 통지
ㄷ. 매매계약의 해제
ㄹ. 무권대리인의 상대방이 본인에게 하는 무권대리행위의 추인 여부에 대한 확답의 최고

① ㄱ, ㄴ   ② ㄴ, ㄷ   ③ ㄷ, ㄹ
④ ㄱ, ㄴ, ㄹ   ⑤ ㄴ, ㄷ, ㄹ

10 상대방 없는 단독행위에 해당하는 것을 모두 고른 것은? (다툼이 있으면 판례에 따름)

> ㄱ. 계약의 해지
> ㄴ. 1인의 설립자에 의한 재단법인 설립행위
> ㄷ. 상속받은 골동품 소유권의 포기
> ㄹ. 유언

① ㄱ, ㄴ   ② ㄴ, ㄷ   ③ ㄷ, ㄹ
④ ㄱ, ㄴ, ㄷ   ⑤ ㄴ, ㄷ, ㄹ

11 묵시적 의사표시에 의해서도 그 효력이 발생하는 것을 모두 고른 것은? (다툼이 있으면 판례에 따름)

> ㄱ. 임대차계약에 대한 합의해지의 의사표시
> ㄴ. 법률행위에 조건을 붙이는 의사표시
> ㄷ. 무효인 법률행위를 추인하는 의사표시
> ㄹ. 소멸시효의 진행을 중단시키는 의사표시

① ㄱ   ② ㄱ, ㄹ   ③ ㄴ, ㄷ
④ ㄴ, ㄷ, ㄹ   ⑤ ㄱ, ㄴ, ㄷ, ㄹ

정답 및 해설

06 ④ 의사표시는 법률사실이다.

07 ④ 동산의 가공 – 준법률행위 中 순수사실행위

[오답체크]
① 지상권 설정의 합의 – 계약
② 대리권의 수여 – 상대방 있는 단독행위
③ 사단법인의 설립행위 – 합동행위
⑤ 의사표시의 취소 – 상대방 있는 단독행위

08 ① 취소할 수 있는 법률행위의 추인은 상대방 있는 단독행위로서 준법률행위가 아닌 법률행위이다.

[오답체크]
② 사원총회의 소집통지, ③ 시효중단사유인 채무의 승인, ④ 승낙연착의 통지는 준법률행위 가운데 관념의 통지에 해당되고, ⑤ 사후용서는 감정의 표시에 해당된다.

09 ④ ㄱ, ㄴ, ㄹ.은 준법률행위에 해당한다.

[오답체크]
ㄷ.은 준법률행위가 아니고 법률행위로서 상대방 있는 단독행위에 해당한다.

10 ⑤ ㄴ, ㄷ, ㄹ.은 모두 상대방 없는 단독행위이다.

[오답체크]
ㄱ.은 상대방 있는 단독행위이다.

11 ⑤ 상대방 있는 의사표시는 불요식행위가 원칙이므로 명시적 또는 묵시적으로 할 수 있다.

12 상대방 없는 단독행위에 해당하는 것을 모두 고른 것은? (다툼이 있으면 판례에 따름)

ㄱ. 1인의 설립자에 의한 재단법인 설립행위
ㄴ. 공유지분의 포기
ㄷ. 법인의 이사를 사임하는 행위
ㄹ. 계약의 해지

① ㄱ   ② ㄱ, ㄴ   ③ ㄷ, ㄹ
④ ㄱ, ㄴ, ㄷ   ⑤ ㄴ, ㄷ, ㄹ

13 단독행위로 할 수 없는 것은?

① 채무인수
② 무권대리행위의 추인
③ 상계
④ 채무면제
⑤ 계약해제

14 법률행위의 종류 또는 그 효과에 관한 설명으로 옳은 것은?

① 채권자는 단독행위로 채무를 면제할 수 없다.
② 처분권 없는 자의 물권행위는 원칙적으로 무효이다.
③ 준물권행위는 이행의 문제를 남기므로 물권행위와 구별된다.
④ 방식을 갖추지 않은 요식행위는 원시적 불능으로 무효이다.
⑤ 출연행위는 모두 유상행위이다.

15 법률행위에 관한 설명 중 옳지 않은 것은?

① 의무부담행위는 이행의 문제가 남게 된다.
② 저당권을 설정하는 것은 의무부담행위이다.
③ 자기의 소유물이 아닌 물건에 관하여도 의무부담행위인 매매계약을 유효하게 체결할 수 있다.
④ 채무면제는 처분행위이다.
⑤ 처분행위가 유효하기 위해서는 처분권한과 처분능력이 있어야 한다.

16 법률행위의 효력이 유효하기 위한 요건 중에서 특별효력요건에 해당하지 않는 것은? (다툼이 있으면 판례에 따름)

[세무사 17]

① 미성년자의 법률행위에 대한 법정대리인의 동의
② 대리행위에서의 대리권의 존재
③ 시기(始期) 있는 법률행위에서의 기한의 도래
④ 재단법인의 기본재산 처분에 대한 주무관청의 허가
⑤ 법률행위에서 표의자의 의사능력의 존재

17 법률행위의 목적에 관한 설명 중 옳지 않은 것은?

① 법률행위의 목적은 있어도 법률행위의 목적물은 존재하지 않는 경우가 있다.
② 법률행위의 목적은 법률행위 시에 확정되거나 확정할 수 있어야 한다.
③ 법률행위 목적의 가능·불능의 판단은 그 시대의 사회관념에 의하여 결정된다.
④ 법률행위의 목적의 일부가 불능인 때에는 원칙적으로 그 부분만 불능으로 한다.
⑤ 법률행위의 목적이 임의법규에 위반되더라도 그 법률행위는 유효하다.

정답 및 해설

12 ① ㄱ.은 상대방 없는 단독행위이다.

[오답체크]
ㄴ, ㄷ, ㄹ.은 상대방 있는 단독행위이다.

13 ① 채무인수는 계약이므로 당사자의 특약이 있다고 하더라도 단독행위로 할 수 없다.

14 ② ① 채권자는 채권의 포기(= 채무면제)와 같이 단독행위로 채무를 면제할 수 있다.
③ 준물권행위는 처분행위로서 이행의 문제를 남기지 않으므로, 이행의 문제가 없다는 점에서는 물권행위와 차이가 없다.
④ 방식을 갖추지 않은 요식행위는 원시적 불능의 문제가 아니고, 법률행위 자체의 불성립이 된다.
⑤ 재산행위에는 자기의 재산을 감소시키고 타인의 재산을 증가시키는 행위(= 출연행위)가 있다. 이 경우 유상행위(= 매매, 임대차 등)로서의 출연행위와 무상행위(= 증여, 사용대차 등)로서의 출연행위가 존재한다.

15 ② 저당권을 설정하는 행위는 의무부담행위가 아니고 물권행위로서 처분행위이다.

16 ⑤ 법률행위에서 표의자의 의사능력의 존재는 일반적 효력요건에 해당한다.

17 ④ 법률행위의 목적의 일부가 불능인 때에는 원칙적으로 전부를 불능으로 한다. 예외적으로 당사자가 잔존부분만으로 계약의 유지를 원하였을 때에는 잔존부분만으로 유효를 인정할 수 있다.

18 법률행위의 목적에 관한 설명으로 옳지 않은 것은? (다툼이 있으면 판례에 따름)

① 매매계약의 체결 시 매매대금과 매매의 목적물은 처음부터 확정될 필요는 없다.

② 원시적 전부불능의 경우 위험부담의 문제가 발생한다.

③ 후발적 불능의 경우에는 채무불이행 또는 위험부담의 문제가 발생한다.

④ 효력규정인 강행법규에 위반하는 법률행위는 무효이다.

⑤ 공인중개사가 관련 법령을 위반하여 한도를 초과하여 중개수수료를 수령한 경우에는 초과부분 만을 무효로 한다.

19 법률행위의 목적에 관한 설명으로 옳은 것을 모두 고른 것은?

ㄱ. 甲이 乙에게 매도한 건물이 계약체결 후 甲의 방화로 전소하여 乙에게 이전할 수 없게 된 경우, 甲의 손해배상책임이 문제될 수 있다.

ㄴ. 甲이 乙에게 매도한 토지가 계약체결 후 재결수용으로 인하여 乙에게 이전할 수 없게 된 경우, 위험부담이 문제될 수 있다.

ㄷ. 甲이 乙에게 매도하기로 한 건물이 계약체결 전에 지진으로 전파(全破)된 경우, 계약체결 상의 과실책임이 문제될 수 있다.

---

① ㄴ   ② ㄱ, ㄴ   ③ ㄱ, ㄷ
④ ㄴ, ㄷ   ⑤ ㄱ, ㄴ, ㄷ

20 「민법」상 강행규정을 위반한 법률행위의 효과에 관한 설명으로 옳지 않은 것은? (다툼이 있으면 판례에 따름)

① 강행규정을 위반한 법률행위는 당사자의 주장이 없더라도 법원이 직권으로 판단할 수 있다.

② 강행규정을 위반하여 확정적 무효가 된 법률행위는 특별한 사정이 없는 한 당사자의 추인에 의해 유효로 할 수 없다.

③ 강행규정에 위반하여 무효인 계약의 상대방이 그 위반사실에 대하여 선의·무과실이더라도 표현대리의 법리가 적용될 여지는 없다.

④ 강행규정에 위반한 약정을 한 자가 스스로 그 약정의 무효를 주장하는 것은 특별한 사정이 없는 한 신의성실 원칙에 반하여 허용될 수 없다.

⑤ 법률의 금지에 위반되는 행위라도 그것이 선량한 풍속 기타 사회질서에 위반하지 않는 경우에는 「민법」 제746조가 규정하는 불법원인에 해당하지 않는다.

21 강행법규에 위반한 법률행위에 관한 설명으로 옳은 것은? (다툼이 있으면 판례에 따름)

① 강행법규에 위반한 자가 스스로 그 약정의 무효를 주장하는 것은 특별한 사정이 없는 한 신의칙에 반한다.

② 형사사건에 대한 의뢰인과 변호사의 성공보수약정은 강행법규 위반으로서 무효일 뿐 반사회적 법률행위는 아니다.

③ 부동산을 등기하지 않고 순차적으로 매도하는 중간생략등기합의는 강행법규에 위반하여 무효이다.

④ 개업공인중개사가 중개의뢰인과 직접 거래하는 행위를 금지하는 「공인중개사법」규정은 강행규정이 아니라 단속규정이다.

⑤ 강행법규를 위반하여 무효인 계약에 대해서는 그 상대방의 선의, 무과실에 따라 표현대리 법리가 적용된다.

정답 및 해설

18 ② 원시적 전부불능의 경우 계약체결상의 과실책임의 문제가 발생한다.

19 ⑤ 모두 옳은 지문이다.

20 ④ 강행규정에 위반한 약정을 한 자가 스스로 그 약정의 무효를 주장하는 것은 특별한 사정이 없는 한 신의성실 원칙이나 권리남용금지의 원칙에 반하지 않는다.

21 ④ ① 강행법규에 위반한 자가 스스로 그 약정의 무효를 주장하는 것은 특별한 사정이 없는 한 신의칙에 반하지 않는다.
② 형사사건에 대한 의뢰인과 변호사의 성공보수약정은 반사회적 법률행위로서 무효이다.
③ 중간생략등기를 금지하는 규정을 위반한 경우 당사자는 처벌을 받더라도 그 행위의 사법상 효력은 유효이다.
⑤ 강행법규 위반행위에 대해서는 표현대리의 법리가 적용되지 않는다.

22 강행규정에 위반되어 그 효력이 인정되지 않는 것을 모두 고른 것은? (다툼이 있으면 판례에 따름)

> ㄱ. 제3자가 타인의 동의를 받지 않고 타인을 보험계약자 및 피보험자로 하여 체결한 생명보험계약
> ㄴ. 건물의 임차인이 비용을 지출하여 개조한 부분에 대한 원상회복의무를 면하는 대신 그 개조비용의 상환청구권을 포기하기로 하는 약정
> ㄷ. 사단법인의 사원의 지위를 양도·상속할 수 있다는 규약
> ㄹ. 승소를 시켜주면 소송물의 일부를 양도하겠다는 민사소송의 당사자와 변호사 아닌 자 사이의 약정

① ㄱ, ㄴ ② ㄱ, ㄷ ③ ㄱ, ㄹ
④ ㄴ, ㄷ ⑤ ㄷ, ㄹ

23 반사회질서의 법률행위에 해당하지 않는 것은? (다툼이 있으면 판례에 따름)

① 부동산 이중매매에서 제2의 매수인이 매도인의 배임행위에 적극 가담하여 이루어진 제2의 매매행위
② 어떠한 경우에도 이혼하지 않겠다는 혼인 당사자 일방의 의사표시
③ 계약당사자의 자유의 의사에 의하여 불가항력으로 인한 손해를 계약당사자 일방만이 부담한다는 내용의 특약
④ 처음부터 오로지 보험사고를 가장하여 보험금을 취득할 목적으로 체결한 생명보험계약
⑤ 증권회사가 고객에게 증권거래와 관련하여 발생한 손실을 정당한 사유 없이 보전하여 주기로 한 합의

24 반사회적 법률행위에 관한 설명으로 옳지 않은 것은? (다툼이 있으면 판례에 따름)

① 부동산의 제2매수인이 다른 사람에게 매매목적물이 이미 매도된 것을 알고 매수하였다면, 그것만으로 그 이중매매는 반사회적 법률행위로서 무효가 된다.
② 소송에서 증언을 하여 줄 것을 주된 조건으로 통상적으로 용인될 수 있는 범위를 넘어선 급부를 제공할 것을 약정한 것은 반사회적 법률행위에 해당한다.
③ 표시되거나 상대방에게 알려진 법률행위의 동기가 반사회적인 경우 그 법률행위는 무효이다.
④ 부첩관계인 부부생활의 종료를 해제조건으로 하는 증여계약은 사회질서에 반하므로 무효이다.
⑤ 당사자의 일방이 상대방에게 공무원의 직무에 관한 사항에 관하여 특별한 청탁을 하게 하고 그에 대한 보수로 돈을 지급할 것을 내용으로 한 약정은 사회질서에 반하여 무효이다.

25 법률행위에 관한 설명으로 옳지 않은 것은? (다툼이 있으면 판례에 따름)

① 강행법규에 위반한 계약에는 계약상대방이 선의·무과실이더라도 비진의표시의 법리 또는 표현대리의 법리가 적용될 여지가 없다.

② 「세무사법」을 위반하여 세무사와 세무사 자격이 없는 사람 사이에 이루어진 세무대리의 동업 및 이익분배약정은 무효이다.

③ 강행법규를 위반한 자가 스스로 그 약정의 무효를 주장하는 것은 특별한 사정이 없는 한 권리남용에 해당하거나 신의성실 원칙에 반한다.

④ 법률행위의 일부가 강행법규인 효력규정에 위반되어 무효가 되는 경우, 개별 법령에 일부 무효의 효력에 관한 규정이 없다면 원칙적으로 법률행위의 전부가 무효가 된다.

⑤ 사법상의 계약 기타 법률행위가 일정한 행위를 금지하는 법규정에 위반하여 행하여진 경우, 그 법률행위가 무효인가 또는 그 효력이 제한되는가의 여부는 당해 법규정의 해석에 따라 정해진다.

정답 및 해설

22 ③ ㄱ. 「상법」 제731조 제1항에 의하면 타인의 생명보험에서 피보험자가 서면으로 동의의 의사표시를 하여야 하는 시점은 '보험계약체결 시까지'이고, 이는 강행규정으로서 이를 위반한 보험계약은 무효이므로, 타인의 생명보험계약 성립 당시 피보험자의 서면동의가 없다면 그 보험계약은 확정적으로 무효가 되고, 피보험자가 이미 무효가 된 보험계약을 추인하였다고 하더라도 그 보험계약이 유효로 될 수 없다.

ㄹ. 변호사 아닌 甲이 乙 자신이 소송당사자로 된 민사소송사건에 관하여 乙을 승소시켜주기로 하고 乙은 소송물의 일부인 임야지분을 그 대가로 甲에게 양도하기로 약정한 경우, 위 약정은 강행법규인 「변호사법」 제78조 제2호에 위반되는 반사회적 법률행위로서 무효이다.

[오답체크]

ㄴ. 건물 임차인이 자신의 비용을 들여 증축한 부분을 임대인 소유로 귀속시키기로 하는 약정은 임차인이 원상회복의무를 면하는 대신 투입비용의 변상이나 권리주장을 포기하는 내용이 포함된 것으로서 특별한 사정이 없는 한 유효이다.

ㄷ. 사단법인의 사원의 지위는 양도 또는 상속할 수 없다고 규정한 「민법」 제56조의 규정은 강행규정이라고 할 수 없으므로, 비법인사단에서도 사원의 지위는 규약이나 관행에 의하여 양도 또는 상속될 수 있다.

23 ③ 위험부담에 관한 규정은 임의규정이므로 계약당사자의 자유의 의사에 의하여 불가항력으로 인한 손해를 계약당사자 일방만이 부담한다는 내용의 특약은 유효이다.

24 ① 부동산 이중매매가 반사회질서의 무효가 되기 위해서는 제2매수인의 적극가담행위가 있어야 한다. 이 경우 적극가담행위가 되기 위해서는 제2매수인이 제1매매사실을 안 것만으로는 부족하고, 적어도 그 사실을 알고도 이중매도를 요청하여 매매계약에 이르는 정도가 되어야 한다.

25 ③ 강행법규를 위반한 자가 스스로 그 약정의 무효를 주장하는 것은 특별한 사정이 없는 한 권리남용에 해당하거나 신의성실 원칙에 반하지 않는다.

26 반사회질서의 법률행위에 관한 설명으로 옳지 않은 것은? (다툼이 있으면 판례에 따름)

① 어느 법률행위가 선량한 풍속 기타 사회질서에 위반되어 무효인지의 여부는 법률행위 시를 기준으로 판단해야 한다.

② 금전소비대차 시 당사자 사이의 경제력 차이로 인하여 사회통념상 허용되는 한도를 초과하여 현저하게 고율의 이자약정이 체결되었다면, 그 허용할 수 있는 한도를 초과하는 부분의 이자약정은 반사회질서의 법률행위로서 무효이다.

③ 부첩관계를 해소하면서 첩의 희생을 위자하고 첩의 장래 생활대책을 마련해 준다는 뜻에서 금원을 지급하기로 한 약정은 공서양속에 반하지 않는다.

④ 의무의 강제에 의하여 얻어지는 채권자의 이익에 비하여 약정된 위약벌이 과도하게 무거운 경우, 그 일부 또는 전부가 공서양속에 반하여 무효로 된다.

⑤ 강제집행을 면할 목적으로 부동산에 허위의 근저당권설정등기를 경료하는 행위는 반사회질서의 법률행위로서 무효이다.

27 반사회질서의 법률행위에 관한 설명으로 옳은 것은? (다툼이 있으면 판례에 따름)

① 대물변제계약이 불공정한 법률행위로서 무효인 경우에도 목적부동산의 소유권을 이전받은 선의의 제3자에 대하여는 무효를 주장할 수 없다.

② 반사회질서의 법률행위라도 당사자가 그 무효임을 알고 추인하면 새로운 법률행위로서 유효하다.

③ 형사사건에 관하여 체결된 성공보수약정은 약정액이 통상적으로 용인될 수 있는 수준을 초과하여도 선량한 풍속 기타 사회질서에 위배되지 않는다.

④ 관련 법령에서 정한 한도를 초과하는 부동산 중개의 수수료 약정은 전부 무효이다.

⑤ 소송에서 증인이 증언을 조건으로 소송의 일방 당사자로부터 통상적으로 용인될 수 있는 수준을 넘어서는 대가를 제공받기로 하는 약정은 무효이다.

28 사회질서에 반하는 법률행위에 관한 설명으로 옳지 않은 것은? (다툼이 있으면 판례에 따름)

① 법률행위의 내용 자체는 사회질서에 반하지 않더라도 법률행위에 반사회질서적인 조건이 결부됨으로써 반사회질서적인 성질을 띠게 되는 경우, 그 법률행위는 무효이다.

② 반사회적 행위에 의하여 조성된 비자금을 소극적으로 은닉하기 위한 임치계약은 사회질서에 반하는 법률행위로 볼 수 있다.

③ 형사사건에서의 성공보수약정은 수사·재판의 결과를 금전적인 대가와 결부시킴으로써, 선량한 풍속 기타 사회질서에 위배되는 것으로 평가할 수 있다.

④ 어느 법률행위가 사회질서에 위반되어 무효인지 여부는 그 법률행위가 이루어진 때를 기준으로 판단하여야 한다.

⑤ 부첩관계를 해소하면서 그동안 첩의 희생에 대한 위로와 장래 생활대책을 마련해 준다는 뜻에서 금전을 지급하기로 한 약정은 공서양속에 반하지 않는다.

정답 및 해설

26 ⑤ 강제집행을 면할 목적으로 부동산에 허위의 근저당권설정등기를 경료하는 행위는 「민법」 제103조 위반의 객관적 요건을 갖추지 못하였으므로 반사회질서의 법률행위의 무효가 아니다.

27 ⑤ ① 불공정행위로서 무효인 경우에는 절대적 무효이므로 선의의 제3자에게도 그 무효를 가지고 대항할 수 있다. 따라서 대물변제계약이 불공정한 법률행위로서 무효인 경우 목적부동산의 소유권을 이전받은 선의의 제3자에 대하여는 무효를 주장할 수 있다.

② 반사회질서의 법률행위인 경우 절대적 무효이므로 당사자가 그 무효임을 알고 추인하더라도 추인의 효력이 없다.

③ 형사사건에 관하여 체결된 성공보수약정은 수사·재판의 결과를 금전적 대가와 결부시킴으로써, 기본적 인권의 옹호와 사회정의의 실현을 사명으로 하는 변호사 직무의 공공성을 저해하고, 의뢰인과 일반 국민의 사법제도에 대한 신뢰를 현저히 떨어뜨릴 위험이 있으므로, 선량한 풍속 기타 사회질서에 위배되는 것으로서 무효이다.

④ 부동산 중개의 수수료 약정 중 소정의 한도액을 초과하는 부분에 대한 사법상의 효력을 제한함으로써 국민생활의 편익을 증진하고자 함에 그 목적이 있는 것이므로, 이른바 강행법규에 속하는 것으로서 그 한도액을 초과하는 부분만 무효이고, 전부 무효로 되지 않는다.

28 ② 반사회적 행위에 의하여 조성된 비자금을 소극적으로 은닉하기 위한 임치계약은 사회질서에 반하는 법률행위가 아니다. 따라서 수치인은 금전을 반환할 의무가 있다.

29 선량한 풍속 기타 사회질서에 반하는 법률행위에 해당하지 않는 것은? (다툼이 있으면 판례에 따름)

① 살인할 것을 조건으로 증여한 경우

② 형사사건에 관하여 보수약정과 별개로 성공보수를 약정한 경우

③ 강제집행을 면할 목적으로 부동산에 허위의 근저당권등기를 마친 경우

④ 수증자가 매도인의 매수인에 대한 배임행위에 적극 가담하여 매매목적 부동산을 증여받은 경우

⑤ 당초부터 오로지 보험사고를 가장하여 보험금을 취득할 목적으로 생명보험계약을 체결한 경우

30 甲은 자신의 X건물을 乙에게 5천만원에 매도하는 계약을 체결한 후, X건물을 丙에게 8천만원에 매도·인도하고 소유권이전등기도 해 주었다. 다음 설명 중 옳지 않은 것은? (다툼이 있으면 판례에 따름)

① 甲과 丙 사이의 매매계약이 유효한 경우, 乙은 채권자취소권을 행사할 수 있다.

② 甲과 丙 사이의 매매계약이 유효한 경우, 乙은 甲에게 채무불이행을 이유로 손해배상을 청구할 수 있다.

③ 甲과 丙 사이의 매매계약이 반사회적 법률행위로 무효인 경우, 乙은 甲을 대위하여 丙에게 X건물에 대한 소유권이전등기의 말소를 청구할 수 있다.

④ 甲과 丙 사이의 매매계약이 반사회적 법률행위로 무효인 경우, 甲은 소유권에 기하여 丙에게 X건물의 반환을 청구할 수 없다.

⑤ 丙이 甲과 乙 사이의 매매사실을 알면서 甲의 배임행위에 적극 가담하여 甲과 계약을 체결한 경우, 甲과 丙 사이의 매매계약은 무효이다.

31 반사회질서의 법률행위에 관한 설명으로 옳은 것은? (다툼이 있으면 판례에 따름)

① 강제집행을 면할 목적으로 부동산에 허위의 근저당권설정등기를 경료하는 행위는 반사회질서의 법률행위에 해당한다.

② 증인이 증언을 조건으로 소송당사자로부터 통상 용인될 수 있는 수준을 넘는 대가를 받기로 약정하더라도, 증인에게 증언거부권이 있다면 그 약정은 유효하다.

③ 상대방에게 표시되거나 알려진 법률행위의 동기가 사회질서에 반하더라도 반사회질서의 법률행위에 해당될 수 없다.

④ 어떠한 일이 있어도 이혼하지 아니하겠다는 각서를 써 준 경우, 그와 같은 의사표시는 반사회질서의 법률행위가 아니다.

⑤ 법률행위가 사회질서에 반하여 무효인 경우, 그 법률행위를 기초로 하여 권리를 취득한 선의의 제3자에게도 그 무효를 주장할 수 있다.

32 반사회질서의 법률행위에 관한 설명으로 옳지 않은 것은? (다툼이 있으면 판례에 따름)

① 선량한 풍속 기타 사회질서에 위반한 사항을 내용으로 하는 법률행위는 무효이다.

② 법률행위가 선량한 풍속 기타 사회질서에 위반되는지 여부는 법률행위가 이루어진 때를 기준으로 판단해야 한다.

③ 법률행위의 성립과정에 강박이라는 불법적인 방법이 사용된 경우, 그것만으로는 반사회질서의 법률행위라고 할 수 없다.

④ 다수의 보험계약을 통하여 보험금을 부정취득할 목적으로 체결된 보험계약은 그것만으로는 선량한 풍속 기타 사회질서에 반하지 않는다.

⑤ 양도소득세의 일부를 회피할 목적으로 매매계약서에 실제로 거래한 것보다 낮은 금액을 매매대금으로 기재한 경우, 그것만으로는 그 매매계약이 사회질서에 반하지 않는다.

해커스 세무사 객관식 민법

정답 및 해설

29 ③ 강제집행을 면할 목적으로 부동산에 허위의 근저당권등기를 마친 경우에는 「민법」 제108조 통정허위표시로 무효이고, 「민법」 제103조 선량한 풍속 기타 사회질서에 반하는 법률행위에는 해당하지 않는다.

30 ① 甲과 丙 사이의 이중매매가 유효이든, 무효이든 제1매수인 乙은 甲과 丙 사이의 매매계약을 채권자로서 직접 취소하는 것은 허용되지 않는다.

31 ⑤ ① 강제집행을 면할 목적으로 부동산에 허위의 근저당권설정등기를 경료하는 행위는 반사회질서의 법률행위에 해당하지 않는다.
② 증언을 조건으로 어떤 대가를 받을 것을 약정한 경우, 그 약정이 통상적으로 용인될 수 있는 수준을 초과하는 경우는 「민법」 제103조에 위반하여 무효이다.
③ 동기의 불법이 있는 경우 원칙은 유효이지만, 예외적으로 동기의 불법이 표시되어 상대방이 안 경우 또는 상대방에게 알려진 경우에는 반사회질서의 법률행위에 해당되어 무효가 된다.
④ 어떠한 일이 있어도 이혼하지 않겠다는 각서를 써 준 경우에는 반사회질서의 법률행위로서 무효가 된다.

32 ④ 다수의 보험계약을 통하여 보험금을 부정취득할 목적으로 체결된 보험계약은 선량한 풍속 기타 사회질서에 반하는 행위이다.

제1장 법률행위 총설 **95**

33 반사회적 법률행위로 무효가 아닌 것은? (다툼이 있으면 판례에 따름)

① 취득시효가 완성된 부동산의 소유자가 취득시효완성 사실을 알고 소유권이전등기의무를 회피할 목적으로 아들과 공모하여 그 부동산을 아들에게 증여하는 행위

② 도박채무의 변제를 위하여 부동산의 처분을 위임받은 채권자가 그 부동산을 이러한 사정을 모르는 제3자에게 매도하는 행위

③ 증인이 증언을 조건으로 소송의 일방 당사자로부터 통상적으로 용인될 수 있는 수준을 넘어서는 대가를 받기로 약정하는 행위

④ 종중재산이 적법하게 명의신탁된 경우, 제3자가 명의수탁자의 명의신탁자에 대한 배임행위에 적극 가담하여 명의수탁자로부터 부동산을 매수하는 행위

⑤ 보험계약자가 다수의 보험계약을 통하여 보험금을 부정취득할 목적으로 보험계약을 체결하는 행위

34 반사회질서의 법률행위에 관한 설명으로 옳은 것을 모두 고른 것은? (다툼이 있으면 판례에 따름)

[세무사 21]

> ㄱ. 법률행위의 성립과정에 강박이라는 불법적 방법이 사용된 것만으로도 반사회질서의 법률행위로서 무효이다.
> ㄴ. 표시된 법률행위의 동기가 반사회질서적인 경우, 그 법률행위는 반사회질서의 법률행위이다.
> ㄷ. 반사회질서의 법률행위는 무효이며, 이는 선의의 제3자에게도 대항할 수 있다.

① ㄱ ② ㄷ ③ ㄱ, ㄴ
④ ㄴ, ㄷ ⑤ ㄱ, ㄴ, ㄷ

35 불공정한 법률행위(「민법」 제104조)에 관한 설명으로 옳지 않은 것은? (다툼이 있으면 판례에 따름)

① 무상계약에는 「민법」 제104조가 적용되지 않는다.

② 대가관계를 상정할 수 있는 한 단독행위의 경우에도 「민법」 제104조가 적용될 수 있다.

③ 경매절차에서 경매부동산의 매각대금이 시가에 비해 현저히 저렴한 경우에는 「민법」 제104조가 적용될 수 있다.

④ 불공정한 법률행위에서 궁박, 경솔, 무경험은 법률행위 당시를 기준으로 판단하여야 한다.

⑤ 불공정한 법률행위는 추인에 의해서도 유효로 될 수 없다.

36 불공정한 법률행위에 관한 설명으로 옳지 않은 것은? (다툼이 있으면 판례에 따름)

① 궁박은 경제적인 곤궁뿐만 아니라 정신적인 곤궁도 포함된다.

② 대리인에 의한 법률행위의 경우 궁박은 본인을 기준으로 경솔과 무경험은 대리인을 기준으로 판단하여야 한다.

③ 불공정한 법률행위가 되기 위한 주관적인 요건인 궁박, 경솔, 무경험은 하나만 갖추면 된다.

④ 급부와 반대급부 사이에 현저한 불균형이 존재한다고 해서 상대방의 궁박, 경솔, 무경험이 추정되는 것은 아니다.

⑤ 급부와 반대급부 사이에 현저한 불균형의 존재 여부는 당사자의 주관적인 가치를 고려하여 판단한다.

37 불공정한 법률행위에 관한 설명으로 옳지 않은 것은? (다툼이 있으면 판례에 따름)

① 부담 없는 증여계약에는 불공정한 법률행위가 성립할 여지가 없다.

② 피해자의 궁박은 경제적인 궁박 상태만을 의미하는 것은 아니다.

③ 경매부동산의 매각대금이 그 시가에 비하여 현저히 저렴한 경우, 경매가 적법한 절차에 의해 이루어졌어도 경매는 무효이다.

④ 불공정한 법률행위에 의해 급부가 이행된 경우, 피해자는 폭리자에게 급부를 부당이득으로 반환할 의무가 없다.

⑤ 불공정한 법률행위가 성립하기 위해서는 폭리자가 피해자에게 궁박, 경솔 또는 무경험의 사정이 있음을 알고서 이를 이용하려는 의사가 필요하다.

정답 및 해설

33 ② 부동산처분에 관한 대리권을 도박채권자에게 수여한 행위 부분까지 무효라고 볼 수는 없으므로, 위와 같은 사정을 알지 못하는 거래 상대방인 제3자가 도박채무자부터 그 대리인인 도박채권자를 통하여 위 부동산을 매수한 행위까지 무효가 된다고 할 수는 없다.

34 ④ ㄱ. 법률행위의 성립과정에 강박이라는 불법적 방법이 사용된 것만으로 「민법」 제110조 강박에 의한 취소가 적용되므로 「민법」 제103조 반사회질서의 법률행위의 무효는 적용되지 않는다.

35 ③ 경매절차에서 경매부동산의 매각대금이 시가에 비해 현저히 저렴한 경우에는 「민법」 제104조가 적용되지 않는다.

36 ⑤ 급부와 반대급부 사이에 현저한 불균형의 존재 여부는 당사자의 주관적인 가치를 고려하는 것이 아니라 객관적 가치만을 고려하여 판단한다.

37 ③ 불공정한 법률행위에 관한 「민법」 제104조는 매매 등 유상계약과 채권의 포기와 같은 상대방 있는 단독행위에는 적용되지만 증여, 기부행위 등 무상계약과 경매제도에는 적용되지 않는다.

38 甲은 궁박(窮迫)하여 소유하던 건물(시가 10억 원 상당)을 乙에게 1억 원에 매도하였다. 그 후 乙은 그 건물을 선의의 丙에게 양도하고 소유권이전등기를 경료하였다. 이에 관한 설명으로 옳은 것은? (다툼이 있으면 판례에 따름)

① 불공정한 법률행위가 성립하려면 乙이 甲의 궁박을 이용하였어야 한다.

② 甲에게 궁박은 있었으나 경솔하지 않았다면, 甲과 乙의 계약은 불공정한 법률행위가 될 수 없다.

③ 불공정한 법률행위의 주관적·객관적 요건을 모두 乙이 증명하여야 한다.

④ 甲과 乙의 계약이 불공정한 법률행위로 무효이더라도 丙이 선의이면 甲은 丙에 대하여 건물의 반환을 청구할 수 없다.

⑤ 甲과 乙의 매매계약이 불공정한 법률행위이더라도 甲이 추인하면 매매계약이 유효하게 된다.

39 甲은 대리인 乙을 통해 자신의 X부동산을 丙에게 매도하였고, 丙은 이를 다시 丁에게 전매하였다. 그런데 甲은 丙과의 매매계약이 불공정한 법률행위로서 무효임을 주장하고 있다. 다음 설명 중 옳지 않은 것은? (다툼이 있으면 판례에 따름)

① 불공정한 법률행위인지의 여부를 판단하는 기준 시기는 乙이 丙과 매매계약을 체결한 당시이다.

② 丙에게 궁박, 경솔 또는 무경험을 이용하고자 하는 의사가 없다면 불공정한 법률행위는 성립하지 않는다.

③ 경솔, 무경험은 乙을 기준으로, 궁박 상태에 있었는지 여부는 甲을 기준으로 판단한다.

④ 甲과 丙 사이의 매매계약이 불공정한 법률행위로서 무효가 되더라도 甲은 선의의 丁에게 대항할 수 없다.

⑤ 불공정한 법률행위로서 무효인 경우에는 그 후 甲이 추인하더라도 매매계약이 유효로 될 수 없다.

40 불공정한 법률행위(「민법」 제104조)에 관한 설명으로 옳지 않은 것은? (다툼이 있으면 판례에 따름)

[세무사 21]

① 불공정한 법률행위로서 무효인 경우에도 무효행위의 전환에 관한 「민법」규정이 적용될 수 있다.

② 경매에도 「민법」 제104조가 적용된다.

③ 어떠한 법률행위가 불공정한 법률행위에 해당되는지는 법률행위 당시를 기준으로 판단하여야 한다.

④ 불공정한 법률행위가 성립하기 위한 요건인 궁박, 경솔, 무경험은 그 중 일부만 갖추어져도 충분하다.

⑤ 대리인에 의하여 법률행위가 이루어진 경우, 경솔과 무경험은 대리인을 기준으로 판단하고, 궁박은 본인의 입장에서 판단해야 한다.

41 법률행위의 해석에 관한 다음 설명 중 옳지 않은 것은? (다툼이 있으면 판례에 따름)

① 법률행위의 해석은 의사표시의 유무 및 계약의 성립 여부의 판단, 법률행위 내용의 확정을 위하여 필요하다.

② 당사자가 거래 관행과 다른 내용의 의사표시를 한 경우에는 그 표시한 바가 기준이 된다.

③ 상대방 없는 단독행위의 경우에는 자연적 해석이 전형적으로 적용된다.

④ 법률행위의 착오 문제는 보충적 해석과 밀접한 관련을 가진다.

⑤ 가상적 의사는 보충적 해석과 관련이 있다.

42 법률행위의 해석에 관한 설명으로 옳지 않은 것은? (다툼이 있으면 판례에 따름)

① 법률행위의 해석과 의사표시의 해석은 동일하다.

② 자연적 해석의 경우, 의사와 표시의 불일치한 법률행위는 취소할 수 있는 법률행위가 된다.

③ 상대방 없는 단독행위는 자연적 해석만을 적용한다.

④ 약관의 의미가 불명확한 경우, 작성자에게 유리하게 해석해서는 안 된다.

⑤ 의사표시의 해석은 그 서면의 기재내용에 의하여 당사자가 그 표시행위에 부여한 객관적 의미를 논리칙과 경험칙에 따라 합리적으로 해석하는 것이 원칙이다.

정답 및 해설

38 ① ② 피해자 일방의 궁박, 경솔, 무경험은 그 중 하나만 존재하면 된다.
③ 불공정한 법률행위의 주관적, 객관적 요건을 모두 피해자 甲이 입증하여야 한다.
④⑤ 불공정한 법률행위는 반사회질서의 법률행위로서 절대적 무효이므로 선의의 제3자도 보호받을 수 없고 추인하는 것은 허용되지 않는다.

39 ④ 불공정행위로서의 무효는 절대적 무효이므로 선의의 제3자에게도 무효를 가지고 대항할 수 있다.

40 ② 경매에는 「민법」 제104조가 적용되지 않는다.

41 ④ 법률행위의 착오 문제는 규범적 해석과 밀접한 관련을 가진다.

42 ② 자연적 해석의 경우, 의사와 표시의 불일치한 법률행위는 취소할 수 있는 법률행위가 아니라 처음부터 무효인 법률행위가 된다.

43 "부동산 매매계약에서 당사자 쌍방이 모두 X토지를 그 목적물로 삼았으나 X토지의 지번에 착오를 일으켜 계약체결 시에 계약서상으로는 그 목적물을 Y토지로 표시한 경우라도, X토지를 매매목적물로 한다는 당사자 쌍방의 의사합치가 있는 이상 그 매매계약은 X토지에 관하여 성립한 것으로 보아야 한다"고 하는 법률행위의 해석방법은?

① 문언해석　　　　　　② 통일적 해석　　　　　　③ 자연적 해석
④ 규범적 해석　　　　　　⑤ 보충적 해석

44 甲과 乙은 X토지를 매매목적물로 하기로 약정하였으나 X토지의 지번에 관하여 착오를 일으켜서 계약서상 목적물로 Y토지의 지번을 표시하고 Y토지에 대해서 乙 명의로 소유권이전등기가 경료되었다. 다음 설명 중 옳은 것은? (다툼이 있으면 판례에 따름)

① 甲과 乙 간에는 Y토지에 대하여 매매계약이 존재한다.
② 乙은 甲에 대하여 X토지에 대한 소유권이전등기를 청구할 수 있다.
③ 甲은 착오를 이유로 X토지에 대한 매매계약을 취소할 수 있다.
④ 甲은 乙에 대하여 Y토지에 대한 소유권이전등기의 말소를 청구할 수 없다.
⑤ 만일 丙이 선의로 乙로부터 Y토지에 대하여 소유권이전등기를 경료받았다면 丙은 Y토지의 소유권을 취득한다.

45 법률행위의 해석에 관한 설명으로 옳지 않은 것은? (다툼이 있으면 판례에 따름)

① 오표시 무해(誤表示 無害)의 원칙은 법률행위 해석 중 자연적 해석에 따른 것이다.

② 비전형의 혼합계약을 해석함에는 사용된 문언의 내용에 의하여 당사자가 그 표시행위에 부여한 객관적 의미를 있는 그대로 확정하는 것이 필요하다.

③ 당사자가 특정 토지를 계약 목적물로 합의하였으나 그 지번의 표시에 관한 착오로 인하여 계약서에 그 토지와 다른 토지로 표시한 경우, 계약서에 표시된 토지에 대하여 계약이 성립한다.

④ 사실인 관습은 당사자의 주장에 구애됨이 없이 법원이 스스로 직권에 의하여 판단할 수 있다.

⑤ 계약을 체결한 자가 타인의 이름으로 법률행위를 한 경우, 계약당사자의 확정에 관한 행위자와 상대방의 의사가 일치하면 그 일치한 의사대로 행위자 또는 명의인을 계약의 당사자로 확정해야 한다.

정답 및 해설

43 ③ 해당 설문은 자연적 해석의 방법에 따라 오표시 무해의 원칙이 적용된다.

44 ② ① 甲과 乙 간에는 X토지에 대하여 매매계약이 존재한다.
③ 오표시 무해의 원칙이 적용되어 X토지에 대한 매매계약이 유효하게 성립한 것이므로 착오를 이유로 취소할 수 없다.
④ 甲은 乙에 대하여 Y토지에 대한 소유권이전등기의 말소를 청구할 수 있다.
⑤ 만일 丙이 선의로 乙로부터 Y토지에 대하여 소유권이전등기를 경료받았더라도 등기부에 공신력이 인정되지 않으므로 丙은 Y토지의 소유권을 취득할 수 없다.

45 ③ 당사자가 특정 토지를 계약 목적물로 합의하였으나 그 지번의 표시에 관한 착오로 인하여 계약서에 그 토지와 다른 토지로 표시한 경우, 계약서에 표시된 토지가 아니라 이미 합의된 토지에 대하여 계약이 성립한다 (= 오표시 무해의 원칙).

46 법률행위의 해석에 관한 설명으로 옳은 것은? (다툼이 있으면 판례에 따름)

① 계약당사자가 누구인지를 확정하는 것은 법률행위의 해석과는 전혀 무관한 것이다.

② 당사자의 진정한 의사를 알 수 없는 의사표시는 내심적 효과의사가 아닌 표시행위로부터 추단되는 효과의사에 기초하여 해석하는 것이 원칙이다.

③ 약관의 의미가 불명확한 경우, 작성자에게 유리하게 해석하여야 한다.

④ 사실인 관습은 법률행위 해석의 표준이 될 수 없다.

⑤ 의사표시의 해석은 서면에 사용된 문구에 구애받는 것이므로, 당사자가 그 표시행위에 부여한 의미를 논리칙과 경험칙에 따라 객관적으로 해석하는 것은 허용되지 않는다.

47 법률행위의 해석에 관한 설명으로 옳은 것은? (다툼이 있으면 판례에 따름)

① 매매계약서에 "계약사항에 대한 이의가 생겼을 때에는 매도인의 해석에 따른다"는 조항을 둔 경우, 법원은 매도인의 해석에 따라 판결하여야 한다.

② 분양약정에서 당사자들이 분양가격의 결정기준으로 합의하였던 기준들에 따른 분양가격의 결정이 불가능하게 된 경우, 새로운 분양가격에 관한 합의가 없으면 매수인은 위 분양약정에 기하여 바로 소유권이전등기절차의 이행을 청구할 수 없다.

③ 당사자가 합의로 지명한 감정인의 감정의견에 따라 보상금을 지급하기로 약정한 경우에는 당사자의 약정 취지에 반하는 감정이 이루어진 때에도 법원은 감정결과에 따라 판결하여야 한다.

④ 어떠한 의무를 부담하는 내용의 기재가 있는 서면에 "최대한 노력하겠습니다"라고 기입한 경우 특별한 사정이 없으면 이는 그러한 의무를 법적으로 부담하는 채무자의 의사표시이다.

⑤ 부동산 매매계약에서 당사자가 모두 甲토지를 계약의 목적물로 삼았으나 그 지번 등에 관하여 착오를 일으켜 계약서에 그 목적물을 乙토지로 표시하였다면 乙토지에 관한 매매계약이 성립한 것으로 보아야 한다.

48 법률행위 해석에 관한 설명으로 옳지 않은 것은? (다툼이 있으면 판례에 따름) [세무사 21]

① 의사표시의 해석은 법률적 판단의 영역에 속한다.

② 당사자 일방이 주장하는 계약의 내용이 상대방에게 중대한 책임을 부과하게 되는 경우에는 그 계약의 해석은 더욱 엄격하게 하여야 한다.

③ 처분문서의 성립의 진정함이 인정되고 그 기재 내용을 부인할 만한 반증이 없으면 법원은 처분문서에 기재된 문언대로 의사표시의 존재와 내용을 인정하여야 한다.

④ 하나의 법률관계에 관해 서로 모순된 내용을 담은 여러 개의 계약서가 순차로 작성되었으나 그 우열관계가 정해지지 않았다면 원칙적으로 먼저 작성된 계약서가 우선한다.

⑤ 쌍방 당사자가 모두 특정의 A토지를 계약의 목적물로 삼았으나 착오로 계약서상 목적물을 B토지로 표시한 경우 계약 목적물은 A토지이다.

정답 및 해설

46 ② ① 계약당사자 확정의 기준에 있어서는 상대방의 의사가 일치한 경우 그 일치하는 의사대로 확정할 것이지만(자연적 해석), 확정할 수 없는 경우에는 계약의 성질, 내용, 목적, 체결경위 및 체결을 전후한 구체적인 제반사정을 토대로 상대방이 합리적인 사람이라면 행위자와 명의자 중 누구를 계약당사자로 이해할 것인가에 의하여 당사자를 결정(규범적 해석)하고, 이에 기초하여 법률행위의 성립과 효력을 판단하여야 한다.
③ 약관은 공급자가 일방적으로 작성하는 경우로 경제적 강자에게 유리하게 작성되는 것이 보통이며, 따라서 경제적 약자에게 불리한 조항은 작성자가 아닌 공급받는 자 입장에서 해석(= 자연적 해석)을 하여 그 약관조항은 무효이다.
④ 법령 중의 선량한 풍속 기타 사회질서에 관계없는 규정과 다른 관습이 있는 경우에 당사자의 의사가 명확하지 아니한 때에는 그 관습에 의한다(「민법」 제106조).
⑤ 의사표시의 해석은 서면에 사용된 문구에 구속될 것은 아니지만 어디까지나 당사자의 내심적 의사의 여하에 관계없이 그 서면의 기재내용에 의하여 당사자가 그 표시행위에 부여한 객관적 의미를 논리칙과 경험칙에 따라 합리적으로 해석하여야 한다.

47 ② ① 매매계약서에 "계약사항에 대한 이의가 생겼을 때에는 매도인의 해석에 따른다"는 조항은 무효이므로 법원은 자유롭게 해석하여 판결할 수 있다.
③ 당사자가 합의로 지명한 감정인의 감정의견에 따라 보상금을 지급하기로 약정한 경우, 당사자의 약정 취지에 반하는 감정이 이루어진 때에는 효력이 없으므로 법원은 감정결과에 따라 판결할 필요가 없다.
④ 어떠한 의무를 부담하는 내용의 기재가 있는 서면에 "최대한 노력하겠습니다"라고 기입한 경우 특별한 사정이 없으면 이는 그러한 의무를 법적으로 부담하지 않겠다는 채무자의 의사표시이므로 강제이행을 할 수 없다.
⑤ 부동산 매매계약에서 당사자가 모두 甲토지를 계약의 목적물로 삼았으나 그 지번 등에 관하여 착오를 일으켜 계약서에 그 목적물을 乙토지로 표시한 것은 무효이므로 甲토지에 관한 매매계약이 성립한 것으로 보아야 한다(= 오표시 무해의 원칙).

48 ④ 하나의 법률관계를 둘러싸고 각기 다른 내용을 정한 여러 개의 계약서가 순차로 작성되어 있는 경우 당사자가 그러한 계약서에 따른 법률관계나 우열관계를 명확하게 정하고 있다면 그와 같은 내용대로 효력이 발생한다. 그러나 여러 개의 계약서에 따른 법률관계 등이 명확히 정해져 있지 않다면 각각의 계약서에 정해져 있는 내용 중 서로 양립할 수 없는 부분에 관해서는 원칙적으로 나중에 작성된 계약서에서 정한 대로 계약 내용이 변경되었다고 해석하는 것이 합리적이다.

01 진의 아닌 의사표시에 관한 설명으로 옳지 않은 것은? (다툼이 있으면 판례에 따름)

① 사인의 공법행위에는 적용되지 않으므로 공무원의 사직 의사가 외부에 표시된 이상 그 의사는 표시된 대로 효력이 발생한다.

② 진의는 특정한 내용의 의사표시를 하려는 생각을 말하는 것이지 표의자가 진정으로 마음에서 바라는 사항을 뜻하는 것은 아니다.

③ 표의자가 강박에 의하여 어쩔 수 없이 증여의 의사표시를 하였다면 이는 비진의표시에 해당하지 않는다.

④ 표의자가 비진의표시임을 이유로 의사표시의 무효를 주장하는 경우, 비진의표시에 해당한다는 사실은 표의자가 증명해야 한다.

⑤ 표의자가 비진의표시임을 이유로 의사표시의 무효를 주장하는 경우, 상대방이 자신의 선의·무과실을 증명해야 한다.

02 「민법」 제107조(= 진의 아닌 의사표시)에 관한 설명으로 옳지 않은 것은? (다툼이 있으면 판례에 따름)

① 대리권남용의 경우에도 유추적용될 수 있다.

② 근로자가 사직서가 수리되지 않으리라고 믿고 제출한 사실을 상대방이 알고 있으면 그 사직서 제출행위는 무효로 된다.

③ 진의 아닌 의사표시는 원칙적으로 표시된 대로 법적 효과가 발생한다.

④ 표시가 진의와 다름을 표의자가 알고 있다는 점에서 착오와 구별된다.

⑤ 진의란 표의자가 진정으로 마음속에서 바라는 사항을 말하는 것이지 특정한 내용의 의사표시를 하고자 하는 표의자의 생각을 뜻하는 것은 아니다.

03 진의 아닌 의사표시에 관한 설명으로 옳지 않은 것은? (다툼이 있으면 판례에 따름)

① 사용자의 퇴직권유에 의해 의원면직의 형식으로 근로계약관계를 종료시킨 경우, 근로자가 최선이라고 판단하고 제출한 사직서는 진의 아닌 의사표시이다.

② 상대방이 표의자의 진의 아님을 알았거나 알 수 있었을 경우에는 진의 아닌 의사표시는 무효이다.

③ 상대방이 표의자의 진의 아님을 알았거나 알 수 있었다는 것은 의사표시의 무효를 주장하는 자가 증명하여야 한다.

④ 진의 아닌 의사표시의 무효는 선의의 제3자에게 대항하지 못한다.

⑤ 가족법상의 신분행위에는 진의 아닌 의사표시에 관한 「민법」규정이 적용되지 않는다.

04 비진의표시(= 진의 아닌 의사표시)에 관한 설명으로 옳지 않은 것은? (다툼이 있으면 판례에 따름)

① 비진의표시는 원칙적으로 표시된 대로 효력이 발생한다.

② 비진의표시의 무효는 선의의 제3자에게 대항하지 못한다.

③ 비진의표시는 상대방과 통정이 없다는 점에서 허위표시와 구별된다.

④ 임대인이 임차인을 내보낼 의도 없이 임대료를 올릴 목적만으로 '건물을 비워 달라'고 한 경우는 비진의표시에 해당한다.

⑤ 공무원이 사직의 의사표시를 하여 의원면직처분을 하는 경우, 사직의 의사가 없다는 것을 처분권자가 알았다면 그 의사표시는 무효이다.

정답 및 해설

01 ⑤ 표의자가 비진의표시임을 이유로 의사표시의 무효를 주장하는 경우, 상대방은 선의·무과실이 추정되므로 표의자가 상대방의 악의 또는 유과실을 증명해야 한다.

02 ⑤ 진의 아닌 의사표시에서의 진의란 특정한 내용의 의사표시를 하고자 하는 표의자의 생각을 의미하는 것이지 표의자가 진정으로 마음속에서 바라는 사항을 뜻하는 것이 아니다.

03 ① 진의 아닌 의사표시에서의 진의란 특정한 내용의 의사표시를 하고자 하는 표의자의 생각을 의미하는 것이지 표의자가 진정으로 마음속에서 바라는 사항을 뜻하는 것이 아니다. 따라서 근로자가 최선이라고 판단하고 제출한 사직서는 의사결정과 표시가 일치하므로 불일치로서의 진의 아닌 의사표시가 아니다.

04 ⑤ 「민법」 제107조 비진의표시는 공법상 행위에는 적용되지 않으므로, 표시된 대로 효력이 있다. 따라서 공무원이 사직의 의사표시를 하여 의원면직처분을 하는 경우, 표시된 대로 사직의 효력이 발생한다.

05 비진의표시에 관한 설명으로 옳은 것은? (다툼이 있으면 판례에 따름)

① 비진의표시에서 '진의'는 표의자가 진정으로 마음속에서 바라는 사항을 뜻한다.

② 비진의표시에서 '진의'는 특정한 내용의 의사표시를 하고자 하는 표의자의 생각을 의미하는 것은 아니다.

③ 표의자가 진정 마음에서 바라지는 아니하였더라도 당시의 상황에서는 최선이라고 판단하여 의사표시를 하였다면 비진의표시는 아니다.

④ 표의자가 강박에 의하여 증여를 하기로 하고 그에 따른 증여의 의사표시를 하였더라도, 재산을 강제로 뺏긴다는 본심이 잠재되어 있다면 그 증여는 비진의표시에 해당한다.

⑤ 공무원의 사직의 의사표시와 같은 공법행위에도 비진의표시에 관한 「민법」의 규정이 적용된다.

06 진의 아닌 의사표시에 관한 설명으로 옳지 않은 것은? (다툼이 있으면 판례에 따름) [세무사 21]

① 공무원이 한 사직의 의사표시와 같은 사인의 공법행위에는 비진의표시에 관한 규정이 적용되지 않는다.

② 법률상 장애로 자기 명의로 대출받을 수 없는 자를 위하여 대출금채무자로서의 명의를 빌려준 자의 대출기관에 대한 채무부담의 의사표시는 원칙적으로 비진의표시이다.

③ 비진의표시가 무효인 경우, 그 무효는 선의의 제3자에게 대항하지 못한다.

④ 상대방이 표의자의 진의 아님을 알았거나 이를 알 수 있었을 경우 그 비진의표시는 무효이다.

⑤ 비진의표시에 있어서의 진의란 특정한 내용의 의사표시를 하고자 하는 표의자의 생각을 말한다.

07 「민법」 제107조 진의 아닌 의사표시에 관한 설명으로 옳은 것은? (다툼이 있으면 판례에 따름)

① 상대방이 표의자의 진의 아님을 모르기만 하면 그 의사표시는 유효가 된다.

② 진의 아닌 의사표시의 무효는 제3자에게 대항하지 못한다.

③ 표의자가 당시의 상황에서는 그것이 최선이라고 판단하여 그 의사표시를 하였을 경우라도 진의 아닌 의사표시에 해당한다.

④ 자기 명의로 대출받을 수 없는 자를 위하여 대출금채무자로서의 명의를 빌려준 자에게는 원칙적으로 진의 아닌 의사표시가 적용되므로 대출금채무를 변제하여야 한다.

⑤ 진의 아닌 의사표시는 상대방 없는 의사표시에도 적용된다.

08 통정허위표시에 관한 설명으로 옳지 않은 것은? (다툼이 있으면 판례에 따름)

① 채무자의 법률행위가 통정허위표시인 경우에도 채권자취소권의 대상이 될 수 있다.

② 가장 근저당권설정계약이 유효하다고 믿고 그 피담보채권을 가압류한 자는 허위표시의 무효로 부터 보호되는 선의의 제3자에 해당한다.

③ 의사표시의 진의와 표시의 불일치에 관하여 상대방과 사이에 합의가 있으면 통정허위표시가 성립한다.

④ 통정허위표시에 따른 법률효과를 침해하는 것처럼 보이는 위법행위가 있는 경우에도 그에 따른 손해배상을 청구할 수 없다.

⑤ 자신의 채권을 보전하기 위해 가장양도인의 가장양수인에 대한 권리를 대위행사하는 채권자는 허위표시를 기초로 새로운 법률상의 이해관계를 맺은 제3자에 해당한다.

정답 및 해설

05 ③ ① 비진의표시에서 '진의'는 표의자가 진정으로 마음속에서 바라는 사항을 뜻하는 것이 아니다.
② 비진의표시에서 '진의'는 특정한 내용의 의사표시를 하고자 하는 표의자의 생각을 의미하는 것이다.
④ 비록 재산을 강제로 뺏긴다는 것이 표의자의 본심이더라도 표의자가 강박에 의하여서나마 증여를 하기로 하고 그에 따른 증여의 의사표시를 한 이상 증여의 내심의 효과의사가 결여된 것이라 할 수 없다.
⑤ 공무원의 사직의 의사표시와 같은 공법행위에는 비진의표시에 관한 「민법」의 규정이 적용되지 않는다.

06 ② 법률상 장애로 자기 명의로 대출받을 수 없는 자를 위하여 대출금채무자로서의 명의를 빌려준 자의 대출기관에 대한 채무부담의 의사표시는 원칙적으로 비진의표시가 아니므로 표시된 대로 대출금채무자로서의 책임을 부담한다.

07 ⑤ ① 상대방이 선의이고 무과실인 경우, 그 의사표시는 유효가 된다.
② 진의 아닌 의사표시의 무효는 선의의 제3자에게 대항하지 못한다.
③ 표의자가 당시의 상황에서는 그것이 최선이라고 판단하여 그 의사표시를 하였을 경우, 진의 아닌 의사표시에 해당하지 않는다.
④ 자기 명의로 대출받을 수 없는 자를 위하여 대출금채무자로서의 명의를 빌려준 자에게는 원칙적으로 진의 아닌 의사표시가 적용되지 않으므로 대출금채무를 변제하여야 한다.

08 ⑤ 자신의 채권을 보전하기 위해 가장양도인의 가장양수인에 대한 권리를 대위행사하는 채권자는 허위표시를 기초로 새로운 법률상의 이해관계를 맺은 제3자에 해당하지 않는다.

09 甲은 채권자 丙으로부터의 강제집행을 면하기 위하여 乙과 짜고 자신의 유일한 재산인 X토지를 乙 명의로 매매를 원인으로 하는 소유권이전등기를 해 주었다. 다음 설명 중 옳지 않은 것은? (다툼이 있으면 판례에 따름)

① 甲, 乙 간의 매매계약은 허위표시로서 당사자 간에는 언제나 무효이다.

② 丙은 乙을 상대로 매매계약의 취소와 함께 이전등기의 말소를 구하는 소송을 제기할 수 있다.

③ 乙로부터 X토지를 상속받은 자는 매매계약이 허위표시임을 몰랐던 경우에도 그 소유권을 취득할 수 없다.

④ 乙로부터 X토지에 대한 저당권을 설정받은 자가 저당권 설정 당시에 매매계약이 허위표시임을 과실로 알지 못했다면 그 저당권자는 선의의 제3자로서 보호받을 수 없다.

⑤ 乙로부터 X토지를 매수하여 소유권이전청구권 보전을 위한 가등기를 마친 자에 대하여 甲이 甲, 乙 간의 매매계약이 허위표시임을 이유로 X토지의 소유권을 주장하려면, 甲은 가등기권리자의 악의를 증명하여야 한다.

10 통정한 허위의 의사표시에 관한 설명으로 옳지 않은 것은? (다툼이 있으면 판례에 따름) [세무사 21]

① 상대방과 통정한 허위의 의사표시는 무효이고, 누구든지 그 무효를 주장할 수 있는 것이 원칙이다.

② 상대방과 통정한 허위의 의사표시의 무효는 선의의 제3자에게 과실이 있는 경우에도 그 제3자에게 대항하지 못한다.

③ 통정허위표시의 제3자는 허위표시에 의하여 외형상 형성된 법률관계를 토대로 실질적으로 새로운 법률상 이해관계를 맺은 자이다.

④ 선의의 제3자에 대하여는 통정허위표시의 당사자뿐만 아니라 그 누구도 허위표시의 무효로 대항하지 못한다.

⑤ 제3자가 악의이면 제3자로부터의 전득자가 선의라도 전득자에게 통정허위표시의 무효로 대항할 수 있다.

11 통정허위표시에 관한 설명으로 옳은 것은? (다툼이 있으면 판례에 따름)

① 통정은 상대방과 짜고 함을 의미하지만, 이때 표의자의 상대방이 단순히 진의와 다른 표시가 있다는 사실을 인식하면 충분하다.

② 대리인이 그 권한 안에서 본인의 이름으로 의사표시를 함에 있어서 상대방과 통정하여 진의와 다른 의사를 표시한 경우, 그 의사표시는 본인에게 효력이 생긴다.

③ 허위표시의 당사자가 아닌 사람은 허위표시의 무효로써 허위표시에 기초하여 새로운 법률상 이해관계를 가진 선의의 제3자에게 대항할 수 있다.

④ 상대방과 허위표시로써 성립한 가장채권을 보유한 채권자에 대하여 파산이 선고된 경우 파산관재인은 허위표시의 무효로부터 보호되는 선의의 제3자가 될 수 없다.

⑤ 통정한 허위표시에 의하여 외형상 형성된 법률관계로 생긴 채권을 가압류한 경우, 그 가압류권자는 허위표시에 기초하여 새로운 법률상 이해관계를 가지게 된 제3자에 해당한다.

정답 및 해설

09 ④ 허위표시의 무효를 가지고 대항하지 못하는 제3자는 선의이면 충분하고, 과실의 유무는 요건이 아니다. 따라서 乙로부터 X토지에 대한 저당권을 설정받은 자가 저당권 설정 당시에 매매계약이 허위표시임을 과실로 알지 못했더라도 그 저당권자는 선의의 제3자로서 보호받을 수 있다.

10 ⑤ 제3자가 악의라도 제3자로부터의 전득자가 선의라면 전득자에게 통정허위표시의 무효로 대항할 수 없다.

11 ⑤ ① 통정은 상대방과 짜고 함을 의미하며, 이때 표의자의 상대방이 단순히 진의와 다른 표시가 있다는 사실을 인식하는 것으로 충분하지 않고, 표시된 것에 대한 권리와 의무를 주장하지 않기로 하는 당사자의 합의 또는 약속이 있어야 한다.

② 대리인이 그 권한 안에서 본인의 이름으로 의사표시를 함에 있어서 상대방과 통정하여 진의와 다른 의사를 표시한 경우, 그 의사표시는 무효이므로 본인에게 효력이 생기지 않는다.

③ 허위표시에 기초하여 새로운 법률상 이해관계를 가진 선의의 제3자에게는 허위표시의 당사자뿐만 아니라 어느 누구도 허위표시의 무효로써 대항할 수 없다.

④ 상대방과 허위표시로써 성립한 가장채권을 보유한 채권자에 대하여 파산이 선고된 경우 파산관재인은 허위표시의 무효로부터 보호되는 선의의 제3자이다.

12 통정허위표시에 기초하여 새로운 법률상 이해관계를 맺은 '제3자'에 해당하지 않는 것은? (다툼이 있으면 판례에 따름)

① 채권의 가장양수인으로부터 추심을 위하여 채권을 양수한 자
② 가장의 근저당설정계약이 유효하다고 믿고 그 피담보채권을 가압류한 자
③ 허위표시인 전세권설정계약에 기하여 등기까지 마친 전세권에 관하여 저당권을 취득한 자
④ 가장매매의 매수인으로부터 매매예약에 기하여 소유권이전청구권 보전을 위한 가등기권을 취득한 자
⑤ 임대차보증금 반환채권을 가장 양수한 자의 채권자가 그 채권에 대하여 압류 및 추심 명령을 받은 경우, 그 채권자

13 통정허위표시에 관한 설명으로 옳은 것은? (다툼이 있으면 판례에 따름)

① 통정허위표시에 의한 급부는 특별한 사정이 없는 한 불법원인급여이다.
② 대리인이 대리권의 범위 안에서 현명하여 상대방과 통정허위표시를 한 경우, 본인이 선의라면 특별한 사정이 없는 한 그는 허위표시의 유효를 주장할 수 있다.
③ 가장행위인 매매계약이 무효라면 은닉행위인 증여계약도 당연히 무효이다.
④ 통정허위표시의 무효로부터 보호되는 선의의 제3자는 통정허위표시를 알지 못한 것에 대해 과실이 없어야 한다.
⑤ 가장매매계약의 매수인과 직접 이해관계를 맺은 제3자가 악의라 하더라도 그와 다시 법률상 이해관계를 맺은 전득자가 선의라면 가장매매계약의 무효로써 전득자에게 대항할 수 없다.

14 甲과 乙은 강제집행을 면할 목적으로 서로 통모하여 甲 소유의 X토지를 乙에게 매도하는 내용의 허위 매매계약서를 작성하고, 이에 근거하여 乙 앞으로 소유권이전등기를 마쳤다. 이에 관한 설명으로 옳지 않은 것은? (다툼이 있으면 판례에 따름)

① 甲은 X토지에 대하여 乙 명의의 소유권이전등기의 말소를 청구할 수 있다.
② 乙의 채권자 丙이 乙 명의의 X토지를 가압류하면서 丙이 甲과 乙 사이의 매매계약이 허위표시임을 알았다면 丙의 가압류는 무효이다.
③ 乙이 사망한 경우 甲은 乙의 단독상속인인 丁에게 X토지에 대한 매매계약의 무효를 주장할 수 있다.
④ 乙의 채권자 丙이 乙 명의의 X토지를 가압류한 경우 丙이 보호받기 위해서는 선의이고 무과실이어야 한다.
⑤ 乙 명의의 X토지를 가압류한 丙은 특별한 사정이 없는 한 선의로 추정된다.

15 허위표시에 관한 설명으로 옳은 것을 모두 고른 것은? (다툼이 있으면 판례에 따름)

> ㄱ. 허위표시의 무효로서 대항할 수 없는 제3자의 범위는 허위표시를 기초로 새로운 법률상 이해관계를 맺었는지에 따라 실질적으로 파악해야 한다.
> ㄴ. 가장매도인이 가장매수인으로부터 부동산을 취득한 제3자에게 자신의 소유권을 주장하려면 특별한 사정이 없는 한, 가장매도인은 그 제3자의 악의를 증명하여야 한다.
> ㄷ. 허위표시를 한 자는 그 의사표시가 무효라는 사실을 주장할 수 없다.

① ㄱ
② ㄴ
③ ㄱ, ㄴ
④ ㄱ, ㄷ
⑤ ㄴ, ㄷ

정답 및 해설

12 ① 채권의 가장양수인으로부터 추심을 위하여 채권을 양수한 자는 「민법」 제108조 제2항의 보호를 받는 선의의 제3자가 아니다.

13 ⑤ ① 통정허위표시에 의한 급부는 특별한 사정이 없는 한 「민법」 제103조 반사회질서의 법률행위가 아니므로 「민법」 제746조 불법원인급여에도 해당하지 않는다.
② 대리의 경우 본인은 허위표시의 보호를 받는 제3자가 아니다. 따라서 대리인이 대리권의 범위 안에서 현명하여 상대방과 통정허위표시를 한 경우, 본인이 선의라도 허위표시의 유효를 주장할 수 없다.
③ 가장행위인 매매계약은 당사자 사이에서 언제나 무효이지만, 은닉행위인 증여계약은 요건을 갖춘 경우에는 유효가 된다.
④ 통정허위표시의 무효로부터 보호되는 제3자는 선의이면 충분하므로, 통정허위표시를 알지 못한 것에 대해 과실이 있어도 보호받는다.

14 ④ 「민법」 제108조 통정허위표시에서 보호받는 제3자는 선의이기만 하면 충분하고 무과실은 그 요건이 아니다. 따라서 乙의 채권자 丙이 乙 명의의 X토지를 가압류한 경우 丙이 보호받기 위해서는 선의이기만 하면 충분하다.

15 ③ ㄷ. 허위표시는 당사자 사이에서 언제나 무효이므로, 허위표시를 한 자는 상대방에게 그 의사표시가 무효라는 사실을 주장할 수 있다.

16 통정허위표시에 관한 설명으로 옳지 않은 것을 모두 고른 것은? (다툼이 있으면 판례에 따름)

[세무사 22]

> ㄱ. 남편 甲이 동거하는 배우자 乙에게 X토지를 매도하고 소유권이전등기를 마친 경우, 특별한 사정이 없는 한 그 매매계약은 가장매매로 추정될 수 있다.
> ㄴ. 甲으로부터 가장행위로 자금을 차용한 乙의 차용금채무를 연대보증한 丙이 그 보증채무를 이행하여 구상권을 취득한 경우, 丙은 통정허위표시를 기초로 새로운 이해관계를 맺은 제3자에 해당하지 않는다.
> ㄷ. 乙이 甲으로부터 그 소유의 X토지를 가장매수한 후 악의의 丙에게 매도한 경우, 甲은 丙으로부터 이를 전득한 선의의 丁에게 허위표시의 무효를 주장할 수 없다.

① ㄱ   ② ㄴ   ③ ㄷ
④ ㄱ, ㄷ   ⑤ ㄴ, ㄷ

17 甲은 강제집행을 면할 목적으로 乙과 통정하여 자신의 부동산에 대한 가장매매계약을 체결하고 소유권이전등기를 해주었다. 그 후 乙은 丙으로부터 금원을 대출받으면서 그 부동산에 저당권을 설정해 주었다. 이에 관한 설명으로 옳지 않은 것은? (다툼이 있으면 판례에 따름)

① 甲, 乙 간의 매매계약은 당사자 사이에서는 무효이다.
② 甲뿐만 아니라 乙도 매매계약의 무효를 주장할 수 있다.
③ 甲은 乙과의 매매계약을 추인할 수 있으나 그 추인의 효력은 소급하지 않는다.
④ 甲이 丙의 악의를 이유로 丙에게 저당권등기의 말소를 청구하려면 甲이 丙의 악의를 증명하여야 한다.
⑤ 甲, 乙 간의 통정사실을 알지 못한 데에 丙에게 과실이 있다면 甲은 丙에게 저당권등기의 말소를 청구할 수 있다.

18 비진의표시와 통정허위표시에 관한 설명으로 옳은 것은? (다툼이 있으면 판례에 따름)

① 진의 아닌 의사표시에서 '진의'란 표의자가 진정으로 마음속에서 바라는 사항을 뜻한다.
② 진의 아닌 의사표시는 상대방이 악의인 경우에만 무효이므로 상대방의 과실 여부는 그 효력에 영향을 미치지 않는다.
③ 통정허위표시에 기초하여 새로운 이해관계를 맺은 제3자는 특별한 사정이 없는 한 악의로 추정된다.
④ 부동산의 가장양수인으로부터 소유권이전등기청구권 보전의 가등기를 받은 자는 통정허위표시의 제3자에 해당하지 않는다.
⑤ 채무자의 법률행위가 채권자취소권의 대상이 되더라도 통정허위표시의 요건을 갖추면 무효이다.

19 착오에 의한 의사표시에 관한 설명으로 옳지 않은 것은? (다툼이 있으면 판례에 따름)

① 매도인이 매매계약을 적법하게 해제한 경우, 매수인은 착오를 이유로 그 계약을 취소할 수 없다.

② 착오로 인하여 표의자가 경제적인 불이익을 입은 것이 아니라면 이를 법률행위 내용의 중요부분의 착오라고 할 수 없다.

③ 상대방이 표의자의 착오를 알면서 이를 이용한 경우, 표의자는 자신에게 중대한 과실이 있더라도 그 의사표시를 취소할 수 있다.

④ 출연재산이 재단법인의 기본재산인지 여부는 착오에 의한 출연행위의 취소에 영향을 주지 않는다.

⑤ 표의자에게 중대한 과실이 있는지 여부에 관한 증명책임은 그 의사표시를 취소하게 하지 않으려는 상대방에게 있다.

정답 및 해설

16 ② ㄴ. 甲으로부터 가장행위로 자금을 차용한 乙의 차용금채무를 연대보증한 丙이 그 보증채무를 이행하여 구상권을 취득한 경우, 乙은 통정허위표시를 기초로 새로운 이해관계를 맺은 제3자에 해당한다.

17 ⑤ 「민법」 제108조 통정허위표시에서 보호받는 제3자는 선의이기만 하면 되고, 선의에 대한 과실의 유무는 묻지 않는다. 따라서 甲은 丙이 선의이기만 하면 과실이 있더라도 丙에게 저당권등기의 말소를 청구할 수 없다.

18 ⑤ ① 진의 아닌 의사표시에서의 진의란 특정한 내용의 의사표시를 하고자 하는 표의자의 생각을 의미하는 것이지 표의자가 진정으로 마음속에서 바라는 사항을 뜻하는 것이 아니다.

② 진의 아닌 의사표시는 상대방이 표의자의 진의 아님을 알았거나 이를 알 수 있었을 경우에는 무효가 되므로, 상대방이 악의인 경우에만 무효가 되는 것이 아니다(「민법」 제107조 제1항 단서).

③ 통정허위표시에 기초하여 새로운 이해관계를 맺은 제3자는 특별한 사정이 없는 한 선의로 추정된다.

④ 부동산의 가장양수인으로부터 소유권이전등기청구권 보전의 가등기를 받은 자는 통정허위표시의 보호를 받는 제3자에 해당한다.

19 ① 매도인이 매매계약을 적법하게 해제한 경우에도, 매수인은 착오를 이유로 그 계약을 취소할 수 있다.

20 착오에 관한 설명으로 옳지 않은 것은? (다툼이 있으면 판례에 따름)

① 법률행위의 일부분에만 착오가 있고 그 법률행위가 가분적이면 그 나머지 부분이라도 유지하려는 당사자의 가정적 의사가 인정되는 경우 그 일부만의 취소도 가능하다.

② 표의자가 착오로 의사표시를 하였으나 그에게 아무런 경제적 불이익이 발생하지 않은 때에는 중요부분의 착오가 되지 아니한다.

③ 법률행위의 중요부분의 착오는 착오가 없었더라면 표의자뿐만 아니라 일반인도 표의자의 처지에서 그러한 의사표시를 하지 않았을 것이라고 생각될 정도로 중요한 것이어야 한다.

④ 등기명의자가 소유권이전등기의 무효를 주장한 종전 소유자의 공동상속인 중 1인을 단독상속인으로 오인하여 소유권환원에 관하여 합의한 경우, 이는 중요부분의 착오이다.

⑤ 채무자의 채무불이행을 원인으로 적법하게 해제된 매매계약도 착오를 이유로 취소될 수 있다.

21 착오에 의한 의사표시에 관한 설명으로 옳지 않은 것은? (다툼이 있으면 판례에 따름)

① 착오로 인하여 표의자가 경제적 불이익을 입은 것이 아니라면 이를 법률행위 내용의 중요부분의 착오라고 할 수 없다.

② 기망행위로 인하여 법률행위의 내용으로 표시되지 않은 동기에 관하여 착오를 일으킨 경우에도 표의자는 그 법률행위를 사기에 의한 의사표시를 이유로 취소할 수 있다.

③ 대리인에 의한 계약체결의 경우, 특별한 사정이 없는 한 착오의 유무는 대리인을 표준으로 판단하여야 한다.

④ 매도인이 매수인의 채무불이행을 이유로 매매계약을 적법하게 해제한 후라도 매수인은 착오를 이유로 취소권을 행사할 수 있다.

⑤ 착오로 인한 의사표시에 있어서 표의자의 중대한 과실 유무에 관한 증명책임은 그 상대방이 아니라 착오자에게 있다.

22 착오로 인한 의사표시에 관한 설명으로 옳지 않은 것은? (다툼이 있으면 판례에 따름)

① 장래의 미필적 사실의 발생에 대한 기대나 예상이 빗나간 것에 불과한 것은 착오라고 할 수 없다.

② 표의자가 착오로 인하여 경제적인 불이익을 입은 것이 아니라면 이를 법률행위 내용의 중요부분의 착오라고 할 수 없다.

③ 표의자가 경과실로 인하여 착오에 빠져 법률행위를 하고 그 착오를 이유로 법률행위를 취소하는 것은 위법하다고 할 수 없다.

④ 착오로 인한 의사표시의 취소에 관한 「민법」 제109조 제1항의 적용을 당사자의 합의로 배제할 수 있다.

⑤ 의사표시의 착오가 표의자의 중대한 과실로 인한 때에는 상대방이 표의자의 착오를 알고 이용한 경우에도 표의자는 그 의사표시를 취소할 수 없다.

23 착오에 관한 설명으로 옳지 않은 것은? (다툼이 있으면 판례에 따름) [세무사 19]

① 사자(使者)가 甲에게 전달할 의사표시를 乙에게 전달한 경우 착오로 보지 않는다.

② 상대방이 표의자의 착오를 알고 이용한 경우에는 표의자에게 중과실이 있더라도 의사표시를 취소할 수 있다.

③ 착오로 인한 취소권의 행사는 당사자들의 합의에 의하여 배제할 수 없다.

④ 매매계약에 따른 양도소득세 산정에 착오가 있었으나 관계 법령이 개정되어 위 착오로 인한 불이익이 소멸한 경우, 의사표시의 취소는 신의칙상 허용될 수 없다.

⑤ 착오를 이유로 법률행위를 취소한 경우, 표의자에게 경과실이 있더라도 상대방은 불법행위로 인한 손해배상을 청구할 수 없다.

24 착오로 인한 의사표시에 관한 설명으로 옳지 않은 것은? (다툼이 있으면 판례에 따름)

① 매도인의 하자담보책임이 성립하더라도 착오를 이유로 한 매수인의 취소권은 배제되지 않는다.

② 계약 당시를 기준으로 하여 장래의 미필적 사실의 발생에 대한 기대나 예상이 빗나간 경우, 착오취소는 인정되지 않는다.

③ 동기의 착오는 동기가 표시되어 해석상 법률행위의 내용으로 된 경우에 한해서만 유일하게 고려된다.

④ 매매계약에서 매수인이 목적물의 시가에 관해 착오를 하였더라도 이는 원칙적으로 중요부분의 착오에 해당하지 않는다.

⑤ 상대방이 표의자의 착오를 알면서 이용하였다면 표의자의 착오에 중대한 과실이 있더라도 착오취소가 인정된다.

정답 및 해설

20 ④ 등기명의자가 소유권이전등기의 무효를 주장한 종전 소유자의 공동상속인 중 1인을 단독상속인으로 오인하여 소유권환원에 관하여 합의한 경우, 이는 중요부분의 착오가 아니다.

21 ⑤ 착오로 인한 의사표시에 있어서 표의자의 중대한 과실 유무에 관한 증명책임은 그 법률행위의 효력을 주장하는 상대방이 착오자에게 중과실이 있음을 증명하여야 한다.

22 ⑤ 의사표시의 착오가 표의자의 중대한 과실로 인한 때에도 상대방이 표의자의 착오를 알고 이용한 경우에는 표의자는 그 의사표시를 취소할 수 있다.

23 ③ 착오로 인한 취소권의 행사는 당사자들의 합의에 의하여 배제할 수 있다.

24 ③ 동기의 착오는 동기가 표시되어 해석상 법률행위의 내용으로 된 경우에 취소의 대상이 될 수 있으나, 동기가 표시된 경우에만 유일하게 취소할 수 있는 것은 아니다. 따라서 상대방에 의해서 유발된 동기의 착오는 그 동기의 표시 여부를 불문하고 취소할 수 있다.

25 법률행위 내용의 중요부분에 대한 착오로 인정되지 않은 것은? (다툼이 있으면 판례에 따름)

① 고려청자로 알고 매수한 도자기가 진품이 아닌 것으로 밝혀진 경우
② 물상보증인이 근저당권 설정계약을 체결하면서 채무자의 동일성에 관하여 착오한 경우
③ 상가건물의 이중매매에 있어서 제2매수인이 이중매매라는 사실을 알지 못한 경우
④ 재건축조합이 재건축아파트 설계용역계약을 체결하면서 상대방이 건축사 자격증이 있다고 믿은 경우
⑤ 농지인 줄 알고 매입하였으나 상당부분이 하천인 경우

26 착오로 인한 의사표시에 관한 설명으로 옳지 않은 것은? (다툼이 있으면 판례에 따름) [세무사 21]

① 계약당사자들이 착오를 이유로 한 취소권을 배제하기로 합의한 경우에는 착오를 이유로 취소할 수 없다.
② 부동산 중개업자가 다른 점포를 매매목적물로 잘못 소개하여 매수인이 매매목적물에 관하여 착오를 일으킨 경우, 법률행위 내용의 중요부분의 착오에 해당한다.
③ 경과실로 착오에 빠진 표의자가 착오를 이유로 법률행위를 취소하면 표의자는 불법행위책임을 진다.
④ 상대방이 표의자의 착오를 알고 이를 이용한 경우에는 착오가 표의자의 중대한 과실로 인한 것이라고 하더라도 표의자는 의사표시를 취소할 수 있다.
⑤ 표의자의 중대한 과실 유무에 관한 주장과 증명책임은 착오자의 상대방에게 있다.

27 착오로 인한 의사표시에 관한 설명으로 옳지 않은 것은? (다툼이 있으면 판례에 따름)

① 제3자의 기망으로 표시상의 착오가 발생한 경우, 표의자는 사기를 이유로 의사표시를 취소할 수 있다.
② 착오로 인하여 표의자가 경제적인 불이익을 입지 않았다면, 법률행위 내용의 중요부분의 착오라고 할 수 없다.
③ 표의자의 착오를 알고 상대방이 이를 이용한 경우에는 착오가 표의자의 중대한 과실로 발생하여도 취소할 수 있다.
④ 당사자의 합의로 착오로 인한 의사표시의 취소에 관한 「민법」 제109조 제1항의 적용을 배제할 수 있다.
⑤ 동기의 착오를 이유로 의사표시를 취소할 때 그 동기를 의사표시의 내용으로 하는 당사자의 합의까지는 필요 없다.

28 「민법」 제109조의 착오에 관한 설명 중 옳은 것은? (다툼이 있으면 판례에 따름)

① 1,000원을 1,000만원으로 표시한 것은 동기의 착오이다.

② 1,000원을 100원으로 표시한 것은 내용의 착오이다.

③ 토지의 시가에 대한 착오는 중요부분의 착오이다.

④ 토지의 현황, 경계에 관한 착오는 중요부분의 착오이다.

⑤ 서신을 다른 주소에 잘못 전달한 경우는 표시기관의 착오이다.

정답 및 해설

25 ③ ① 고려청자로 알고 매수한 도자기가 진품이 아닌 것으로 밝혀진 경우, 매수인이 도자기를 매수하면서 자신의 골동품 식별 능력과 매매를 소개한 자를 과신한 나머지 고려청자가 진품이라고 믿고 소장자를 만나 그 출처를 물어보지 아니하고 전문적 감정인의 감정을 거치지 아니한 채 그 도자기를 고가로 매수하고 만일 고려청자가 아닐 경우를 대비하여 필요한 조치를 강구하지 아니한 잘못이 있다고 하더라도, 그와 같은 사정만으로는 매수인이 매매계약체결 시 요구되는 통상의 주의의무를 현저하게 결여하였다고 보기는 어렵다는 이유로 착오를 이유로 매매계약을 취소할 수 있다.

② 甲이 채무자란이 백지로 된 근저당권 설정계약서를 제시받고 그 채무자가 乙인 것으로 알고 근저당권 설정자로 서명날인을 하였는데 그 후 채무자가 丙으로 되어 근저당권 설정등기가 경료된 경우, 甲은 그 소유의 부동산에 관하여 근저당권 설정계약상의 채무자를 丙이 아닌 乙로 오인한 나머지 근저당설정의 의사표시를 한 것이고, 이와 같은 채무자의 동일성에 관한 착오는 법률행위 내용의 중요부분에 관한 착오에 해당한다.

④ 법률행위 내용의 중요부분에 착오가 있다고 하기 위하여는 표의자에 의하여 추구된 목적을 고려하여 합리적으로 판단하여 볼 때 표시와 의사의 불일치가 객관적으로 현저하여야 하는바, 재건축아파트 설계용역에서 건축사 자격이 가지는 중요성에 비추어 볼 때, 재건축조합이 건축사 자격 없이 건축연구소를 개설한 건축학 교수에게 건축사 자격이 없다는 것을 알았다라면 재건축조합만이 아니라 객관적으로 볼 때 일반인으로서도 이와 같은 설계용역계약을 체결하지 않았을 것으로 보이므로, 재건축조합측의 착오는 중요부분의 착오에 해당한다.

⑤ 본건 토지 답 1,389평을 전부 경작할 수 있는 농지인 줄 알고 매수하여 그 소유권이전등기를 마쳤으나 타인이 경작하는 부분은 인도되지 않고 있을 뿐 아니라 측량결과 약 600평이 하천을 이루고 있어 사전에 이를 알았다면 매매의 목적을 달할 수 없음이 명백하여 매매계약을 체결하지 않았을 것이므로 위 토지의 현황 경계에 관한 착오는 본건 매매계약의 중요부분에 대한 착오이다.

26 ③ 경과실로 착오에 빠진 표의자가 착오를 이유로 법률행위를 취소하더라도 표의자는 불법행위책임을 부담하지 않는다.

27 ① 제3자의 기망으로 표시상의 착오가 발생한 경우, 표의자는 사기를 이유로 의사표시를 취소할 수 없고, 착오만을 이유로 취소할 수 있다. 사기는 외형상 의사와 표시가 일치하여야 하는데, 착오는 불일치가 존재하므로 사기는 성립하지 않는다.

28 ④ ①② 모두 표시상의 착오이다.

③ 토지의 시가에 대한 착오는 중요부분의 착오가 아니다.

⑤ 서신을 다른 주소에 잘못 전달한 경우는 착오가 아니라 부도달의 문제이다.

29 다음 중 착오를 이유로 취소할 수 없는 경우는? (다툼이 있으면 판례에 따름)

① 토지가 매매대상에 포함되었다는 시공무원의 말만을 믿고 매매계약을 체결한 경우
② 위자료를 수령하면서 부동 문자로 인쇄된 일체의 손해배상청구권 포기 문구를 읽지 아니하고 날인한 경우
③ 甲채무의 보증인이 될 의사로 乙채무의 보증인이 된 경우
④ 채권자가 고리 대금업자인 줄 모르고 금전소비대차계약을 체결한 경우
⑤ 관계공무원의 말만을 믿고 귀속해제된 토지인데도 귀속재산인 줄로 잘못 알고 국가에 증여를 한 경우

30 착오에 관한 설명으로 옳지 않은 것은? (다툼이 있으면 판례에 따름)

① 법률행위의 내용의 중요부분에 착오가 있으면 취소할 수 있는 것이 원칙이다.
② 1심 판결에서 패소한 자가 항소심 판결 선고 전에 패소를 예상하고 법률행위를 하였으나 이후 항소심에서 승소판결이 선고된 경우 착오를 이유로 그 법률행위를 취소할 수 있다.
③ 의사표시의 착오가 표의자의 중대한 과실로 발생하였으나 상대방이 표의자의 착오를 알고 이용한 경우 표의자는 의사표시를 취소할 수 있다.
④ 착오한 표의자의 중대한 과실 유무에 관한 증명책임은 의사표시를 취소하게 하지 않으려는 상대방에게 있다.
⑤ 착오자의 착오로 인한 취소로 상대방이 손해를 입게 되더라도, 착오자는 불법행위로 인한 손해배상책임을 부담하지 않는다.

31 甲은 X토지의 경계를 잘못 인식한 채로 X토지의 소유자 乙로부터 이를 매수하는 계약을 체결하였다. 이에 관한 설명으로 옳은 것은? (다툼이 있으면 판례에 따름) [세무사 20]

> ㄱ. 甲이 중요부분에 착오를 일으켰지만 과실이 없는 경우, 甲은 특별한 사정이 없는 한 자신의 의사표시를 취소할 수 있다.
> ㄴ. X토지에 대하여 표시된 지적과 비교했을 때 실면적이 부족하더라도 그 차이가 지극히 근소하다면 중요부분의 착오가 인정되지 않는다.
> ㄷ. 중요부분의 착오는 일반인이 아닌 甲을 기준으로 판단해야 한다.
> ㄹ. 특별한 사정이 없는 한 甲은 X토지가 지적도와 정확히 일치하는지 여부를 미리 확인하여야 할 주의의무가 있다.

① ㄱ, ㄴ   ② ㄴ, ㄷ   ③ ㄷ, ㄹ
④ ㄱ, ㄴ, ㄷ   ⑤ ㄱ, ㄴ, ㄹ

32 착오로 인한 의사표시에 관한 설명으로 옳지 않은 것은? (다툼이 있으면 판례에 따름)   [세무사 22]

① 대리인이 의사표시를 하는 경우, 착오의 유무는 대리인을 표준으로 판단하여야 한다.

② 동기의 착오가 상대방에 의해 유발된 경우, 동기의 표시 여부와 무관하게 의사표시의 취소가 인정될 수 있다.

③ 착오로 인한 의사표시의 취소에 관한 「민법」 제109조 제1항의 적용을 배제하기로 하는 당사자의 합의는 유효하다.

④ 착오로 인하여 표의자가 경제적 불이익을 입은 것이 아니라면 이를 법률행위 내용의 중요부분의 착오라고 할 수 없다.

⑤ 상대방이 표의자의 착오를 알면서 이를 이용한 경우라도 표의자에게 중과실이 있으면, 표의자는 착오에 의한 의사표시를 취소할 수 없다.

33 甲은 고층아파트를 짓기 위해 乙 소유의 토지를 매입하기로 하는 계약을 체결하고 계약금을 주었으나, 그 부동산은 법령상의 제한으로 고층아파트를 건축할 수 없는 토지였다. 한편 甲·乙 간의 계약서에 이 토지의 용도가 '주택건설용지'로 기재된 사실은 있지만 어떤 규모나 형태의 주택을 건설할지에 대한 언급은 없으며, 乙은 甲의 구체적인 건축계획을 모르는 상황이다. 다음 설명 중 옳은 것은? (다툼이 있으면 판례에 따름)

① 甲·乙 간의 매매계약은 유효하다.

② 甲·乙 간의 매매계약은 원시적 불능에 해당하여 무효이다.

③ 甲은 표시상의 착오를 이유로 매매계약을 취소할 수 있다.

④ 甲은 사기에 의한 계약이라는 이유로 매매계약을 취소할 수 있다.

⑤ 甲이 중도금과 잔금을 시급하지 않았다고 하여 乙이 매매계약을 해제할 수는 없다.

정답 및 해설

29 ④ 금전에 대한 소유권자가 누구인가라는 소유권귀속의 문제는 중요한 부분에 해당하지 않는다. 따라서 착오를 이유로 취소할 수 없다.

30 ② 착오에 의한 취소는 소송행위에 적용되지 않는다. 따라서 1심 판결에서 패소한 자가 항소심 판결 선고 전에 패소를 예상하고 법률행위를 하였으나 이후 항소심에서 승소판결이 선고된 경우 착오를 이유로 그 법률행위를 취소할 수 없다.

31 ① ㄷ. 중요부분의 착오는 일반인과 착오자 본인을 기준으로 판단해야 한다.
ㄹ. 특별한 사정이 없는 한 甲은 X토지가 지적도와 정확히 일치하는지 여부를 미리 확인하여야 할 주의의 무가 없다.

32 ⑤ 상대방이 표의자의 착오를 알면서 이를 이용한 경우, 표의자에게 중과실이 있더라도 표의자는 착오에 의한 의사표시를 취소할 수 있다.

33 ① 본 문제의 사례는 동기의 착오에 관한 것이다. 동기를 의사표시의 내용으로 삼을 것을 상대방에게 표시하지 아니하여 의사표시의 해석상 법률행위의 내용이 되지 않는 경우에는 표의자는 동기의 착오를 이유로 취소할 수 없다.

34 착오로 인한 의사표시에 관한 설명으로 옳지 않은 것은? (다툼이 있으면 판례에 따름)

① 부동산양도에 따라 부과될 양도소득세의 세액에 관한 착오는 미필적인 장래의 불확실한 사실에 관한 것이므로 「민법」 제109조의 착오에서 제외된다.

② 착오가 표의자의 중대한 과실로 인하여 발생한 때에는 표의자는 그 법률행위를 취소할 수 없다.

③ 착오가 법률행위 내용의 중요부분에 관한 것인 때에 한하여 표의자는 그 의사표시를 취소할 수 있다.

④ 착오를 이유로 의사표시를 취소하는 자는 착오의 존재뿐만 아니라 그 착오가 법률행위 내용의 중요부분에 존재한다는 것도 증명하여야 한다.

⑤ 신원보증서류에 서명날인한다는 착각에 빠진 상태로 연대보증의 서면에 서명날인한 경우, 중요부분의 착오에 해당한다.

35 착오에 관한 설명으로 옳지 않은 것은? (다툼이 있으면 판례에 따름)

① 표의자의 중대한 과실로 착오가 있는 때에는 표의자는 착오를 이유로 그 의사표시를 취소하지 못한다.

② 부동산 매매에 있어서 시가에 관한 착오는 일반적으로 중요부분에 관한 착오라고 할 수 없다.

③ 착오에 의하여 출연한 재단법인의 설립자는 착오를 이유로 출연의 의사표시를 취소할 수 있다.

④ 동기의 착오가 상대방에 의하여 유발된 경우에 동기의 표시 여부와 무관하게 의사표시를 취소할 수 있다.

⑤ 매도인이 매매계약을 적법하게 해제하였다면 매수인은 그 해제로 인한 불이익을 피하기 위하여 더 이상 착오를 이유로 그 매매계약을 취소할 수 없다.

36 착오로 인한 의사표시에 관한 설명으로 옳은 것은? (다툼이 있으면 판례에 따름)

① 법률행위의 일부에 착오가 있는 경우, 원칙적으로 그 일부만을 취소할 수 있다.

② 법률행위의 내용에 관한 표의자의 착오와 과실은 표의자의 상대방이 입증해야 한다.

③ 표의자가 장래에 있을 어떤 사항의 발생이 미필적임을 알아 그 발생을 예기한 데 지나지 않는 경우, 그 기대가 이루어지지 않은 것을 착오로 볼 수는 없다.

④ 표의자가 동기의 착오를 이유로 의사표시를 취소하려면 동기가 상대방에게 표시되어야 하고 표의자에게 과실이 없어야 한다.

⑤ 상대방이 표의자의 착오를 알고 이를 이용한 경우라도 착오가 표의자의 중대한 과실로 인한 것이라면, 표의자는 그 의사표시를 취소할 수 없다.

37 甲은 乙 소유의 X토지를 매수하기로 乙과 합의하였다. 그 후 甲이 착오를 이유로 그 매매계약을 취소하고자 한다. 이에 관한 설명으로 옳은 것은? (다툼이 있으면 판례에 따름)

① 착오로 인한 의사표시의 취소에 관한「민법」제109조 제1항은 강행규정이므로 그 적용을 배제하는 甲과 乙의 약정은 무효이다.

② X토지의 시가에 대한 착오는 특별한 사정이 없는 한 법률행위의 중요부분에 대한 착오에 해당한다.

③ 甲은 자신에게 착오가 있었다는 사실뿐만 아니라 착오가 의사표시에 결정적인 영향을 미쳤다는 점도 증명해야 한다.

④ 甲은 자신에게 중과실뿐만 아니라 경과실도 없음을 증명해야 한다.

⑤ 착오로 인한 甲의 불이익이 사후에 사정변경으로 소멸되었더라도 甲은 착오를 이유로 매매계약을 취소할 수 있다.

정답 및 해설

34 ① 부동산양도에 따라 부과될 양도소득세의 세액에 관한 착오는 미필적인 장래의 불확실한 사실에 관한 것이라도「민법」제109조의 착오에서 제외되지 않는다.

35 ⑤ 매도인이 매수인의 중도금 지급채무 불이행을 이유로 매매계약을 적법하게 해제한 후라도 매수인으로서는 상대방이 한 계약해제의 효과로서 발생하는 손해배상책임을 지거나 매매계약에 따른 계약금의 반환을 받을 수 없는 불이익을 면하기 위하여 착오를 이유로 한 취소권을 행사하여 매매계약 전체를 무효로 할 수 있다.

36 ③ ① 법률행위의 일부에 착오가 있는 경우, 원칙적으로 전부 취소할 수 있다.
② 법률행위의 내용에 관한 표의자의 착오와 중요부분에 대한 입증은 표의자가 입증한다.
④ 과실 × → 중과실 ○
⑤ 표의자에게 중대한 과실이 있어도 상대방이 표의자의 착오를 악용한 경우, 표의자는 그 의사표시를 취소할 수 있다.

37 ③ ① 착오로 인한 의사표시의 취소에 관한「민법」제109조 제1항은 임의규정이므로 그 적용을 배제하는 약정은 유효이다.
② 시가에 대한 착오는 특별한 사정이 없는 한 법률행위의 중요부분에 대한 착오에 해당하지 않는다.
④ 중과실의 존재 여부는 표의자 甲이 아니라 상대방 乙이 착오자에게 중과실이 있음을 증명해야 한다.
⑤ 착오로 인한 취소를 하기 위해서는 경제적 불이익이 있어야 하는데, 착오자 甲의 불이익이 사후에 사정변경으로 소멸되었다면 경제적 불이익도 존재하지 않으므로 甲은 착오를 이유로 매매계약을 취소할 수 없다.

38 사기에 의한 의사표시에 관한 설명으로 옳지 않은 것은? (다툼이 있으면 판례에 따름)

① 사기에 의한 의사표시에는 의사와 표시의 불일치가 있을 수 없고, 단지 의사표시의 동기에 착오가 있는 것에 불과하다.

② 사기의 의사표시로 인해 부동산의 소유권을 취득한 자로부터 그 부동산의 소유권을 새로이 취득한 제3자는 특별한 사정이 없는 한 선의로 추정된다.

③ 교환계약의 당사자가 자기 소유의 목적물의 시가를 묵비하는 것은 특별한 사정이 없는 한 기망행위가 되지 않는다.

④ 상대방의 대리인에 의한 사기는 「민법」 제110조 제2항 소정의 제3자의 사기에 해당하지 않는다.

⑤ 계약이 제3자의 위법한 사기행위로 체결된 경우, 표의자는 그 계약을 취소하지 않는 한 제3자를 상대로 그로 인해 발생한 손해의 배상을 청구할 수 없다.

39 사기·강박에 의한 의사표시에 관한 설명으로 옳지 않은 것은? (다툼이 있으면 판례에 따름)

① 매매계약의 일방 당사자가 목적물의 시가를 묵비하여 상대방에게 고지하지 않은 것은 특별한 사정이 없는 한 기망행위에 해당하지 않는다.

② 상대방의 피용자는 제3자에 의한 사기에 관한 「민법」 제110조 제2항에서 정한 제3자에 해당하지 않는다.

③ 제3자의 사기행위로 체결한 계약에서 그 사기행위 자체가 불법행위를 구성하는 경우, 피해자가 제3자에게 불법행위로 인한 손해배상을 청구하기 위하여 그 계약을 취소할 필요는 없다.

④ 타인의 기망행위에 의해 동기의 착오가 발생한 경우에는 사기와 착오의 경합이 인정될 수 있다.

⑤ 강박에 의한 의사표시가 취소된 동시에 불법행위의 성립요건을 갖춘 경우, 그 취소로 인한 부당이득반환청구권과 불법행위로 인한 손해배상청구권은 경합하여 병존한다.

40 사기·강박에 의한 의사표시에 관한 설명으로 옳지 않은 것은? (다툼이 있으면 판례에 따름)

① 상대방의 기망행위로 의사결정의 동기에 관하여 착오를 일으켜 법률행위를 한 경우, 사기를 이유로 그 의사표시를 취소할 수 있다.

② 상대방이 불법적인 해악의 고지 없이 각서에 서명날인할 것을 강력히 요구하는 것만으로는 강박이 되지 않는다.

③ 부작위에 의한 기망행위로도 사기에 의한 의사표시가 성립할 수 있다.

④ 제3자에 의한 사기행위로 계약을 체결한 경우, 표의자는 먼저 그 계약을 취소하여야 제3자에 대하여 불법행위로 인한 손해배상을 청구할 수 있다.

⑤ 매수인이 매도인을 기망하여 부동산을 매수한 후 제3자에게 저당권을 설정해 준 경우, 특별한 사정이 없는 한 제3자는 매수인의 기망사실에 대하여 선의로 추정된다.

41 강박에 의한 의사표시에 관한 설명 중 옳지 않은 것은? (다툼이 있으면 판례에 따름)

① 강박을 하려는 고의와 강박에 의해 의사표시를 하게 하려는 고의가 필요하다.

② 강박행위는 장차 해악이 초래될 것을 고지하여 공포심을 일으키게 하는 행위를 말하며, 해악은 비재산적 법익에 대한 것일 수도 있다.

③ 상대방 또는 제3자의 강박에 의하여 의사결정의 자유가 완전히 박탈된 상태에서 이루어진 의사표시는 효과의사에 대응하는 내심의 의사가 없으므로 무효이다.

④ 강박행위와 공포심유발 사이에 인과관계가 존재하여야 하고, 인과관계의 유무는 일반인을 기준으로 판단한다.

⑤ 부정행위에 대한 고소, 고발은 그것이 부정한 이익을 목적으로 하는 것이 아니라면 정당한 권리행사가 되어 위법하다고 할 수 없다.

42 사기에 의한 의사표시에 관한 설명 중 옳은 것은?

① 사기와 의사표시 사이에 인과관계가 없어도 사기를 이유로 의사표시를 취소할 수 있다.

② 제3자의 기망행위에 의하여 신원보증서류에 서명날인한다는 착각에 빠진 상태로 연대보증계약서에 서명날인한 경우, 착오를 이유로 의사표시를 취소할 수 없다.

③ 의사표시 상대방의 사기에 의하여 법률행위의 중요부분에 착오가 생긴 때에는 착오를 이유로 의사표시를 취소할 수 없다.

④ 고지·설명의무가 있는 경우 소극적으로 진실을 숨기는 것만으로는 기망행위가 될 수 없다.

⑤ 제3자의 사기로 목적물을 헐값에 매도한 경우, 매수인이 제3자의 사기를 알 수 없었던 때에는 매도인은 그 의사표시를 취소할 수 없다.

정답 및 해설

38 ⑤ 계약이 제3자의 위법한 사기행위로 체결된 경우, 표의자는 그 계약을 취소하지 않은 채, 제3자를 상대로 그로 인해 발생한 손해의 배상을 청구할 수 있다.

39 ② 상대방의 피용자는 제3자에 의한 사기에 관한 「민법」 제110조 제2항에서 정한 제3자에 해당한다.

40 ④ 제3자에 의한 사기행위로 계약을 체결한 경우, 표의자는 먼저 그 계약을 취소하지 않고도 제3자에 대하여 불법행위로 인한 손해배상을 청구할 수 있다.

41 ④ 강박행위와 공포심유발 사이에 인과관계가 존재하여야 하고, 인과관계의 유무는 2단의 고의가 있어야 하고, 피해자의 주관적인 것이라도 상관없다.

42 ⑤ ① 「민법」 제110조가 성립하기 위해서는 사기 또는 강박과 의사표시 사이에 인과관계의 존재를 요건으로 한다.

② 「민법」 제110조는 외형상 의사와 표시가 일치하지만, 의사결정과정의 자유가 위법부당하게 침해된 것을 말한다. 따라서, 제3자의 기망행위에 의하여 신원보증서류에 서명날인한다는 착각에 빠진 상태로 연대보증계약서에 서명날인한 경우라 하더라도, 착오를 이유로 의사표시를 취소할 수 있다.

③ 착오와 사기가 경합하는 경우 표의자는 어느 요건이든 선택적으로 이를 입증하여 사기 또는 착오를 주장할 수 있다.

④ 고지·설명의무가 있는 경우 소극적으로 진실을 숨기는 것은 부작위, 침묵에 의한 사기가 성립한다.

43 의사표시에 관한 설명으로 옳은 것은? (다툼이 있으면 판례에 따름)

① 착오를 이유로 법률행위를 취소하기 위해서는 상대방이 표의자의 착오를 알았거나 알 수 있었어야 한다.

② 강박의 정도가 심하여 표의자의 의사결정의 자유가 완전히 박탈된 상태에서 한 의사표시는 무효이다.

③ 통정허위표시의 무효로 대항할 수 없는 제3자에는 허위표시를 한 당사자의 상속인도 포함된다.

④ 배우가 무대에서 관객에게 행한 대사는 진의 아닌 의사표시이지만 무효이다.

⑤ 사기나 강박에 의한 의사표시는 의사와 표시의 불일치가 있는 것이다.

44 사기나 강박에 의한 의사표시에 관한 설명으로 옳지 않은 것은? (다툼이 있으면 판례에 따름)

① 사기를 당한 자가 의사표시를 취소하지 않더라도 그 사기가 「형법」상 범죄행위가 되면 그 의사표시는 무효이다.

② 사기나 강박을 당한 자가 의사표시를 취소하더라도 그 취소는 선의의 제3자에게 대항할 수 없다.

③ 제3자의 사기나 강박으로 인해 상대방 없는 의사표시를 한 경우, 표의자는 언제든지 그 의사표시를 취소할 수 있다.

④ 대리인이 상대방을 기망한 경우, 본인이 그 사실을 알았거나 알 수 있었느냐에 상관없이 상대방은 그 의사표시를 취소할 수 있다.

⑤ 보증계약에서 주채무자가 보증인을 속인 경우, 채권자가 이러한 사실을 알았거나 알 수 있었을 때에 한하여 보증인은 보증계약을 취소할 수 있다.

45 사기 · 강박에 의한 의사표시에 관한 설명으로 옳지 않은 것은? (다툼이 있으면 판례에 따름)

① 사기에 의한 의사표시는 표의자가 취소할 수 있다.

② 사기에 의한 의사표시는 표의자가 취소하지 않더라도 무효이다.

③ 신의칙상 거래 상대방에 대한 고지의무를 부담하는 경우, 고지의무 위반은 기망행위에 해당한다.

④ 강박에 의한 의사표시라고 하려면 상대방이 불법으로 어떤 해악을 고지함으로 말미암아 공포를 느끼고 의사표시를 한 것이어야 한다.

⑤ 제3자의 기망행위로 계약을 체결한 경우, 그 행위가 불법행위를 구성하면 그 계약을 취소하지 않고 제3자에 대하여 불법행위로 인한 손해배상을 청구할 수 있다.

46 甲이 乙을 기망하여 乙 소유 토지를 丙에게 시가에 비해 현저히 저렴한 가격으로 처분하도록 유인하였고, 이에 따라 乙은 丙과 그 토지에 대한 매매계약을 체결한 후 소유권이전등기를 마쳐주었다. 乙은 甲의 사기를 이유로 丙과의 매매계약을 취소하고자 한다. 이에 관한 설명으로 옳은 것을 모두 고른 것은? (다툼이 있으면 판례에 따름)

ㄱ. 甲의 기망사실을 丙이 알 수 있었던 경우, 乙은 위 계약을 취소할 수 있다.

ㄴ. 甲의 사기로 불법행위가 성립하더라도, 乙은 위 계약을 취소하지 않는 한 甲에 대하여 불법행위로 인한 손해배상을 청구할 수 없다.

ㄷ. 선의의 제3자 丁이 丙으로부터 위 토지를 매수하여 소유권이전등기를 마쳤다면, 그 후 乙이 자신과 丙 사이의 매매계약을 취소하여도 이를 근거로 丁 명의의 소유권이전등기의 말소를 청구할 수 없다.

---

① ㄱ   ② ㄴ   ③ ㄱ, ㄷ
④ ㄴ, ㄷ   ⑤ ㄱ, ㄴ, ㄷ

해커스 세무사 객관식 민법

제3편

법률행위

정답 및 해설

43 ② ① 착오를 이유로 법률행위를 취소하기 위해서는 착오자에게 중요한 부분이어야 하고, 중과실이 없어야 한다. 상대방이 표의자의 착오를 알았거나 알 수 있을 필요는 없다.
③ 통정허위표시의 무효로 대항할 수 없는 제3자에는 허위표시를 한 당사자의 상속인은 제외된다.
④ 명백한 의미의 농담이나 연극배우의 연극대사나 공법상의 의사표시에는 적용이 없다.
⑤ 사기나 강박에 의한 의사표시는 외형상 의사와 표시가 일치한다는 점에서 의사의 흠결(비진의표시, 통정허위표시, 착오에 의한 의사표시)과 구별된다.

44 ① 사기가 「형법」상 범죄행위가 되더라도 사기를 당한 자가 의사표시를 취소하지 않는다면 그 의사표시는 취소할 수 있는 법률행위로서 취소하기 전까지는 일단 유효이다.

45 ② 「민법」 제110조 사기·강박에 의한 의사표시는 취소할 수 있는 법률행위이므로 요건을 갖추었더라도 취소권자가 취소하지 않은 이상 유효이다.

46 ③ ㄴ. 제3자 甲의 사기로 불법행위가 성립하더라도, 乙은 위 계약을 취소하지 않은 채 甲에 대하여 불법행위로 인한 손해배상을 청구할 수도 있고, 요건을 갖추어 丙에 대하여 계약을 취소한 후 부당이득의 반환을 청구할 수도 있다.

47 사기, 강박에 의한 의사표시에 관한 설명으로 옳지 않은 것은? (다툼이 있으면 판례에 따름)

[세무사 21]

① 계약당사자 사이에 신의칙상 고지의무가 인정되는 경우, 고지의무 위반은 부작위에 의한 기망행위가 될 수 있다.
② 상품의 선전 광고에 다소의 과장 허위가 수반되는 것은 그것이 일반 상거래의 관행과 신의칙에 비추어 시인될 수 있는 한 기망성이 결여된다.
③ 부정행위에 대한 고소가 부정한 이익의 취득을 목적으로 하는 경우에는 위법한 강박행위로 되는 경우가 있다.
④ 강박으로 인한 의사무능력 상태에서의 법률행위는 무효이다.
⑤ 상대방의 피용자가 대리권이 없다면 그 피용자의 사기는 제3자의 사기에 해당되지 않는다.

48 사기 · 강박에 의한 의사표시에 관한 설명으로 옳지 않은 것은? (다툼이 있으면 판례에 따름)

[세무사 22]

① 계약당사자 사이에 신의칙상 고지의무가 인정되는 경우, 고지의무 위반은 부작위에 의한 기망행위가 될 수 있다.
② 부정행위에 대한 고소가 부정한 이익의 취득을 목적으로 하는 경우, 그 고소는 위법한 강박행위가 될 수 있다.
③ 매매목적물에 하자가 있음에도 이를 속이고 매도한 경우, 사기를 이유로 한 의사표시의 취소와 하자담보책임은 경합할 수 있다.
④ 본인의 피용자의 기망행위로 상대방이 매매계약을 체결한 경우, 상대방은 본인이 기망행위를 알았는지를 불문하고 매매계약을 취소할 수 있다.
⑤ 소송행위가 강박에 의하여 이루어진 것임을 이유로 이를 취소할 수는 없다.

49 의사표시의 효력발생에 관한 설명으로 옳지 않은 것은? (다툼이 있으면 판례에 따름)
① 상대방 있는 의사표시는 그 통지가 상대방에 도달한 때로부터 그 효력이 생긴다.
② 표의자가 의사표시를 발한 후 행위능력을 상실하더라도 그 의사표시의 효력에 영향을 미치지 않는다.
③ 의사표시의 발신자는 도달 후에도 상대방의 이행착수 전에는 그 의사표시를 철회할 수 있다.
④ 격지자 간의 계약은 승낙의 통지를 발송한 때에 성립한다.
⑤ 상대방이 의사표시를 수령할 때 제한능력자인 경우 표의자는 그 의사표시로써 상대방에게 대항하지 못한다.

50 의사표시의 효력발생에 관한 설명으로 옳은 것은? (다툼이 있으면 판례에 따름)

① 격지자 간의 계약은 승낙의 통지가 도달한 때 성립한다.

② 사원총회의 소집은 특별한 사정이 없는 한 1주간 전에 그 통지가 도달하여야 한다.

③ 표의자가 의사표시를 발신한 후 사망하더라도 그 의사표시의 효력에는 영향을 미치지 아니한다.

④ 의사표시를 보통우편으로 발송한 경우, 그 우편이 반송되지 않는 한 의사표시는 도달된 것으로 추정된다.

⑤ 의사표시가 상대방에게 도달한 후에도 상대방이 이를 알기 전이라면 특별한 사정이 없는 한 그 의사표시를 철회할 수 있다.

정답 및 해설

47 ⑤ 상대방의 피용자가 대리권이 없다면 그 피용자의 사기는 제3자의 사기에 해당된다.

48 ④ 본인과 피용자의 관계가 있다면 '본인과 피용자를 동일시'할 수 없는 관계가 된다. 따라서 본인의 피용자의 기망행위로 상대방이 매매계약을 체결한 경우, 상대방은 본인이 기망행위를 알았거나 알 수 있었을 경우에 한하여 그 매매계약을 취소할 수 있다(「민법」 제110조 제2항).

49 ③ 의사표시는 상대방에게 도달한 때에 그 효력이 생기므로, 발신 후일지라도 도달하기 전에는 그 의사표시를 철회할 수 있다. 그러나 도달되고 나면 상대방이 이를 요지하기 전이라도 철회할 수 없다. 이 경우 철회의 의사표시는 늦어도 본래의 의사표시와 동시에 도달하여야 한다.

50 ③ ① 격지자 간의 계약은 승낙의 통지를 발송한 때 성립한다.
② 사원총회의 소집은 특별한 사정이 없는 한, 1주간 전에 그 통지를 발송하여야 한다.
④ 의사표시를 보통우편으로 발송한 경우, 그 우편이 반송되지 않더라도 그 의사표시는 도달된 것으로 추정되지 않는다.
⑤ 의사표시가 상대방에게 도달한 후 상대방이 이를 알기 전이라도, 특별한 사정이 없는 한 그 의사표시를 철회할 수 없다.

51 의사표시의 효력발생에 관하여 발신주의를 따른 것을 모두 고른 것은?

> ㄱ. 이행불능으로 인한 계약의 해제
> ㄴ. 무권대리인의 상대방이 한 추인 여부의 최고에 대한 본인의 확답
> ㄷ. 제한능력자의 법률행위에 대한 법정대리인의 동의
> ㄹ. 제한능력자의 상대방이 한 추인 여부의 촉구에 대한 법정대리인의 확답

① ㄱ, ㄴ   ② ㄴ, ㄷ   ③ ㄴ, ㄹ
④ ㄷ, ㄹ   ⑤ ㄱ, ㄷ, ㄹ

52 의사표시의 효력발생에 관한 설명으로 옳은 것을 모두 고른 것은? (다툼이 있으면 판례에 따름)

[세무사 21]

> ㄱ. 상대방이 있는 의사표시의 표시자가 그 통지를 발송한 후 사망하여도 의사표시의 효력에 영향을 미치지 아니한다.
> ㄴ. 상대방을 과실로 알지 못한 표의자는 공시송달을 할 수 있다.
> ㄷ. 상대방이 있는 의사표시의 상대방이 통지를 현실적으로 수령하지 않았다면 효력이 생기지 않는다.

① ㄱ   ② ㄷ   ③ ㄱ, ㄴ
④ ㄴ, ㄷ   ⑤ ㄱ, ㄴ, ㄷ

53 의사표시의 효력발생에 관한 설명으로 옳지 않은 것은? (다툼이 있으면 판례에 따름) [세무사 22]

① 표의자가 과실 없이 상대방을 알지 못한 경우에는 의사표시는 「민사소송법」상 공시송달의 규정에 의하여 송달할 수 있다.
② 상대방 있는 의사표시에서 표의자가 그 통지를 발송한 후 사망하더라도 의사표시의 효력에 영향을 미치지 않는다.
③ 상대방이 정당한 사유 없이 통지의 수령을 거절하는 경우에도 통지의 내용을 알 수 있는 객관적인 상태에 놓인 때에 의사표시가 도달한 것으로 보아야 한다.
④ 미성년자에게 매매계약 취소의 의사표시가 도달하더라도 미성년자는 그 의사표시의 도달을 주장할 수 없다.
⑤ 표의자는 특별한 사정이 없는 한 의사표시가 상대방에게 도달하기 전에 그 의사표시를 철회할 수 있다.

정답 및 해설

51 ③ ㄴ. 무권대리인의 상대방이 한 추인 여부의 최고에 대한 본인의 확답과 ㄹ. 제한능력자의 상대방이 한 추인 여부의 촉구에 대한 법정대리인의 확답은 모두 발신주의가 적용된다.

[오답체크]
ㄱ. 이행불능으로 인한 계약의 해제와 ㄷ. 제한능력자의 법률행위에 대한 법정대리인의 동의는 상대방 있는 단독행위이므로 도달주의가 적용된다.

52 ① ㄴ. 상대방을 과실로 알지 못한 표의자는 공시송달을 할 수 없다.
ㄷ. 의사표시의 상대방이 있는 의사표시의 상대방이 통지를 현실적으로 수령하지 않았더라도 동거하는 친족 등의 수령을 통하여 객관적 지배 상태에 있다면 도달의 효력이 생긴다.

53 ④ 의사표시의 상대방이 의사표시를 받은 때에 제한능력자인 경우에는 의사표시자는 그 의사표시로써 대항할 수 없다(「민법」 제112조). 그러나 제한능력자 측에서 그 도달을 주장하는 것은 상관없다. 따라서 미성년자에게 매매계약 취소의 의사표시가 도달하였다면 표의자 측에서는 도달을 주장할 수 없으나 미성년자는 그 의사표시의 도달을 주장할 수 있다.

제3장 법률행위의 대리

01 대리에 관한 설명 중 옳은 것은? (다툼이 있으면 판례에 따름)

① 대리는 모든 의사표시에 관하여 허용된다.
② 간접대리도 「민법」상의 대리의 한 모습이다.
③ 위임은 반드시 대리를 수반한다.
④ 불법행위 및 점유에는 대리가 있을 수 없다.
⑤ 준법률행위는 대리가 허용될 여지가 없다.

02 대리제도에 관한 설명으로 옳지 않은 것은? (다툼이 있으면 판례에 따름)

① 법률행위의 대리제도에는 사적 자치의 확장 및 그 보충의 의미가 있다.
② 대리행위의 하자는 대리인을 표준으로 함이 원칙이라는 점에서 절대다수설은 우리의 대리제도 상 대리행위를 대리인행위로 본다.
③ 「민법」상 대리제도가 사실행위나 불법행위에는 인정되지 않지만 법인의 대표기관의 불법행위 는 일정한 경우에 법인의 불법행위가 되므로 예외적으로 불법행위의 대리가 인정된다.
④ 법률행위는 자신의 이름으로 하고 그 효과도 자신에게 귀속시키되 그 계산은 타인의 이름으로 한다는 점에서 간접대리는 대리와 다른 제도이다.
⑤ 본인이 의사를 결정하여 이를 타인으로 하여금 표시하게 하는 경우에는 의사표시의 착오의 여 부는 본인의 의사와 타인의 표시를 비교하여 판단한다.

03 대리제도의 기능에 관한 설명으로 옳지 않은 것은?

① 법정대리는 법률행위에 의해서 수여된 대리권에 의한 대리를 말한다.
② 대리의 본질적 작용은 사적 자치의 확장이라는 기능에서 찾을 수 있다.
③ 현대와 같이 복잡화·전문화된 거래사회에서는 개인이 모든 법률관계를 스스로 처리한다는 것 이 불가능하며, 개인의 활동능력에도 한계가 있기 때문에 대리제도가 필요하다.
④ 대리제도의 기능 중 사적 자치의 보충이라는 기능은 법정대리에서 강하게 나타난다.
⑤ 대리제도는 행위능력이 없기 때문에 자신의 법률관계를 형성할 능력을 갖지 못한 경우에도 그 자를 위하여 보호자가 대신하여 법률행위를 할 수 있는 제도이다.

04 「민법」상 대리에 관한 설명으로 옳지 않은 것은? (다툼이 있으면 판례에 따름)

① 간접대리는 「민법」상 대리가 아니다.
② 상속회복청구권은 대리가 가능하다.
③ 수권행위의 하자는 본인을 기준으로 판단한다.
④ 대물변제와 경개는 자기계약이 허용되지 않는다.
⑤ 공동대리에 의한 제한은 수동대리에도 적용된다.

05 대리에 관한 설명으로 옳은 것은? (다툼이 있으면 판례에 따름)

① 임의대리인은 행위능력자임을 요한다.
② 법률행위에 의하여 수여된 대리권은 그 원인된 법률관계의 종료에 의하여 소멸한다.
③ 본인을 위한 것임을 표시하는 이른바 현명(顯名)은 묵시적으로는 할 수 없다.
④ 권한을 정하지 아니한 임의대리인은 대리의 목적인 물건의 성질을 변화시키는 개량행위를 할 수 있다.
⑤ 금전소비대차와 담보권설정계약을 체결할 권한을 수여받은 대리인에게는 특별한 사정이 없는 한 계약을 해제할 권한도 인정된다.

정답 및 해설

01 ④ ① 대리는 모든 의사표시에 관하여 허용되는 것이 아니라 원칙적으로 재산행위는 대리가 가능하지만 가족법상의 신분행위는 대리할 수 없다.
② 간접대리는 「민법」상의 대리가 아니다.
③ 위임은 수권행위와는 달리 반드시 대리를 수반하는 것이 아니다.
⑤ 준법률행위라도 의사표시규정을 유추적용할 수 있는 의사의 통지와 관념의 통지는 대리가 허용된다.

02 ③ 불법행위는 어떠한 경우에도 대리가 허용되지 않는다.

03 ① 법정대리란 법규정에 의하여 수여된 대리권을 말한다. 법률행위에 의하여 수여된 대리권은 임의대리이다.

04 ⑤ 공동대리에 의한 제한은 수동대리에는 적용되지 않는다.

05 ② ① 대리인은 행위능력자임을 요하지 않는다(「민법」제117조).
③ 본인을 위한 것임을 표시하는 이른바 현명(顯名)은 불요식행위이므로 명시적 또는 묵시적으로 할 수 있다.
④ 권한을 정하지 아니한 임의대리인은 대리의 목적인 물건의 성질을 변화시키는 개량행위를 할 수 없다.
⑤ 금전소비대차와 담보권설정계약을 체결할 권한을 수여받은 대리인에게는 특별한 사정이 없는 한 계약을 해제할 권한은 없다.

06 수권행위에 관한 설명 중 옳지 않은 것은? (다툼이 있으면 판례에 따름)

① 수권행위는 불요식행위이다.
② 수권행위는 묵시적 의사표시에 의해서도 할 수 있다.
③ 수권행위의 하자 유무는 대리인을 기준으로 하여 정한다.
④ 수권행위는 백지위임장에 의해서도 할 수 있다.
⑤ 수권행위가 무효가 되면 그 대리권에 기한 대리행위는 무권대리가 된다.

07 대리에 관한 설명으로 옳지 않은 것은? (다툼이 있으면 판례에 따름)

① 대리권은 대리행위의 효과가 본인에게 미치는 대외적 자격을 말한다.
② 대리권의 범위를 정하지 아니한 임의대리인은 보존행위를 할 수 있다.
③ 수권행위는 본인과 대리인 사이의 내부적 법률관계와 개념상 구별된다.
④ 예금계약체결을 위임받은 자의 대리권에는 당연히 그 예금을 처분할 수 있는 대리권이 포함되어 있다.
⑤ 부동산 소유자로부터 매매계약체결의 대리권을 수여받은 대리인은 특별한 사정이 없는 한 그 매매계약에서 약정한 바에 따라 중도금이나 잔금을 수령할 권한도 있다.

08 권한을 정하지 않은 대리인의 대리행위에 관한 설명으로 옳은 것은? (다툼이 있으면 판례에 따름)

① 보존행위만을 할 수 있다. 이 범위에서는 제한이 없다.
② 대리하는 목적물을 자유로이 처분할 수 있다.
③ 보존행위와 일정한 범위 안에서 이용·개량행위를 할 수 있다.
④ 본인에게 이익이 되는 경우에는 제한 없이 이용·개량행위를 할 수 있다.
⑤ 권한이 정하여지지 않았으므로 각각의 대리행위에 본인의 동의를 얻어야 한다.

09 대리에 관한 설명으로 옳지 않은 것은? (다툼이 있으면 판례에 따름)

① 계약체결의 권한을 수여받은 대리인은 체결한 계약을 처분할 권한이 있다.
② 본인이 이의제기 없이 무권대리행위를 장시간 방치한 것을 추인으로 볼 수는 없다.
③ 매매계약의 체결과 이행에 관한 대리권을 가진 대리인은, 특별한 사정이 없으면 매수인의 대금지급기일을 연기할 수 있는 권한을 가진다.
④ 본인이 사회통념상 대리권을 추단할 수 있는 직함이나 명칭 등의 사용을 승낙한 경우, 수권행위가 있는 것으로 볼 수 있다.
⑤ 무권대리행위가 제3자의 위법행위로 야기된 경우에도, 본인이 추인하지 않으면 무권대리인은 계약을 이행하거나 손해를 배상하여야 한다.

10 대리에 관한 설명으로 옳지 않은 것은? (다툼이 있으면 판례에 따름)

① 매매계약을 체결할 권한을 수여받은 대리인은 특별한 사정이 없으면, 그 매매계약에 따른 중도금과 잔금을 받을 권한을 갖는다.

② 매매계약의 체결과 이행에 관하여 포괄적인 권한을 수여받은 대리인은 특별한 사정이 없으면, 상대방에 대하여 약정된 매매대금의 지급기일을 연기할 권한을 갖는다.

③ 대여금의 영수권한만을 위임받은 대리인은 그 대여금채무의 일부를 면제하기 위하여 특별수권이 필요하다.

④ 특별한 사정이 없으면, 예금계약의 체결을 위임받은 자의 대리권에는 그 예금을 담보로 하여 대출을 받거나 이를 처분할 수 있는 권한이 포함되지 않는다.

⑤ 본인을 위하여 금전소비대차와 그 담보를 위한 담보권설정계약을 체결할 권한을 수여받은 대리인은 특별한 사정이 없으면, 금전소비대차계약과 담보권설정계약이 체결된 후에 이를 해제할 권한을 갖는다.

정답 및 해설

06 ③ 수권행위의 하자 유무는 대리인이 아니라 본인을 기준으로 하여 정한다.

07 ④ 예금계약체결을 위임받은 자의 대리권에는 그 예금을 처분할 수 있는 대리권이라든가 담보를 설정하거나, 예금을 인출할 수 있는 권한은 포함되어 있지 않다.

08 ③ 권한을 정하지 않은 대리인은 보존행위는 자유롭게 할 수 있지만 이용·개량행위는 일정한 범위 안에서 할 수 있다.

09 ① 계약체결의 권한을 수여받은 대리인은 체결한 계약을 처분할 권한이 없으므로 해제, 취소 등을 할 수 없다.

10 ⑤ 본인을 위하여 금전소비대차와 그 담보를 위한 담보권설정계약을 체결할 권한을 수여받은 대리인은 특별한 사정이 없으면, 금전소비대차계약과 담보권설정계약이 체결된 후에 이를 해제할 권한은 없다.

11 「민법」상 대리권의 범위와 제한에 관한 설명으로 옳지 않은 것은? (다툼이 있으면 판례에 따름)

[세무사 21]

① 본인이 허락하면 본인으로부터 부동산 매매의 대리권을 수여받은 대리인이 스스로 그 부동산의 매수인이 되더라도 그 거래행위는 유효하다.
② 권한을 정하지 않은 임의대리인은 보존행위를 할 수 있다.
③ 임의대리권은 그 권한에 부수하여 필요한 한도에서 상대방의 의사표시를 수령하는 수령대리권을 포함한다.
④ 새로운 이해관계를 창설하지 않는 채무의 이행에도 쌍방대리금지의 규정이 적용된다.
⑤ 계약체결에 관한 대리권을 수여받은 대리인은 그에 따라 체결된 계약을 해제하거나 상대방의 해제의사를 수령할 권한이 없다.

12 자기계약과 쌍방대리에 관한 설명 중 옳지 않은 것은? (다툼이 있으면 판례에 따름)

① 본인이 허락한 경우 자기계약·쌍방대리는 유효하다.
② 자기계약과 쌍방대리의 금지는 임의대리와 법정대리에 모두 적용된다.
③ 주식의 명의개서에 관하여 매수인이 매도인의 대리인이 되는 것은 허용된다.
④ 법정대리인인 친권자가 부동산을 매수하여 이를 그 자(子)에게 증여하는 행위는 자기계약에 해당되어 무효이다.
⑤ 자기계약과 쌍방대리의 금지규정에 위반하여 대리행위를 한 경우 그 대리행위는 무권대리가 된다.

13 자기계약과 쌍방대리에 관한 설명으로 옳은 것을 모두 고른 것은? (다툼이 있으면 판례에 따름)

ㄱ. 대리인은 부동산 매매계약에 따른 소유권이전등기를 신청함에 있어서 쌍방대리를 할 수 있다.
ㄴ. 부동산입찰 절차에서 동일물건에 관하여 동일인이 이해관계가 다른 2인 이상의 대리인이 된 경우, 그 대리인이 한 입찰행위는 유효하다.
ㄷ. 대리인이 계약을 체결함에 있어서 본인이 미리 자기계약을 허락한 경우에는 그 계약은 유효하다.
ㄹ. 친권자가 본인의 지위와 법정대리인으로서의 지위에서 자기의 부동산을 미성년인 자(子)에게 증여하는 자기계약은 무효이다.

① ㄱ, ㄴ   ② ㄱ, ㄷ   ③ ㄴ, ㄷ
④ ㄴ, ㄹ   ⑤ ㄷ, ㄹ

14 대리에 관한 설명으로 옳지 않은 것은? (다툼이 있으면 판례에 따름) [세무사 18]

① 대리인이 본인을 위한 것임을 표시하지 않아도 상대방이 대리인으로서 한 것임을 알았거나 알수 있었을 때에는 본인에게 효력이 생긴다.

② 권한을 정하지 않은 임의대리인은, 권리의 성질이 변하더라도 본인에게 이익이 된다고 판단되면 개량행위를 할 수 있다.

③ 부동산 소유자로부터 매매계약체결의 대리권을 수여받은 대리인은 특별한 사정이 없는 한 그매매계약에서 약정한 바에 따라 중도금이나 잔금을 수령할 권한도 있다.

④ 매매계약의 체결과 이행에 관하여 포괄적으로 대리권을 수여받은 대리인은 특별한 사정이 없는 한 상대방에 대하여 약정된 매매대금지급기일을 연기하여 줄 권한도 가진다.

⑤ 매도인의 대리인이 매매계약상의 계약금을 받고서도 본인에게 지급하지 않고 있던 중 그 매매계약이 대리인의 잘못으로 해제되어 원상회복을 하여야 할 경우, 그 원상회복의무는 본인이부담한다.

정답 및 해설

11 ④ 대리인은 본인의 허락이 없으면 본인을 위하여 자기와 법률행위를 하거나 동일한 법률행위에 관하여 당사자쌍방을 대리하지 못한다. 그러나 채무의 이행은 할 수 있다. 따라서 채무이행의 경우에는 쌍방대리금지규정이 적용되지 않는다.

12 ④ 법정대리인인 친권자가 부동산을 매수하여 이를 그 자(子)에게 증여하는 행위는 그 자에게 이익만을 주는행위이므로 유효이다.

13 ② ㄴ. 부동산입찰 절차에서 동일물건에 관하여 동일인이 이해관계가 다른 2인 이상의 대리인이 된 경우, 그대리인이 한 입찰행위는 무효이다.
ㄹ. 친권자가 본인의 지위와 법정대리인으로서의 지위에서 자기의 부동산을 미성년 자(子)에게 증여하는행위는 자기계약이지만 유효이다.

14 ② 권한을 정하지 않은 임의대리인은, 권리의 성질이 변하는 행위의 경우에는 본인에게 이익이 된다고 판단되더라도 이용·개량행위를 할 수 없다.

15 대리권의 제한에 관한 설명으로 옳지 않은 것은? (다툼이 있으면 판례에 따름)

① 부동산 입찰절차에서 동일인이 동일물건에 관하여 이해관계가 다른 2인 이상의 입찰자의 대리인이 된 경우에는 그 대리인이 한 입찰은 무효이다.
② 甲으로부터 甲 소유 부동산 매각의 대리권을 수여받은 乙이 스스로 그 부동산의 매수인이 되어 계약을 체결하는 것은 자기계약에 해당한다.
③ 위 ②의 경우, 乙이 매수인이 되는 것을 甲이 허락하였더라도 그 계약의 효력은 발생하지 않는다.
④ 수권행위에서 수인의 대리인이 공동으로만 대리할 수 있는 것으로 정한 때에는 수인의 대리인은 능동대리행위를 공동으로 하여야 한다.
⑤ 법무사가 등기권리자와 등기의무자 쌍방을 대리하여 등기를 신청하는 것은 허용된다.

16 대리권의 제한에 관한 설명으로 옳지 않은 것은? (다툼이 있으면 판례에 따름)

① 공동대리에 의한 제한은 수동대리에는 적용되지 않는다.
② 본인의 허락이 있는 경우에는 자기계약 또는 쌍방대리도 유효하다.
③ 대리인이 자신의 이익을 위하여 배임적 대리행위를 하는 것을 상대방이 알았거나 알 수 있었을 경우, 본인은 대리인의 배임적 대리행위에 관하여 상대방에게 책임을 진다.
④ 특정한 법률행위의 위임에서 대리인이 본인의 지시에 좇아 그 행위를 한 경우, 본인은 자기가 안 사정에 관하여 대리인의 부지를 주장하지 못한다.
⑤ 대리인이 수인인 때에는 원칙적으로 각자가 본인을 대리한다.

17 법정대리권의 소멸사유가 아닌 것은? (다툼이 있으면 판례에 따름)

① 본인의 사망
② 본인과 법정대리인 간의 이익상반행위
③ 대리인의 사망
④ 대리인의 파산
⑤ 본인의 행위능력 취득 또는 회복

18 임의대리권의 소멸사유가 아닌 것은? (다툼이 있으면 판례에 따름)

① 본인의 사망
② 대리인의 사망
③ 원인된 법률관계의 종료
④ 본인의 파산
⑤ 대리인의 파산

19 대리행위에 관한 설명으로 옳은 것은? (다툼이 있으면 판례에 따름)

① 미성년자인 乙이 甲의 임의대리인으로서 甲 소유 토지에 대한 매매계약을 丙과 체결한 경우, 甲은 乙이 미성년자임을 이유로 위 매매계약을 취소할 수 없다.
② 현명은 반드시 명시적으로 하여야 한다.
③ 대리행위가 불공정한 법률행위(「민법」 제104조)에 해당하는지 여부를 판단함에 있어서, 궁박은 대리인을 기준으로 하여야 한다.
④ 특정한 법률행위를 위임받은 임의대리인이 본인의 지시에 좇아 그 행위를 한 때에, 본인은 자기가 과실로 인하여 알지 못한 사정에 관하여 대리인의 부지를 주장할 수 있다.
⑤ 대리인이 상대방에게 강박을 행한 경우, 본인이 그 사실을 알았거나 알 수 있었을 경우에 한하여 상대방은 그 의사표시를 취소할 수 있다.

정답 및 해설

15 ③ 본인 甲의 허락이 있었으므로 자기계약을 할 수 있고, 따라서 甲과 乙의 계약은 유효이다.

16 ③ 대리인이 자신의 이익을 위하여 배임적 대리행위를 하는 것을 상대방이 알았거나 알 수 있었을 경우, 본인은 대리인의 배임적 대리행위에 관하여 상대방에게 책임을 부담하지 않는다.

17 ② 본인과 법정대리인 간의 이익상반행위는 대리권 행사의 제한사유이고 소멸사유가 아니다.

18 ④ 본인의 파산은 대리권 소멸사유가 아니다.

19 ① ② 현명은 불요식행위이므로 반드시 명시적으로 할 필요가 없다.
③ 대리행위가 불공정한 법률행위에 해당하는지 여부를 판단함에 있어서, 궁박은 본인을 기준으로 하여야 한다.
④ 특정한 법률행위를 위임받은 임의대리인이 본인의 지시에 좇아 그 행위를 한 때에, 본인은 자기가 과실로 인하여 알지 못한 사정에 관하여 대리인의 부지를 주장할 수 없다.
⑤ 대리인이 상대방에게 강박을 행한 경우, 상대방은 언제나 그 의사표시를 취소할 수 있다.

20 대리행위에 관한 설명으로 옳은 것은? (다툼이 있으면 판례에 따름)

① 미성년자 甲의 법정대리인 乙이 제3자 丙의 이익만을 위한 대리행위를 하고 그 사정을 상대방 丁이 알고 있었다면, 그 대리행위는 甲에게 효과가 없다.

② 매매위임장을 제시하고 매매계약을 체결하면서 계약서에 대리인의 성명만 기재하는 경우, 특단의 사정이 없는 한 그 계약은 본인에게 효력이 없다.

③ 특정한 법률행위를 위임한 경우에 대리인이 본인의 지시에 좇아 그 행위를 한 때에는 본인은 자기가 안 사정에 관하여 대리인의 부지(不知)를 주장할 수 있다.

④ 하나의 물건에 대해 본인과 대리인이 각각 계약을 체결한 경우, 대리인이 체결한 계약은 무효이다.

⑤ 본인은 임의대리인이 제한능력자라는 이유로 대리행위를 취소할 수 있다.

21 「민법」상 대리에 관한 설명으로 옳지 않은 것은? (다툼이 있으면 판례에 따름) [세무사 21]

① 대리인은 그 권한 내에서 본인을 위한 것임을 표시한 경우 대리행위가 유효하게 성립한다.

② 대리인이 본인을 위한 것임을 표시하지 않은 경우에는 상대방이 대리행위임을 알 수 있었더라도 본인에게 그 효력이 미치지 않는다.

③ 채권양도인이 양수인에게 채권양도 통지권한을 위임하지 않았다면 상대방이 그 양수인에 의한 통지가 양도인을 위한 것임을 알았더라도 그 통지는 양도인에게 효력이 미치지 않는다.

④ 수동대리의 경우 상대방은 본인에 대한 의사표시임을 표시하여야 본인에게 그 효력이 미친다.

⑤ 대리인이 매매위임장을 제시하고 매매계약을 체결하면서 매매계약서에 자신의 이름을 기재한 경우 특별한 사정이 없는 한 대리행위로서 계약을 체결한 것이다.

22 대리에 관한 설명으로 옳은 것은? (다툼이 있으면 판례에 따름)

① 임의대리권은 대리인에 대한 한정후견개시에 의하여 소멸한다.

② 무권대리행위의 추인은 다른 의사표시가 없는 한 추인한 때부터 효력이 생긴다.

③ 법정대리인은 본인의 승낙이 있거나 부득이한 사유 있는 때가 아니면 복대리인을 선임하지 못한다.

④ 법률 또는 수권행위에 다른 정한 바가 없으면, 수인의 대리인은 공동으로 본인을 대리한다.

⑤ 본인이 특정한 법률행위를 위임한 경우, 임의대리인이 본인의 지시에 좇아 그 행위를 하였다면, 본인은 자기의 과실로 알지 못한 사정에 관하여 그 대리인의 부지를 주장하지 못한다.

23 甲이 乙에게 매매계약체결의 대리권을 수여하였고, 乙은 甲의 부동산을 丙에게 매도하였다. 이에 관한 설명으로 옳지 않은 것은? (다툼이 있으면 판례에 따름)

① 乙이 매매계약에 대한 체결과 이행에 대한 포괄적 권한을 가진 경우 乙은 대금지급기일에 대한 연기권을 갖는다.

② 乙이 복대리인을 선임할 경우 甲의 승낙을 얻거나 부득이한 사유가 있어야 한다.

③ 乙이 현명하지 않고 丙과 대리행위를 한 경우 그 행위는 언제나 乙이 책임을 부담한다.

④ 만일 乙이 대리권이 없이 丙과 계약을 체결한 경우, 甲의 추인이 없으면 무효가 된다.

⑤ 위 ④의 경우, 甲의 추인은 乙뿐만 아니라 丙에게도 할 수 있다.

정답 및 해설

20 ① ② 매매위임장을 제시하고 매매계약을 체결하면서 계약서에 대리인의 성명만 기재하는 경우라도, 특단의 사정이 없는 한 그 계약은 본인에게 효력이 있다.

③ 특정한 법률행위를 위임한 경우에 대리인이 본인의 지시에 좇아 그 행위를 한 때에는 본인은 자기가 안 사정에 관하여 대리인의 부지(不知)를 주장할 수 없다(「민법」 제116조 제2항).

④ 하나의 물건에 대해 본인과 대리인이 각각 계약을 체결한 경우, 자기계약에 해당되는 것이 아니므로 대리인이 체결한 계약은 무효가 아니다.

⑤ 대리인은 행위능력자임을 요하지 않으므로(「민법」 제117조), 본인은 임의대리인이 제한능력자라는 이유로 대리행위를 취소할 수 없다.

21 ② 대리인이 본인을 위한 것임을 표시하지 아니한 때에는 그 의사표시는 자기를 위한 것으로 본다. 그러나 상대방이 대리인으로서 한 것임을 알았거나 알 수 있었을 때에는 본인에게 그 효력이 미친다.

22 ⑤ ① 임의대리권 또는 법정대리권은 대리인에 대한 한정후견개시가 아니라 성년후견개시에 의하여 소멸한다 (「민법」 제127조).

② 무권대리행위의 추인은 다른 의사표시가 없는 한 추인한 때가 아니라 무권대리행위 시로 소급하여 효력이 생긴다(「민법」 제133조).

③ 법정대리인이 아니라 임의대리인은 본인의 승낙이 있거나 부득이한 사유 있는 때가 아니면 복대리인을 선임하지 못한다(「민법」 제120조).

④ 법률 또는 수권행위에 다른 정한 바가 없으면, 수인의 대리인은 각자가 본인을 대리한다(「민법」 제119조).

23 ③ 현명하지 않은 행위는 원칙적으로 대리행위가 아니므로 본인에게 효력이 없으나, 상대방이 대리행위임을 알았거나 알 수 있었을 경우에는 본인에게 효력이 있다.

24 甲은 乙에게 매매계약체결의 대리권을 수여하였고, 乙은 甲을 대리하여 丙 소유의 토지에 관하여 丙과 매매계약을 체결하였다. 그 계약의 효력이 甲에게 미치는 경우를 모두 고른 것은? (다툼이 있으면 판례에 따름)

ㄱ. 甲이 피한정후견인 乙에게 대리권을 수여하여 위 계약이 체결된 경우
ㄴ. 甲이 수권행위를 통하여 乙과 丁이 공동으로 대리하도록 정하였음에도 乙이 단독의 의사결정으로 위 계약을 체결한 경우
ㄷ. 乙이 위 토지에 대한 丙의 선행 매매사실을 알면서도 丙의 배임적 이중매매행위에 적극 가담하여 위 계약을 체결하였으나 이러한 사실을 甲이 알지 못한 경우

① ㄱ   ② ㄷ   ③ ㄱ, ㄴ
④ ㄴ, ㄷ   ⑤ ㄱ, ㄴ, ㄷ

25 甲의 대리인 乙은 본인을 위한 것임을 표시하고 그 권한 내에서 丙과 甲 소유의 건물에 대한 매매계약을 체결하였다. 다음 중 甲과 丙 사이에 매매계약의 효력이 발생하는 경우는? (다툼이 있으면 판례에 따름)

① 乙이 의사무능력 상태에서 丙과 계약을 체결한 경우
② 乙과 丙이 통정한 허위의 의사표시로 계약을 체결한 경우
③ 乙이 대리권을 남용하여 계약을 체결하고 丙이 이를 안 경우
④ 甲이 乙과 丁으로 하여금 공동대리를 하도록 했는데, 乙이 단독의 의사결정으로 계약하였고 丙이 이러한 제한을 안 경우
⑤ 乙의 대리권이 소멸하였으나 이를 과실 없이 알지 못한 채 계약을 체결한 丙이 甲에게 건물의 소유권이전등기를 청구한 경우

26 甲이 乙에게 X토지를 매도 후 등기 전에 丁이 丙의 임의대리인으로서 甲의 배임행위에 적극 가담하여 甲으로부터 X토지를 매수하고 丙 명의로 소유권이전등기를 마쳤다. 이에 관한 설명으로 옳지 않은 것은? (다툼이 있으면 판례에 따름)

① 수권행위의 하자 유무는 丙을 기준으로 판단한다.
② 대리행위의 하자 유무는 특별한 사정이 없는 한 丁을 기준으로 판단한다.
③ 대리행위의 하자로 인하여 발생한 효과는 특별한 사정이 없는 한 丙에게 귀속된다.
④ 乙은 반사회질서의 법률행위임을 이유로 甲과 丙 사이의 계약이 무효임을 주장할 수 있다.
⑤ 丁이 甲의 배임행위에 적극 가담한 사정을 丙이 모른다면, 丙 명의로 경료된 소유권이전등기는 유효하다.

27 대리에 관한 설명으로 옳지 않은 것은? (다툼이 있으면 판례에 따름) [세무사 21]

① 미성년자인 대리인은 제한능력자임을 이유로 본인과의 위임계약을 취소할 수 없다.

② 대리행위에 있어서 대리권의 존부에 관한 증명책임은 대리행위의 효과를 주장하는 상대방에게 있다.

③ 부동산 입찰절차에서 동일물건에 관하여 이해관계가 다른 2인 이상의 대리인이 된 경우에는 본인의 허락이 없는 한 그 대리인이 한 입찰은 무효이다.

④ 대리인이 사기나 강박을 당한 경우 본인은 그 대리행위를 취소할 수 있다.

⑤ 어떤 사람이 대리인인 것처럼 행위하는 것을 본인이 이의 없이 방임하였다는 사실로부터 대리권 수여를 추단할 수도 있다.

28 복대리에 관한 설명으로 옳은 것은?

① 복대리인은 대리인의 대리인이다.

② 법정대리인은 언제나 복임권이 있다.

③ 대리인이 파산하여도 복대리권은 소멸하지 않는다.

④ 임의대리인은 본인의 승낙이 있는 때에 한하여 복임권을 갖는다.

⑤ 복대리인이 선임되면 특별한 사정이 없는 한 대리인의 대리권은 소멸한다.

정답 및 해설

24 ① ㄱ. 유효한 대리가 되므로, 본인 甲에게 대리행위의 효력이 발생한다.

[오답체크]
ㄴ. 원칙적으로 본인 甲에게 효력이 발생하지 않는다. 甲이 수권행위를 통하여 乙과 丁이 공동으로 대리하도록 정하였음에도 乙이 단독으로 대리한 경우에는 원칙적으로 무권대리이기 때문이다.
ㄷ. 대리인 乙이 상대방 丙의 배임적 이중매매행위에 적극 가담하여 계약을 체결한 경우에는 반사회질서의 법률행위의 무효인 법률행위이므로 甲에 대하여 효력이 없다. 따라서 甲이 선의이더라도 소유권의 취득을 주장할 수 없다.

25 ⑤ 乙의 대리권이 소멸하였으나 이를 과실 없이 알지 못한 채 계약을 체결한 丙이 甲에게 건물의 소유권이전등기를 청구한 경우에는 「민법」 제129조 대리권 소멸 후의 표현대리가 성립하므로 甲은 丙의 표현대리 주장이 있는 경우에는 책임을 부담하게 된다.

26 ⑤ 丙의 대리인 丁이 매도인 甲의 배임행위에 적극 가담한 사정을 丙이 몰랐다고 하더라도, 丙 명의로 경료된 소유권이전등기는 반사회질서의 이중매매로서 무효가 된다.

27 ① 미성년자인 대리인의 대리행위는 대리인의 제한능력을 이유로 취소할 수 없으나, 대리인은 제한능력자임을 이유로 본인과의 위임계약을 취소할 수 있다.

28 ② ① 복대리인은 대리인의 대리인이 아니고 본인의 대리인이다.
③ 대리인이 파산한 경우 복대리권은 소멸한다.
④ 임의대리인은 본인의 승낙 또는 부득이한 경우에 한하여 복임권을 갖는다.
⑤ 복대리인이 선임되더라도 특별한 사정이 없는 한 대리인의 대리권은 소멸하지 않는다.

29 甲의 임의대리인 乙은 자신의 이름으로 甲의 대리인 丙을 선임하였다. 다음 설명 중 옳은 것은? (다툼이 있으면 판례에 따름)

① 乙은 언제나 甲의 대리인을 선임할 수 있는 권한을 가진다.
② 丙이 甲의 지명에 의해 선임된 경우에는 乙은 丙이 부적임자임을 알고 甲에게 통지하지 않았더라도 선임감독의 책임을 지지 않는다.
③ 甲과 丙 사이에는 아무런 권리, 의무관계가 없다.
④ 丙의 대리행위가 권한을 넘은 표현대리에 해당하면 甲은 그 상대방에 대하여 본인으로서 책임을 져야 한다.
⑤ 丙이 甲의 지명에 의해 선임된 경우에는 乙의 대리권이 소멸하여도 丙의 대리권은 소멸하지 않는다.

30 복대리에 관한 설명으로 옳지 않은 것은? (다툼이 있으면 판례에 따름)

① 법정대리인이 부득이한 사유로 복대리인을 선임한 경우 본인에 대하여 그 선임감독에 관한 책임을 진다.
② 복대리에도 표현대리에 관한 법리가 적용된다.
③ 임의대리인이 본인의 지명에 의하여 복대리인을 선임한 경우에도 본인에 대하여 책임을 지는 경우가 있다.
④ 임의대리인은 본인의 승낙이 있는 경우에 한하여 복대리인을 선임할 수 있다.
⑤ 복대리인의 대리권 범위는 대리인의 대리권 범위를 넘지 못한다.

31 甲의 임의대리인 乙은 甲의 승낙을 얻어 복대리인 丙을 선임하였다. 이에 관한 설명으로 옳은 것은? (다툼이 있으면 판례에 따름)

① 丙은 乙의 대리인이 아니라 甲의 대리인이다.
② 乙의 대리권은 丙의 선임으로 소멸한다.
③ 丙의 대리권은 특별한 사정이 없는 한 乙이 사망하더라도 소멸하지 않는다.
④ 丙은 甲의 지명이나 승낙 기타 부득이한 사유가 없더라도 복대리인을 선임할 수 있다.
⑤ 만약 甲의 지명에 따라 丙을 선임한 경우, 乙은 甲에게 그 부적임을 알고 통지나 해임을 하지 않더라도 책임이 없다.

32 복대리에 관한 설명으로 옳은 것은? (다툼이 있으면 판례에 따름) [세무사 21]

① 법정대리인이 복대리인을 선임한 경우에 그 선임 및 감독상의 과실이 있는 때에 한하여 책임이 있다.

② 대리인이 대리권 소멸 후 복대리인을 선임하여 대리행위를 하게 한 경우에도 표현대리가 성립할 수 있다.

③ 법정대리인은 본인의 승낙이 있거나 부득이한 사유가 있는 때가 아니면 복대리인을 선임하지 못한다.

④ 임의대리의 목적인 법률행위의 성질이 대리인 자신에 의한 처리를 요하는 경우라도 본인이 복대리 금지의 의사를 명시하지 않았다면 복대리인의 선임이 허용된다.

⑤ 복대리인은 대리인의 대리인이다.

정답 및 해설

29 ④ ① 임의대리인은 원칙적으로 복임권을 갖지 못하고, 예외적으로 본인의 승낙 또는 지시가 있거나 대리권 행사가 부득이한 경우에 선임할 수 있는 권한을 갖는다. 따라서 乙은 예외적으로 甲의 대리인을 선임할 수 있는 권한을 가진다.

② 임의대리인이 본인의 지명에 의해 복임권을 행사한 경우에도 복대리인에 대한 관리, 감독상의 책임을 지는데, 이 경우 해임 또는 불성실을 통지하지 않은 경우 책임을 지고, 해임 또는 불성실을 통지한 경우에는 책임을 면한다. 따라서 丙이 甲의 지명에 의해 선임된 경우에는 乙은 丙이 부적임자임을 알고 甲에게 통지하지 않았다면 선임감독의 책임을 진다.

③ 예외적 사유로 복대리인을 선임한 경우 복대리인 丙은 본인 甲에 대하여 대리인 乙과 동일한 권리와 의무를 갖는다.

⑤ 대리인 乙의 대리권이 소멸하면, 복대리인 丙의 대리권도 소멸한다.

30 ④ 대리권이 법률행위에 의하여 부여된 경우에는 대리인은 본인의 승낙이 있거나 부득이한 사유가 있는 때가 아니면 복대리인을 선임하지 못한다(「민법」 제120조). 따라서 본인의 승낙이 있는 때에만 선임할 수 있는 것이 아니다.

31 ① ② 복대리인의 선임행위는 대리권 소멸사유가 아니므로, 복대리인 丙을 선임하였더라도 대리인 乙의 대리권은 소멸하지 않는다.

③ 복대리인의 복대리권은 대리인의 대리권을 기초로 한다. 따라서 복대리인 丙의 대리권은 특별한 사정이 없는 한, 대리인 乙이 사망한 경우 소멸한다.

④ 복대리인 丙도 임의대리인이므로 丙은 甲의 지명이나 승낙 기타 부득이한 사유가 없을 경우에는 복대리인을 선임할 수 없다.

⑤ 만약 甲의 지명에 따라 丙을 선임한 경우, 乙은 甲에게 그 부적임을 알고 통지나 해임을 하지 않은 경우 그에 대한 책임을 진다.

32 ② ① 법정대리인이 복대리인을 선임한 경우에 그 선임 및 감독상 책임은 무과실책임을 진다.

③ 임의대리인은 본인의 승낙이 있거나 부득이한 사유가 있는 때가 아니면 복대리인을 선임하지 못한다.

④ 임의대리의 목적인 법률행위의 성질이 대리인 자신에 의한 처리를 요하는 경우라면 본인이 복대리 금지의 의사를 명시하지 않았더라도 복대리인의 선임은 허용되지 않는다.

⑤ 복대리인은 본인의 대리인이다.

33 본인 甲, 임의대리인 乙, 복대리인 丙 사이의 법률관계에 관한 설명으로 옳지 않은 것은? (다툼이 있으면 판례에 따름) [세무사 22]

① 丙은 乙이 자신의 이름으로 선임한 甲의 대리인이다.
② 乙은 甲의 승낙이 있거나 부득이한 사유가 있는 때가 아니면 丙을 선임하지 못한다.
③ 丙의 대리권은 특별한 사정이 없는 한 乙의 대리권이 소멸하더라도 존속한다.
④ 丙이 자신의 권한 내에서 한 대리행위의 효과는 특별한 사정이 없는 한 甲에게 직접 귀속된다.
⑤ 乙이 甲의 지명에 따라 丙을 선임한 경우, 乙은 그 부적임 또는 불성실함을 알고 甲에 대한 통지나 해임을 게을리 한 때에는 책임을 진다.

34 표현대리에 관한 설명으로 옳은 것은? (다툼이 있으면 판례에 따름)

① 사회통념상 대리권을 추단할 수 있는 직함이나 명칭 등의 사용을 승낙한 경우라도 특별한 사정이 없는 한 대리권 수여의 표시가 있는 것으로 볼 수는 없다.
② 복대리인의 권한은 권한을 넘은 표현대리의 기본대리권이 될 수 없다.
③ 대리행위가 강행법규에 반하여 무효인 경우에도 표현대리가 성립할 수 있다.
④ 유권대리에 관한 주장에는 표현대리의 주장이 포함되어 있다고 볼 수 있다.
⑤ 표현대리가 성립하는 경우에는 상대방에게 과실이 있더라도 과실상계의 법리를 유추적용하여 본인의 책임을 경감할 수 없다.

35 표현대리에 관한 설명으로 옳지 않은 것은? (다툼이 있으면 판례에 따름)

① 표현대리가 성립하면 본인은 표현대리행위에 대하여 전적으로 책임을 져야 하고, 과실상계의 법리를 유추적용하여 본인의 책임을 경감할 수 없다.
② 대리권 수여의 표시에 의한 표현대리는 본인과 대리행위를 한 사람 사이의 기본적인 법률관계의 성질이나 그 효력의 유무와는 관계없이, 어떤 자가 본인을 대리하여 제3자와 법률행위를 함에 있어 본인이 그 사람에게 대리권을 수여하였다는 표시를 제3자에게 한 경우에 성립한다.
③ 등기신청행위를 기본대리권으로 가진 사람이 대물변제라는 사법행위를 한 경우, 그 대리행위는 기본대리권과 같은 종류의 행위가 아니므로 권한을 넘은 표현대리가 성립할 수 없다.
④ 권한을 넘은 표현대리에서 무권대리인에게 그 권한이 있다고 믿을 만한 정당한 이유가 있는가의 여부는 대리행위 당시를 기준으로 결정하여야 한다.
⑤ 기본적인 어떠한 대리권도 없었던 사람에 대하여 대리권 소멸 후의 표현대리는 성립할 수 없다.

36 표현대리에 관한 설명으로 옳지 않은 것은? (다툼이 있으면 판례에 따름)

① 일상가사대리권은 권한을 넘은 표현대리에 있어서 기본대리권이 될 수 없다.

② 유권대리의 주장 속에 표현대리의 주장이 포함되어 있다고 볼 수는 없다.

③ 강행법규에 반하여 무효인 법률행위에 대하여는 표현대리의 법리가 준용될 수 없다.

④ 표현대리가 성립하는 경우, 상대방의 과실이 있더라도 과실상계의 법리를 유추적용하여 본인의 책임을 감경할 수 없다.

⑤ 법정대리의 경우에도 권한을 넘은 표현대리가 성립할 수 있다.

37 표현대리에 관한 설명으로 옳지 않은 것은? (다툼이 있으면 판례에 따름) [세무사 21]

① 상대방에게 과실이 있더라도 과실상계를 적용하여 본인의 계약상 책임을 경감할 수 없다.

② 유권대리의 주장에 표현대리의 주장이 당연히 포함되는 것은 아니다.

③ 대리권 수여의 표시에 의해 표현대리가 성립한 경우에 본인과 대리행위를 한 자 사이의 법률관계의 성질이나 그 효력은 고려하지 않는다.

④ 상대방의 과실을 판단할 때 표현대리인의 주관적 사정은 고려하지 않는다.

⑤ 타인 간의 거래에서 세무회계상 필요로 자신의 납세번호증을 이용하도록 허락한 사실만으로 그 거래에 관하여 대리권 수여의 표시가 있다고 본다.

해커스 세무사 객관식 민법

제3편

법률행위

정답 및 해설

33 ③ 복대리인 丙의 대리권은 특별한 사정이 없는 한 대리인 乙의 대리권을 기초로 하여 성립한다. 따라서 대리인 乙의 대리권이 소멸하면 복대리인 丙의 복대리권도 소멸한다.

34 ⑤ ① 사회통념상 대리권을 추단할 수 있는 직함이나 명칭 등의 사용을 승낙한 경우, 특별한 사정이 없는 한 「민법」 제125조 대리권 수여의 표시가 있는 것으로 볼 수 있다.
② 복대리인의 권한도 「민법」 제126조 권한을 넘은 표현대리의 기본대리권이 될 수 있다.
③ 대리행위가 강행법규에 반하여 무효인 경우에는 표현대리가 성립할 수 없다.
④ 유권대리에 관한 주장에는 표현대리의 주장이 포함되어 있지 않다.

35 ③ 등기신청행위, 영업허가신청행위 등을 기본대리권으로 하여 「민법」 제126조 권한초과의 표현대리가 성립한다.

36 ① 부부 간의 일상가사대리권에도 「민법」 제126조는 적용된다는 것이 통설·판례이다.

37 ⑤ 타인 간의 거래에 있어 단지 세무회계상의 필요로 자신의 납세번호증을 이용하게 한 사실만으로는 그 거래에 관한 대리권을 수여하였음을 표시하였거나 또는 자신의 명의(상호)를 대여하였다고 보기 어렵다.

38 甲은 자신 소유 X아파트의 임대에 관하여 乙에게 대리권을 수여하였고, 乙은 X를 丙에게 매도하는 계약을 체결하였다. 다음 설명 중 옳은 것을 모두 고른 것은? (다툼이 있으면 판례에 따름) [세무사 21]

> ㄱ. X에 대한 매매행위가 강행법규에 위반되어 무효인 경우에는 표현대리가 성립하지 않는다.
> ㄴ. 乙이 자신이 甲인 것처럼 기망하여 甲의 명의로 丙과 매매계약을 체결한 경우 원칙적으로 표현대리가 성립한다.
> ㄷ. 乙이 복임권 없이 복대리인을 선임하여 丙과의 매매계약을 체결하게 한 경우에도 권한을 넘은 표현대리의 기본대리권이 존재한다.

① ㄴ   ② ㄱ, ㄴ   ③ ㄱ, ㄷ
④ ㄴ, ㄷ   ⑤ ㄱ, ㄴ, ㄷ

39 대리권 수여의 표시에 의한 표현대리에 관한 설명 중 옳지 않은 것은? (다툼이 있으면 판례에 따름)

① 본인이 제3자에 대하여 타인에게 대리권을 수여한다는 통지를 요건으로 한다.
② 단순히 구두(口頭)로 대리권 수여의사를 표시하거나 자기 명의의 사용을 묵인한 경우에도 대리권 수여의 표시에 의한 표현대리가 성립할 수 있다.
③ 대리권 수여의 표시에 의한 표현대리는 법정대리인에게는 적용될 수 없다.
④ 판례에 따르면, 복대리의 경우에도 대리권 수여에 의한 표현대리가 성립할 수 있다.
⑤ 판례와 다수설은 대리권 수여에 의한 표현대리를 유권대리로 보아 무권대리인의 손해배상책임에 관한 규정을 적용하지 않는다.

40 권한을 넘은 표현대리에 관한 설명 중 옳지 않은 것은? (다툼이 있으면 판례에 따름)

① 권한을 넘은 표현대리가 성립하기 위한 기본대리권은 권한을 넘은 행위와 동일한 종류 또는 유사한 것임을 요하지 않는다.
② 이미 소멸한 대리권에 기하여 그 대리권의 범위를 넘어서 대리권을 행사한 경우에는 권한을 넘은 표현대리가 성립할 수 있다.
③ 말소등기신청을 위한 대리권을 수여받은 자가 대물변제를 한 경우에 권한을 넘은 표현대리가 성립할 수 있다.
④ 본인을 사칭하여 인감증명을 발급받은 후 이를 이용하여 부동산을 매매한 경우에는 권한을 넘은 표현대리가 성립할 수 있다.
⑤ 법정대리에도 권한을 넘은 표현대리가 성립할 수 있다.

41 권한을 넘은 표현대리에 관한 설명으로 옳은 것은? (다툼이 있으면 판례에 따름)

① 기본대리권이 없는 경우에도 권한을 넘은 표현대리가 성립할 수 있다.

② 사실행위를 기본대리권으로 하여 권한을 넘은 표현대리가 성립할 수 있다.

③ 권한을 넘은 표현대리에 관한 「민법」규정에서의 제3자는 표현대리행위의 직접 상대방이 된 자로 한정한다.

④ 상대방이 대리인에게 대리권이 있다고 믿을 만한 정당한 이유가 있는지를 판단하는 기준 시기는 사실심 변론종결 시이다.

⑤ 대리권이 소멸한 후에는 권한을 넘은 표현대리가 성립할 수 없다.

42 乙이 甲의 대리인으로 丙과 매매계약을 체결하였으나 乙에게 매매계약을 체결할 대리권은 없었다. 다음 설명 중 옳은 것을 모두 고른 것은? (다툼이 있으면 판례에 따름)

> ㄱ. 乙의 대리행위가 '권한을 넘은 표현대리'에 해당하는 경우, 정당한 이유의 존부는 乙의 대리행위 시를 기준으로 판단하여야 한다.
> ㄴ. 乙의 대리행위가 '권한을 넘은 표현대리'에 해당하는 경우, 乙이 법정대리인이더라도 丙은 표현대리를 주장할 수 있다.
> ㄷ. 乙의 대리행위가 '대리권 소멸 후의 표현대리'에 해당하는 경우, 丙은 甲에게 매매계약의 효력을 주장할 수 있다.

① ㄱ   ② ㄴ   ③ ㄱ, ㄷ

④ ㄴ, ㄷ   ⑤ ㄱ, ㄴ, ㄷ

정답 및 해설

38 ③ ㄴ. 乙이 자신이 甲인 것처럼 기망하여 甲의 명의로 丙과 매매계약을 체결한 경우 대리행위가 아니므로 원칙적으로 표현대리가 성립하지 않는다.

39 ⑤ 표현대리는 유권대리가 아니라 무권대리이다.

40 ④ 본인을 사칭하여 인감증명을 발급받은 후 이를 이용하여 부동산을 매매한 경우에는 대리권을 주었다고 볼 만한 본인의 책임요소가 없으므로 권한을 넘은 표현대리가 성립하지 않는다.

41 ③ ① 「민법」제126조 초과의 표현대리가 성립하기 위해서는 대리인에게 일정한 범위의 대리권(기본대리권)이 존재하여야 하므로 전혀 대리권이 없는 경우라면 「민법」제126조가 적용되지 않는다.
② 사실행위는 의사표시와 무관한 것이므로 「민법」제126조가 적용될 여지가 없다.
④ 대리행위 당시를 기준으로 판단하는 것이지, 대리행위 이후의 제반사정까지 모두 고려할 필요는 없다.
⑤ 소멸된 대리권의 범위 내에서 행위를 하여야 하고, 소멸된 범위를 초과한 경우에는 「민법」제126조가 적용된다.

42 ⑤ 모두 옳은 지문이다.

43 표현대리에 관한 설명으로 옳지 않은 것은? (다툼이 있으면 판례에 따름) [세무사 22]

① 표현대리가 성립된다고 하여 무권대리의 성질이 유권대리로 전환되는 것은 아니다.
② 대리행위가 강행법규 위반으로 무효인 경우에는 표현대리가 성립할 수 없다.
③ 표현대리의 법리는 일반적인 권리외관이론에 그 기초를 두고 있다.
④ 유권대리에 관한 주장에는 표현대리의 주장이 포함되어 있다고 볼 수 없다.
⑤ 표현대리가 성립하는 경우에도 본인은 과실상계의 법리를 유추적용하여 자신의 책임을 경감할 수 있다.

44 무권대리에 관한 설명으로 옳은 것은? (표현대리는 성립하지 않았고, 다툼이 있으면 판례에 따름)

[세무사 21]

① 상대방이 무권대리인과 체결한 계약을 유효하게 철회한 경우 본인은 그 계약을 추인할 수 있다.
② 본인의 상속인이 부동산 매도에 관하여 본인의 승낙을 얻었다는 무권대리인의 말을 믿고 소유권이전에 필요한 인감증명서를 교부하였다면, 그 무권대리행위가 추인된다.
③ 상대방의 동의 없이 의사표시 일부에 대해 추인하는 것은 유효하다.
④ 무권대리행위로 인한 권리, 법률관계의 승계인은 추인의 상대방이 되지 않는다.
⑤ 상대방이 계약 당시에 대리인에게 대리권 없음을 안 때에는 철회할 수 없다.

45 무권대리에 관한 다음 설명 중 옳은 것은? (다툼이 있으면 판례에 따름)

① 무권대리인의 행위는 본인이 추인하여도 효력이 없다.
② 무권대리의 추인에는 소급효가 없는 것이 원칙이다.
③ 본인이 상대방의 최고를 받은 후 상당한 기간 안에 확답을 발하지 않으면 무권대리인의 행위를 추인한 것으로 본다.
④ 무권대리인은 자신의 선택에 좇아 상대방에게 계약의 이행 또는 손해배상의 책임을 부담한다.
⑤ 상대방이 무권대리인의 대리권 없음을 알았거나 알 수 있었을 경우에는 무권대리인은 상대방에게 책임을 부담하지 아니한다.

46 무권대리의 추인을 인정할 수 있는 것(O)과 추인을 인정할 수 없는 것(X)을 바르게 표시한 것은? (다툼이 있으면 판례에 따름)

> ㄱ. 매매계약을 체결한 무권대리인으로부터 본인이 매매대금의 전부 또는 일부를 받은 경우
> ㄴ. 무권대리인이 차용한 금원의 변제기에 채권자가 본인에게 그 변제를 독촉하자 본인이 그 유예를 요청한 경우
> ㄷ. 무권대리인이 임대차계약을 체결한 것에 대해 본인이 임대인 명의의 영수증을 받고 무권대리인에게 차임의 일부를 지급한 경우
> ㄹ. 무권대리행위가 범죄가 성립된다는 사실을 알고도 본인이 장기간 형사고소를 하지 않은 경우

① ㄱ(○), ㄴ(○), ㄷ(○), ㄹ(×)
② ㄱ(○), ㄴ(○), ㄷ(×), ㄹ(×)
③ ㄱ(○), ㄴ(×), ㄷ(○), ㄹ(×)
④ ㄱ(×), ㄴ(○), ㄷ(×), ㄹ(○)
⑤ ㄱ(×), ㄴ(×), ㄷ(×), ㄹ(○)

정답 및 해설

43 ⑤ 표현대리가 성립하는 경우 본인은 과실상계의 법리를 유추적용하여 자신의 책임을 경감할 수 없다.

44 ⑤ ① 상대방이 무권대리인과 체결한 계약을 유효하게 철회한 경우 무효가 확정되므로 본인은 그 계약을 추인할 수 없다.
② 본인의 상속인이 부동산 매도에 관하여 본인의 승낙을 얻었다는 무권대리인의 말을 믿고 소유권이전에 필요한 인감증명서를 교부하였더라도, 그 무권대리행위는 추인되지 않는다.
③ 상대방의 동의 없이 의사표시 일부에 대해 추인하는 것은 무효이다.
④ 무권대리행위로 인한 권리, 법률관계의 승계인도 추인의 상대방이 된다.

45 ⑤ ① 무권대리인의 행위는 상대방이 철회하기 전까지 본인이 추인하면 그 효력이 유효이다.
② 무권대리의 추인에는 소급효가 있는 것이 원칙이다.
③ 본인이 상대방의 최고를 받은 후 상당한 기간 안에 확답을 발하지 않으면 무권대리인의 행위를 추인거절한 것으로 본다.
④ 무권대리인은 상대방의 선택에 좇아 상대방에게 계약의 이행 또는 손해배상의 책임을 부담한다.

46 ① ㄱ. 매매계약을 체결한 무권대리인으로부터 본인이 매매대금의 전부 또는 일부를 받은 경우에 판례는 묵시적 추인을 인정한다.
ㄴ. 무권대리인이 차용한 금원의 변제기에 채권자가 본인에게 그 변제를 독촉하자 본인이 그 유예를 요청한 경우에 판례는 묵시적 추인을 인정한다.
ㄷ. 무권대리인이 임대차계약을 체결한 것에 대해 본인이 임대인 명의의 영수증을 받고 무권대리인에게 차임의 일부를 지급한 경우에 판례는 묵시적 추인을 인정한다.
ㄹ. 무권대리행위가 범죄가 성립된다는 사실을 알고도 본인이 장기간 형사고소를 하지 않은 경우와 장기간 방치상태에 있는 경우, 장기간 이의제기하지 않는 경우에는 묵시적 추인이 아니다.

47 무권대리인 乙은 아무런 권한 없이 자신을 甲의 대리인이라고 칭하면서 丙과 甲소유의 X토지에 대한 매매계약을 체결하였다. 이에 관한 설명으로 옳지 않은 것은? (표현대리는 성립하지 않으며, 다툼이 있으면 판례에 따름)

① 丙이 계약체결 당시 乙이 무권대리인임을 알지 못하였다면, 丙은 甲의 추인이 있기 전에 乙을 상대로 계약을 철회할 수 있다.

② 丙이 계약체결 당시 乙이 무권대리인임을 알았더라도 丙은 상당한 기간을 정하여 甲에게 추인 여부의 확답을 최고할 수 있다.

③ 甲이 乙의 무권대리행위의 내용을 변경하여 추인한 경우, 그 추인은 그에 대한 丙의 동의가 있어야 유효하다.

④ 乙이 대리권을 증명하지 못하고 甲의 추인도 받지 못한 경우, 丙은 계약체결 당시 乙이 무권대리인임을 알았더라도 乙에게 계약의 이행이나 손해배상을 청구할 수 있다.

⑤ 계약체결 후 乙이 甲의 지위를 단독상속한 경우, 乙은 본인의 지위에서 丙을 상대로 계약의 추인을 거절할 수 없다.

48 甲은 대리권 없이 乙 소유의 부동산을 丙에게 매도하는 계약을 체결하였다. 다음 설명 중 옳지 않은 것은? (표현대리는 성립하지 않았고, 다툼이 있으면 판례에 따름) [세무사 21]

① 丙은 甲에게 대리권 없음을 안 경우에는 乙에게 추인 여부의 확답을 최고할 수 없다.

② 甲이 미성년자인 경우에는 丙에게 계약의 이행 또는 손해를 배상할 책임이 없다.

③ 乙이 사망하여 甲이 乙을 단독상속한 경우, 甲이 소유자로서 무권대리를 이유로 매매계약의 무효를 주장하는 것은 신의칙에 반한다.

④ 乙이 甲으로부터 매매대금 일부를 수령한 경우 특별한 사정이 없는 한 매매계약의 추인으로 볼 수 있다.

⑤ 乙의 추인의 의사표시는 원칙적으로 丙에게 하지 않으면 丙에게 대항하지 못한다.

49 甲의 무권대리인 乙이 甲을 대리하여 丙과 매매계약을 체결하였고, 그 당시 丙은 제한능력자가 아닌 乙이 무권대리인임을 과실 없이 알지 못하였다. 이에 관한 설명으로 옳지 않은 것은? (표현대리는 성립하지 않으며, 다툼이 있으면 판례에 따름)

① 乙과 丙 사이에 체결된 매매계약은 甲이 추인하지 않는 한 甲에 대하여 효력이 없다.

② 甲이 乙에게 추인의 의사표시를 하였으나 丙이 그 사실을 알지 못한 경우, 丙은 매매계약을 철회할 수 있다.

③ 甲을 단독상속한 乙이 丙에게 추인거절권을 행사하는 것은 신의칙에 반하여 허용될 수 없다.

④ 乙의 무권대리행위가 제3자의 위법행위로 야기된 경우, 乙은 과실이 없으므로 丙에게 무권대리행위로 인한 책임을 지지 않는다.

⑤ 丙이 乙에게 가지는 계약의 이행 또는 손해배상청구권의 소멸시효는 丙이 이를 선택할 수 있는 때부터 진행한다.

해커스 세무사 객관식 민법

정답 및 해설

47 ④ 乙이 대리권을 증명하지 못하고 甲의 추인도 받지 못한 경우, 丙은 계약체결 당시 乙이 무권대리인임을 모르고 잘못이 없는 경우에 한하여 乙에게 계약의 이행이나 손해배상을 청구할 수 있다.

48 ① 무권대리의 상대방이 본인에 대하여 추인 여부의 확답을 최고할 경우 상대방의 선·악은 불문한다.

49 ④ 무권대리인의 상대방에 대한 책임은 무과실책임이므로, 乙의 무권대리행위가 제3자의 위법행위로 야기된 경우에도, 乙은 丙에게 무권대리행위로 인한 책임을 지게 된다.

제4장 법률행위의 무효와 취소

01 다음 중 법률행위의 무효를 이유로 선의의 제3자에게 대항할 수 없는 것은? (다툼이 있으면 판례에 따름)

① 진의 아닌 의사표시에 의한 법률행위
② 강행규정을 직접적으로 위반하는 법률행위
③ 반사회질서의 법률행위
④ 불공정한 법률행위
⑤ 원시적 · 객관적으로 전부 불능인 법률행위

02 법률행위의 무효에 관한 설명으로 옳지 않은 것은? (다툼이 있으면 판례에 따름)

① 무효인 법률행위가 물권행위이면 물권변동이 일어나지 않는다.
② 무효의 효과를 선의의 제3자에게 주장할 수 없는 경우도 있다.
③ 법률행위가 불성립된 경우에도 법률행위의 일부 무효에 관한 규정이 적용될 수 있다.
④ 무효인 법률행위에 따른 법률효과를 침해하는 것처럼 보이는 채무불이행이 있더라도 손해배상을 청구할 수 없다.
⑤ 법률행위의 일부분이 무효인 경우, 다른 규정이 없으면 원칙적으로 법률행위 전부가 무효이다.

03 법률행위의 무효에 관한 설명으로 옳지 않은 것은? (다툼이 있으면 판례에 따름)

① 법률행위의 일부분이 무효인 때에는 원칙적으로 그 전부가 무효이다.
② 무효인 법률행위는 그 법률행위가 성립한 때부터 효력이 발생하지 않는다.
③ 매매의 목적이 된 권리가 타인에게 속한 경우 특별한 사정이 없는 한 매매계약은 유효이다.
④ 불공정한 법률행위로서 무효인 경우, 추인에 의하여 유효로 될 수 없다.
⑤ 무효인 가등기를 유효한 등기로 전용하기로 약정한 경우, 그 가등기는 등기 시로 소급하여 유효한 등기로 된다.

04 무효인 법률행위에 관한 설명으로 옳지 않은 것은? (다툼이 있으면 판례에 따름)

① 무효인 재산상 법률행위를 당사자가 무효임을 알고 추인한 경우 제3자에 대한 관계에서도 처음 부터 유효한 법률행위가 된다.

② 무효인 법률행위가 다른 법률행위의 요건을 구비한 경우, 당사자가 그 무효를 알았다면 다른 법률행위를 하는 것을 의욕하였으리라고 인정될 때에는 다른 법률행위로서의 효력을 가진다.

③ 무효행위의 추인은 무효원인이 소멸한 후에 하여야 효력이 있다.

④ 무효행위의 추인은 명시적일 뿐만 아니라 묵시적으로도 할 수 있다.

⑤ 법률행위의 일부분이 무효인 때에는 그 전부를 무효로 한다. 그러나 그 무효부분이 없더라도 법률행위를 하였을 것이라고 인정될 때에는 나머지 부분은 무효가 되지 아니한다.

05 「민법」상 법률행위의 무효에 관한 설명으로 옳지 않은 것은? (다툼이 있으면 판례에 따름)[세무사 21]

① 법률행위의 일부분이 무효인 때 그 무효부분이 없더라도 법률행위를 하였을 것이라고 인정될 때에는 나머지 부분은 무효가 되지 않는다.

② 무효인 법률행위가 다른 법률행위의 요건을 구비하고 당사자가 그 무효를 알았더라면 다른 법률행위를 하는 것을 의욕하였으리라고 인정될 때에는 다른 법률행위로서 효력을 가진다.

③ 무효인 법률행위를 당사자가 그 무효임을 알고 추인한 경우에는 그 무효원인이 소멸되기 전이라도 새로운 법률행위로 본다.

④ 무효행위의 추인은 단독행위로서 묵시적인 방법으로도 할 수 있다.

⑤ 유동적 무효상태의 거래계약이 확정적으로 무효가 된 경우에는 확정적 무효로 됨에 있어서 귀책사유가 있는 자라고 하더라도 그 계약의 무효를 주장할 수 있다.

정답 및 해설

01 ① 진의 아닌 의사표시에 의한 법률행위는 원칙이 유효이고, 예외적으로 상대방이 진의 아님을 알았거나 알수 있었을 경우 무효가 된다. 이 경우 비진의표시의 무효를 가지고 선의의 제3자에게 대항할 수 없으므로 상대적 무효가 된다.

02 ③ 법률행위가 성립요건을 갖추지 못하여 불성립된 경우에는 무효와 취소의 문제도 발생하지 않는다. 따라서 법률행위가 불성립된 경우에는 법률행위의 일부 무효에 관한 규정이 적용될 수 없다.

03 ⑤ 무효인 가등기를 유효한 등기로 전용하기로 한 약정은 그때부터 유효하고 이로써 위 가등기가 소급하여 유효한 등기로 전환될 수 없다.

04 ① 무효인 법률행위는 추인하여도 그 효력이 생기지 않는다. 그러나 당사자가 무효임을 알고 추인한 때에는 그때로부터 새로운 법률행위로 본다(「민법」 제139조).

05 ③ 무효원인이 소멸되기 전에는 무효인 법률행위를 추인할 수 없다.

제4장 법률행위의 무효와 취소 **153**

06 토지거래허가구역 내의 토지거래행위에 관한 설명으로 옳지 않은 것은? (다툼이 있으면 판례에 따름)

① 권리의 이전 또는 설정에 관한 토지거래계약은 그에 대한 허가를 받을 때까지는 효력이 전혀 없다.

② 당사자의 일방이 허가신청절차에 협력하지 아니한다면 상대방은 소송으로써 그 이행을 구할 수 있다.

③ 매수인이 대금을 선급하기로 약정하였다면 허가를 받기 전에도 매도인은 대금 미지급을 이유로 계약을 해제할 수 있다.

④ 일단 허가를 받으면 토지거래계약은 처음부터 효력이 있으므로 거래계약을 다시 체결할 필요가 없다.

⑤ 토지매매계약의 무효가 확정되지 않은 상태에서는 매수인은 임의로 지급한 계약금을 부당이득으로 반환을 청구할 수 없다.

07 甲은 토지거래허가구역 내의 X토지에 대하여 관할관청으로부터 허가를 받지 않고 乙에게 매도하는 계약을 체결하였고, 乙은 계약금을 지급한 경우에 관한 설명으로 옳지 않은 것은? (다툼이 있으면 판례에 따름)

① 甲은 허가를 받기 전에도 특별한 사정이 없는 한 계약금의 배액을 상환하고 적법하게 계약을 해제할 수 있다.

② 甲과 乙 쌍방이 허가신청을 하지 않기로 의사표시를 명백히 한 경우에는 X토지에 대한 매매계약은 확정적으로 유효이다.

③ 乙은 매매계약이 확정적으로 무효가 되지 않는 한 계약체결 시 지급한 계약금에 대하여 이를 부당이득으로 반환청구할 수 없다.

④ 매매계약과 별개의 약정으로, 甲과 乙은 매매 잔금이 지급기일에 지급되지 않는 경우에 매매계약을 자동해제하기로 정할 수 있다.

⑤ 매매계약을 체결한 이후에 X토지에 대한 토지거래허가구역지정이 해제된 경우, 甲과 乙 사이의 매매계약은 특별한 사정이 없는 한 확정적으로 유효가 된다.

08 토지거래허가구역 내의 토지매매계약이 확정적 무효로 되는 경우를 모두 고른 것은? (다툼이 있으면 판례에 따름)

> ㄱ. 관할관청의 불허가처분이 있는 경우
> ㄴ. 처음부터 토지거래허가를 배제하는 내용의 계약인 경우
> ㄷ. 당사자 쌍방이 허가신청협력의무의 이행거절 의사를 명백히 표시한 경우
> ㄹ. 상대방의 허가신청협력의무 불이행을 이유로 일방적으로 해제의 의사표시를 한 경우
> ㅁ. 허가받기 전의 상태에서 계약상 채무불이행을 이유로 손해배상을 청구한 경우

① ㄱ, ㄴ   ② ㄷ, ㄹ   ③ ㄱ, ㄴ, ㄷ

④ ㄷ, ㄹ, ㅁ   ⑤ ㄱ, ㄴ, ㄹ, ㅁ

09 토지거래허가구역 내의 토지에 대한 매매계약에 관한 설명으로 옳은 것은? (다툼이 있으면 판례에 따름)

[세무사 22]

① 매수인은 토지거래허가를 받기 전이라도 매도인에게 허가조건부 소유권이전등기를 청구할 수 있다.

② 매도인이 허가신청절차 협력의무를 위반한 경우, 매수인은 이를 이유로 매매계약을 해제할 수 있다.

③ 매도인의 허가신청절차 협력의무와 허가 후 매수인의 대금지급의무는 동시이행관계에 있다.

④ 처음부터 허가를 배제하는 계약을 맺어 확정적으로 무효로 된 경우, 그 후 허가구역지정이 해제되더라도 그 계약이 유효로 되는 것은 아니다.

⑤ 매도인은 토지거래허가를 받기 전에는 수령한 계약금의 배액을 상환하고 계약을 해제할 수 없다.

정답 및 해설

06 ③ 매수인이 대금을 선급하기로 약정하였더라도 허가를 받기 전에는 아무런 효력이 없으므로 매도인은 대금 미지급을 이유로 계약을 해제할 수 없다.

07 ② 토지거래허가구역에서 허가받기 전이라 해도 당사자 쌍방 甲과 乙이 허가신청을 하지 않기로 의사표시를 명백히 한 경우에는 X토지에 대한 매매계약은 확정적으로 무효이다.

08 ③ ㄱ, ㄴ, ㄷ.은 확정적 무효이고, ㄹ, ㅁ.은 불확정적 무효이다.
▶ 토지거래허가구역 내의 토지매매에 관한 판례의 태도

> ㄱ. 관할관청의 불허가처분이 있는 경우에는 확정적으로 무효이다.
> ㄴ. 처음부터 토지거래허가를 배제, 잠탈하는 내용의 계약인 경우 허가 전이라도 확정적 무효이다.
> ㄷ. 당사자 쌍방이 허가신청협력의무의 이행거절 의사를 명백히 표시한 경우 허가 전이라도 확정적 무효이다.
> ㄹ. 허가 전 상태라도 당사자에게는 계약이 효력이 있는 것으로 완성될 수 있도록 협력할 의무가 있으며 협력하지 않는 상대방에 대해 소송을 구할 수 있을 뿐 일방적으로 해제하는 것은 허용되지 않는다.
> ㅁ. 허가를 받을 때까지는 불확정적 무효이므로 당사자는 계약에 따른 이행을 청구할 수 없을 뿐만 아니라 채무불이행을 이유로 계약을 해제할 수도 없다.

09 ④ ① 매수인은 토지거래허가를 받기 전에는 소유권을 취득한 것이 아니므로 매도인에게 허가조건부 소유권 이전등기를 청구할 수 없다.
② 매도인이 허가신청절차 협력의무를 위반한 경우, 매수인은 이를 이유로 매매계약을 해제할 수 없다.
③ 매도인의 허가신청절차 협력의무와 허가 후 매수인의 대금지급의무는 동시이행관계에 있지 않다.
⑤ 매도인은 토지거래허가를 받기 전후를 불문하고 수령한 계약금의 배액을 상환하고 계약을 해제할 수 있다.

10 무효에 관한 설명으로 옳지 않은 것은? (다툼이 있으면 판례에 따름)

① 법률행위의 일부분이 무효인 경우, 다른 규정이 없으면 원칙적으로 법률행위 전부가 무효이다.

② 반사회적 법률행위는 당사자가 무효임을 알고 추인하여도 유효가 될 수 없다.

③ 무효인 법률행위를 당사자가 무효임을 알고 추인한 때에는 특별한 사정이 없는 한 소급하여 효력이 있다.

④ 반사회적 법률행위는 법률행위를 한 당사자 사이에서 뿐만 아니라 제3자에 대한 관계에서도 무효이다.

⑤ 무효인 법률행위가 다른 법률행위의 요건을 구비하고 당사자가 그 무효를 알았더라면 다른 법률행위를 하였을 것이라고 인정될 때에는 다른 법률행위로서 효력을 가진다.

11 무효행위의 전환에 대한 설명 중 옳지 않은 것은? (다툼이 있으면 판례에 따름)

① 무효행위 전환에 관한 「민법」 제138조는 임의규정이다.

② 비밀증서에 의한 유언이 요건에 흠결이 있어서 무효인 경우에도 자필증서 방식에 적합한 때에는 자필증서로서 유효하다.

③ 무효인 행위가 다른 법률행위의 요건을 구비하여야 한다.

④ 불요식행위인 경우에는 요식행위로의 전환이 가능하고, 요식행위인 경우에는 요식행위로의 전환도 당연히 가능하다.

⑤ 전환되는 다른 법률행위에 대한 당사자의 의사는 법률행위의 보충적 해석에 의하여 인정되는 가정적 의사이다.

12 법률행위의 취소에 관한 설명으로 옳지 않은 것은? (다툼이 있으면 판례에 따름)

① 취소할 수 있는 법률행위에 관하여 법정추인 사유가 존재하더라도 이의를 보류했다면 추인의 효과가 발생하지 않는다.

② 취소할 수 있는 법률행위를 취소한 경우, 무효행위의 추인요건을 갖추더라도 다시 추인할 수 없다.

③ 계약체결에 관한 대리권을 수여받은 대리인이 취소권을 행사하려면 특별한 사정이 없는 한 취소권의 행사에 관한 본인의 수권행위가 있어야 한다.

④ 매도인이 매매계약을 적법하게 해제하였더라도 매수인은 해제로 인한 불이익을 면하기 위해 착오를 이유로 한 취소권을 행사할 수 있다.

⑤ 가분적인 법률행위의 일부에 취소사유가 존재하고 나머지 부분을 유지하려는 당사자의 가정적 의사가 있는 경우, 일부만의 취소도 가능하다.

13 법률행위의 취소에 관한 설명으로 옳지 않은 것은? (다툼이 있으면 판례에 따름) [세무사 21]

① 취소할 수 있는 법률행위는 제한능력자, 착오로 인하거나 사기, 강박에 의하여 의사표시를 한 자, 그의 대리인 또는 승계인만이 취소할 수 있다.
② 취소할 수 있는 법률행위를 추인한 후에는 그 법률행위를 취소하지 못한다.
③ 취소할 수 있는 법률행위가 일단 취소되면, 무효인 법률행위의 추인의 요건과 효력으로서 추인할 수 없다.
④ 취소권자인 법정대리인이 이의를 보류하지 않고 강제집행을 하면 추인한 것으로 본다.
⑤ 취소권은 추인할 수 있는 날로부터 3년 내에, 법률행위를 한 날로부터 10년 내에 행사해야 한다.

14 법률행위의 추인에 관한 설명으로 옳지 않은 것은? (다툼이 있으면 판례에 따름) [세무사 20]

① 법률행위가 취소된 후에 취소할 수 있는 법률행위에 관한 추인으로 취소된 법률행위를 다시 확정적으로 유효하게 할 수 있다.
② 무효인 법률행위의 추인은 그 무효원인이 소멸한 후에 하여야 효력이 있다.
③ 강박에 의한 의사표시임을 이유로 취소된 법률행위를 추인하는 경우, 그 추인이 효력을 갖기 위해서는 강박 상태에서 벗어난 후에 추인하여야 한다.
④ 불공정한 법률행위에 해당하여 무효인 경우에도 무효행위의 전환에 관한 「민법」규정이 적용될 수 있다.
⑤ 무효인 법률행위의 추인은 명시적인 방법뿐만 아니라 묵시적인 방법으로 할 수도 있다.

정답 및 해설

10 ③ 무효인 법률행위는 추인하여도 그 효력이 생기지 아니한다. 그러나 당사자가 그 무효임을 알고 추인한 때에는 법률행위 당시로 소급하는 것이 아니라 그때로부터 새로운 법률행위를 한 것으로 본다(= 비소급효, 「민법」 제139조).

11 ④ 불요식행위인 경우에 요식행위로의 전환은 인정되지 않는다.

12 ② 취소할 수 있는 법률행위를 취소한 경우, 무효행위의 추인요건을 갖추었다면 다시 무효행위로서 추인할 수 있다.

13 ③ 취소할 수 있는 법률행위가 일단 취소되면, 소급하여 무효인 법률행위가 되므로 무효인 법률행위의 추인의 요건과 효력으로서 추인할 수 있다.

14 ① 법률행위가 취소되면 소급해서 무효가 되므로 다시 취소할 수 있는 법률행위에 관한 추인을 하는 것은 허용되지 않는다. 다만, 무효행위로서 추인하는 것은 가능하다.

15 법률행위의 효력에 관한 설명으로 옳지 않은 것은? (다툼이 있으면 판례에 따름)

① 매도인이 이미 제3자에게 부동산을 매각한 사실을 매수인이 알면서 매수하였더라도 그것만으로는 그 매매계약을 사회질서에 반하는 법률행위라고 단정할 수 없다.

② 의사능력이 없는 미성년자의 법률행위는 무효인 동시에 취소할 수 있다.

③ 하나의 법률행위가 가분적(可分的)인 경우, 일부 취소도 가능하다.

④ 증여계약과 같이 아무런 대가관계가 없이 일방적인 급부를 제공하는 법률행위는 불공정한 법률행위가 되지 않는다.

⑤ 가장매매의 매수인이 추인하면 그 매매계약은 계약 시에 소급하여 유효하게 된다.

16 재산상의 법률관계에서 소급효가 인정되지 않는 것은? (다툼이 있으면 판례에 따름)

① 실종선고의 취소

② 착오에 의한 의사표시의 취소

③ 사기·강박에 의한 의사표시의 취소

④ 법원의 부재자 재산관리에 관한 처분허가의 취소

⑤ 법정대리인의 동의 없는 미성년자의 법률행위의 취소

17 취소의 효과에 관한 다음 설명 중 옳은 것은?

① 취소권을 행사한 제한능력자는 그가 받은 이익의 전부를 반환하여야 한다.

② 취소의 상대방에게는 선의취득에 의한 구제가 있다.

③ 제한능력자가 취소하면 선의의 제3자에 대하여도 취소의 효과를 주장할 수 있다.

④ 사기, 강박 등으로 인한 취소는 선의의 제3자에 대하여 대항할 수 있다.

⑤ 취소의 효과는 소급효과가 없다는 점에서 무효와 구별된다.

18 법률행위의 취소권자가 아닌 것은?

① 제한능력자

② 제한능력자의 법정대리인

③ 제한능력자의 임의대리인

④ 하자 있는 의사표시를 한 자

⑤ 하자 있는 자의 승계인

19 취소권자에 관한 설명으로 옳은 것은?

① 취소할 수 있는 법률행위는 본인 이외에는 취소할 수 없다.

② 사기에 의한 의사표시를 한 피상속인이 취소함이 없이 사망한 경우 그 단순 상속인은 그 의사표시를 취소할 수 없다.

③ 미성년자가 한 법률행위를 미성년자 스스로는 취소할 수 없다.

④ 甲의 대리인 乙이 丙의 사기에 의하여 甲 소유 부동산을 丙에게 매도한 경우 甲은 乙의 매매계약을 취소할 수 있다.

⑤ 甲이 乙로 자칭하여 부동산에 대하여 丙에게 매매계약을 체결한 경우 乙은 사기를 이유로 그 매매계약을 취소할 수 있다.

정답 및 해설

15 ⑤ 가장매매의 매수인이 추인하더라도 무효행위의 추인이므로 그 매매계약은 소급하지 않는 것이 원칙이다.

16 ④ 부재자 재산관리인이 권한초과처분허가를 얻어 부동산을 매매한 후 그 허가결정이 취소되었다 할지라도 위 매매행위 당시는 그 권한초과처분행위에 대한 허가가 유효한 것이고, 그 후에 한 취소결정이 있다고 하여 소급하여 무효가 되는 것은 아니다.

[오답체크]
① 실종선고의 취소는 원칙은 소급효이나, 예외적으로 비소급효인 경우도 있다.
②③ 착오 또는 사기·강박에 의한 의사표시의 취소는 상대적 취소이다. 다만 취소가 되면 소급해서 무효가 되므로, 선의의 제3자에게 대항하지 못한다.
⑤ 법정대리인의 동의 없는 미성년자의 법률행위의 취소는 선의의 제3자에게 대항할 수 있다(절대적 취소).

17 ③ ① 취소권을 행사한 제한능력자는 그가 받은 현존이익을 반환하면 된다.
② 취소의 상대방에게는 선의취득에 의한 구제가 없다.
④ 사기, 강박 등으로 인한 취소는 선의의 제3자에 대하여 대항할 수 없다.
⑤ 취소의 효과는 소급효과가 있다는 점에서 무효와 구별된다.

18 ③ 법률행위의 취소권자는 표의자 자신, 대리인, 승계인이다. 이 경우 법정대리인은 언제나 취소권을 갖지만, 임의대리인은 본인으로부터 수권행위가 없는 한 원칙적으로 취소권이 없다.

19 ④ ① 취소할 수 있는 법률행위는 본인 이외에도 대리인, 승계인 등이 취소할 수 있다.
② 사기에 의한 의사표시를 한 피상속인이 취소함이 없이 사망한 경우 그 단순 상속인은 그 의사표시를 취소할 수 있다.
③ 미성년자가 한 법률행위를 미성년자가 법정대리인의 동의를 받지 않고 스스로 취소할 수 있다.
⑤ 甲이 乙로 자칭하여 부동산에 대하여 丙에게 매매계약을 체결한 경우 乙 이름으로 이루어진 매매계약은 유효하므로 乙은 사기를 이유로 그 매매계약을 취소할 수 없다.

20 취소할 수 있는 행위의 추인에 관한 다음 설명 중 옳지 않은 것은? (다툼이 있으면 판례에 따름)

① 하자 있는 의사표시를 한 자의 승계인은 취소권이 없다.
② 취소할 수 있는 법률행위를 추인하면 그때부터 확정적으로 유효가 된다.
③ 추인권자는 취소권자에 한한다.
④ 추인은 결국 취소권의 포기이므로 그 행위가 취소할 수 있는 것임을 알고 하여야 한다.
⑤ 제한능력자도 취소권을 행사할 수 있다.

21 무효인 법률행위와 취소할 수 있는 법률행위의 추인에 관한 설명으로 옳은 것은?

① 취소할 수 있는 법률행위를 추인한 후에도 다시 취소할 수 있다.
② 취소권자가 취소할 수 있음을 모르고 한 추인의 의사표시는 효력이 없다.
③ 무권대리행위의 추인의 의사표시는 대리행위의 상대방에 대하여만 할 수 있다.
④ 미성년자는 능력자가 되기 전에 법정대리인의 동의를 얻어 추인하더라도 추인의 효력이 없다.
⑤ 매매계약의 당사자가 무효인 줄 알고 계약을 추인한 때에는 계약은 특별한 사정이 없는 한 체결 시에 소급하여 효력이 있다.

22 취소할 수 있는 법률행위의 추인에 관한 설명으로 옳지 않은 것은? (다툼이 있으면 판례에 따름)

① 상대방이 취소권자에 대하여 이행의 청구를 한 경우에는 법정추인이 된다.
② 추인은 그 행위가 취소할 수 있는 것임을 알고 하여야 한다.
③ 취소권자가 취소할 수 있는 법률행위를 적법하게 추인하면 더 이상 취소할 수 없다.
④ 법정대리인은 취소원인이 종료되기 전이라도 추인할 수 있다.
⑤ 취소권자가 추인할 수 있는 후에 이의를 유보하지 않고 담보를 제공한 경우에는 추인한 것으로 간주된다.

23 취소할 수 있는 법률행위에 대한 법정추인사유가 될 수 없는 것은? (다툼이 있으면 판례에 따름)

① 취소권자가 일부 이행을 청구한 경우
② 상대방이 제공한 담보를 취소권자가 수령한 경우
③ 취소권자가 채무자로서 강제집행을 받은 경우
④ 취소권자가 취소할 수 있는 행위로 취득한 권리의 일부를 양도한 경우
⑤ 취소할 수 있는 법률행위에서 발생한 채무의 보증인이 채무 전부를 이행제공한 경우

24 법률행위의 추인에 관한 설명으로 옳지 않은 것은? (다툼이 있으면 판례에 따름)

① 무권리자가 타인의 권리를 처분한 경우, 처분권자가 사후에 추인하더라도 그 처분행위는 효력이 없다.

② 취소권자의 이행청구는 법정추인 사유에 속한다.

③ 법정대리인은 취소의 원인이 종료되기 전에도 그 취소할 수 있는 법률행위를 추인할 수 있다.

④ 취소권자가 취소할 수 있는 법률행위를 추인한 후에는 그 법률행위를 다시 취소하지 못한다.

⑤ 법정대리인의 동의 없이 법률행위를 한 미성년자가 성년이 되기 전에 이행청구를 한 경우, 법정추인으로 볼 수 없다.

정답 및 해설

20 ① 하자 있는 의사표시를 한 자의 승계인도 취소권을 갖는다.

21 ② ① 취소할 수 있는 법률행위를 추인한 후에는 유효가 확정되므로 다시 취소할 수 없다(「민법」 제143조 제1항).

③ 무권대리행위의 추인의 의사표시는 대리행위의 상대방뿐만 아니라 무권대리인에 대하여도 할 수 있다. 이 경우 추인을 무권대리인에게 한 경우 추인의 효력을 가지고 그 상대방에 대항하지 못하지만 상대방이 그 사실을 안 때에는 그러하지 아니하다(「민법」 제132조).

④ 미성년자와 피한정후견인은 능력자가 되기 전에 법정대리인의 동의를 얻어 추인하는 것이 가능하지만, 피성년후견인은 법정대리인의 동의를 얻더라도 추인할 수 없다.

⑤ 무효인 법률행위는 추인하여도 그 효력이 생기지 않으나, 당사자가 그 무효임을 알고 추인한 때에는 새로운 법률행위로 본다(「민법」 제139조).

22 ① 상대방이 취소권자에 대하여 이행의 청구를 한 경우 법정추인이 되지 않는다. 상대방의 이행청구에 대하여 취소권자의 이행이 있어야 법정추인이 된다.

23 ⑤ 취소할 수 있는 법률행위에서 발생한 채무의 보증인이 채무 전부를 이행제공한 경우에도 채무자는 여전히 취소할 수 있다.

24 ① 처분권 없는 자의 처분행위는 유동적 무효에 속하므로 사후에 추인이 있으면 무권대리의 추인과 같이 효력이 발생한다.

25 법률행위의 취소와 추인에 관한 설명으로 옳지 않은 것은? (다툼이 있으면 판례에 따름)

① 법률행위가 취소되면 그 법률행위는 처음부터 무효인 것으로 본다.

② 취소의 원인이 종료된 후 취소할 수 있는 법률행위를 추인하는 경우, 취소할 수 있는 법률행위임을 알고 추인해야 그 효력이 생긴다.

③ 법률행위가 취소된 경우, 취소권자는 취소할 수 있는 법률행위의 추인에 의하여 취소된 법률행위를 유효하게 할 수 있다.

④ 법률행위가 취소된 경우, 취소권자는 취소의 원인이 종료된 후 무효인 법률행위의 추인에 따라 그 법률행위를 유효하게 할 수 있다.

⑤ 가분적인 법률행위의 일부분에만 취소사유가 있는 경우, 나머지 부분의 효력을 유지하려는 당사자의 가정적 의사가 있다면 그 일부만의 취소도 가능하다.

26 법률행위의 취소에 관한 설명으로 옳은 것은? (다툼이 있으면 판례에 따름)

① 취소원인의 진술이 없는 취소의 의사표시는 그 효력이 없다.

② 이미 취소된 법률행위는 무효인 법률행위의 추인의 요건과 효력으로서도 추인할 수 없다.

③ 해제된 계약은 이미 소멸하여 그 효력이 없으므로 착오를 이유로 다시 취소할 수 없다.

④ 취소할 수 있는 법률행위의 추인은 취소권자가 취소할 수 있는 법률행위임을 알고서 추인하여야 한다.

⑤ 「민법」이 취소권을 행사할 수 있는 기간으로 정한 '추인할 수 있는 날로부터 3년, 법률행위를 한 날로부터 10년'은 소멸시효기간이다.

27 취소에 대한 설명 중 옳은 것은? (다툼이 있으면 판례에 따름)

① 제한능력을 이유로 하는 법률행위의 취소는 선의의 제3자에게 대항할 수 없다.

② 매도인이 사기를 이유로 매수인에게 소유권이전등기의 말소를 청구하는 경우에는 매매계약을 취소한다는 의사표시가 포함되어 있다고 볼 수 있다.

③ 제한능력자의 법정대리인의 취소권 행사는 제한능력자가 갖고 있는 취소권을 대리하여 행사하는 것이다.

④ 취소할 수 있는 법률행위를 추인한 후에도 다시 그 법률행위를 취소할 수 있다.

⑤ 포괄승계인이든 특정승계인이든 취소권의 승계는 인정되지 않는다.

28 법률행위의 취소에 관한 설명으로 옳지 않은 것은? (다툼이 있으면 판례에 따름)

① 법률행위의 취소사유가 없는 경우에는 당사자 쌍방이 각각 취소의 의사표시를 하였다 하더라도 그 법률행위가 취소되는 것은 아니다.

② 취소는 재판상 행하여질 것이 요구되는 경우 외에는 상대방에 의하여 인식될 수 있다면 어떠한 방법에 의하더라도 무방하다.

③ 피한정후견인이 법률행위를 취소한 경우, 피한정후견인은 그 행위로 인하여 받은 이익이 현존하는 한도에서 상환할 책임이 있다.

④ 취소권의 존속기간의 법적 성질은 제척기간이다.

⑤ 피성년후견인은 능력자가 되기 전이라도 법정대리인의 동의를 얻어 추인할 수 있다.

정답 및 해설

25 ③ 법률행위가 취소된 경우, 소급하여 무효가 되므로 취소권자는 취소할 수 있는 법률행위의 추인에 의하여 취소된 법률행위를 유효하게 할 수 없고, 다만 무효인 법률행위의 추인에 따라 그 법률행위를 유효하게 할 수 있다.

26 ④ ① 취소원인의 진술이 없는 취소의 의사표시도 그 효력이 있다.
② 이미 취소된 법률행위라도 무효인 법률행위의 추인의 요건을 갖춘 경우에는 무효행위로써 추인할 수 있다.
③ 해제된 계약이라도 착오를 이유로 다시 취소할 수 있다.
⑤ 취소권의 행사는 형성권의 행사에 해당하므로, 그 행사기간은 소멸시효의 적용을 받는 것이 아니고 제척기간의 적용을 받는다.

27 ② ① 제한능력을 이유로 하는 법률행위의 취소는 절대적 취소이므로 선의의 제3자에게도 취소를 가지고 대항할 수 있다.
③ 제한능력자의 법정대리인의 취소권 행사는 제한능력자가 갖고 있는 취소권을 대리하여 행사하는 것이 아니고 법정대리인의 취소권을 행사하는 것이다.
④ 취소할 수 있는 법률행위를 추인하면 그 행위 자체가 유효한 것으로 확정되기 때문에 다시 그 법률행위를 취소할 수 없다.
⑤ 포괄승계인이든 특정승계인이든 취소권을 행사할 수 있으므로 취소권의 승계가 인정된다.

28 ⑤ 피성년후견인의 법정대리인인 성년후견인에게는 동의권이 없으므로, 피성년후견인은 법정대리인의 동의를 얻더라도 추인할 수 없다.

29 재산상 법률행위의 취소에 관한 설명으로 옳지 않은 것은? (다툼이 있으면 판례에 따름)

① 취소한 법률행위는 처음부터 무효인 것으로 본다.

② 취소권은 추인할 수 있는 날로부터 3년 내에, 법률행위를 한 날로부터 10년 내에 행사하여야 한다.

③ 취소할 수 있는 법률행위를 법정대리인이 추인하는 경우에는 취소의 원인이 소멸한 후에만 할 수 있다.

④ 미성년을 이유로 법률행위가 취소된 경우에 미성년자는 그 행위로 인하여 받은 이익이 현존하는 한도에서 상환할 책임이 있다.

⑤ 법정대리인의 동의 없이 한 법률행위를 미성년자가 취소하는 것은 신의성실의 원칙에 반하지 않는다.

30 법률행위의 취소에 관한 설명으로 옳지 않은 것은? (다툼이 있으면 판례에 따름) [세무사 22]

① 법률행위가 취소된 경우, 제한능력자는 현존이익의 범위에서 반환의무를 진다.

② 매도인이 채무불이행을 이유로 매매계약을 해제한 후에도 매수인은 착오를 이유로 매매계약을 취소할 수 있다.

③ 취소할 수 있는 법률행위는 추인 후에는 다시 취소할 수 없다.

④ 사기에 의해 의사표시를 한 자가 추인하는 경우, 그 추인은 취소원인이 소멸한 후에 하여야 효력이 있다.

⑤ 법정추인이 되기 위해서는 취소권자가 자신에게 취소권이 있음을 알아야 한다.

31 법률행위의 무효와 취소에 관한 설명으로 옳은 것은? (다툼이 있으면 판례에 따름)

① 계약이 불공정한 법률행위로서 무효인 경우, 그 계약에 대한 부제소합의는 특별한 사정이 없는 한 유효하다.

② 취소할 수 있는 법률행위에서 취소권자의 상대방이 이행을 청구하는 경우에는 법정추인이 된다.

③ 매매계약이 약정된 대금의 과다로 인해 불공정한 법률행위에 해당하여 무효인 경우, 무효행위의 전환에 관한 「민법」 제138조는 적용될 여지가 없다.

④ 무권리자가 타인의 권리를 처분하는 계약을 체결한 경우, 권리자가 이를 추인하면 계약의 효과는 원칙적으로 계약체결 시에 소급하여 권리자에게 귀속된다.

⑤ 취소할 수 있는 법률행위의 상대방이 그 법률행위로 취득한 권리를 타인에게 임의로 양도한 경우, 특별한 사정이 없는 한 그 취소의 의사표시는 그 양수인을 상대방으로 하여야 한다.

32 법률행위의 무효와 취소에 관한 설명으로 옳지 않은 것은? (다툼이 있으면 판례에 따름)

① 취소할 수 있는 법률행위를 취소한 경우, 무효행위 추인의 요건을 갖추면 이를 다시 추인할 수 있다.

② 토지거래허가구역 내의 토지에 대한 매매계약이 처음부터 허가를 배제하는 내용의 계약일 경우, 그 계약은 확정적 무효이다.

③ 집합채권의 양도가 양도금지특약을 위반하여 무효인 경우, 채무자는 일부 개별 채권을 특정하여 추인할 수 없다.

④ 무권리자의 처분행위에 대한 권리자의 추인의 의사표시는 무권리자나 그 상대방 어느 쪽에 하여도 무방하다.

⑤ 취소할 수 있는 법률행위의 추인은 추인권자가 그 행위가 취소할 수 있는 것임을 알고 하여야 한다.

정답 및 해설

29 ③ 취소할 수 있는 법률행위의 추인은 ⅰ) 추인권자가 ⅱ) 취소원인 종료 후에 ⅲ) 취소권이 있음을 알고 추인하여야 한다. 그러나 법정대리인이 추인을 하는 경우에는 취소원인 종료 전후를 불문하고 추인할 수 있다 (「민법」 제144조 제2항).

30 ⑤ 법정추인이 되기 위해서는 취소권자가 자신에게 취소권이 있음을 알 필요가 없다.

31 ④ ① 계약이 불공정한 법률행위로서 무효인 경우, 그 계약에 대한 부제소합의도 불공정행위로서 무효가 된다.
② 취소할 수 있는 법률행위에서 취소권자의 상대방이 이행을 청구하는 경우에는 법정추인이 성립하지 않는다.
③ 매매계약이 약정된 대금의 과다로 인해 불공정한 법률행위에 해당하여 무효인 경우, 무효행위의 전환에 관한 「민법」 제138조가 적용되어 무효행위의 전환이 가능하다.
⑤ 취소할 수 있는 법률행위의 상대방이 그 법률행위로 취득한 권리를 타인에게 임의로 양도한 경우, 특별한 사정이 없는 한 그 취소의 의사표시는 그 양수인이 아니라 양도인을 상대방으로 하여야 한다.

32 ③ 집합채권의 양도가 양도금지특약을 위반하여 무효인 경우, 채무자는 일부 개별 채권을 특정하여 추인하는 것이 가능하다.

01 조건에 관한 설명으로 옳은 것은? (다툼이 있으면 판례에 따름) [세무사 18]

① 정지조건이 있는 법률행위는 조건이 성취한 때로부터 그 효력을 잃는다.
② 조건부 권리는 조건의 성취가 미정인 동안 일반 규정에 의하여 처분하거나 담보로 제공할 수 없다.
③ 약혼예물의 수수는 혼인의 성립을 해제조건으로 하는 증여와 유사한 성질을 갖는다.
④ 주택건설을 위한 토지매매에서 건축허가를 받지 못한 때에는 토지매매계약을 무효로 한다는 조건은 해제조건이다.
⑤ 반사회질서의 조건이 붙은 법률행위는 조건 없는 법률행위이다.

02 법률행위의 조건에 관한 설명 중 옳지 않은 것은?

① 해제조건이 있는 법률행위는 조건이 성취한 때로부터 그 효력을 상실한다.
② 조건의 성취가 미정한 권리는 담보로 할 수 없다.
③ 조건의 성취로 인하여 불이익을 받을 당사자가 신의성실에 반하여 조건의 성취를 방해한 때에는 상대방은 그 조건을 성취한 것으로 주장할 수 있다.
④ 조건이 선량한 풍속 기타 사회질서에 위반한 법률행위는 무효이다.
⑤ 조건이 법률행위의 당시 이미 성취한 것인 경우에 그 조건이 해제조건이면 그 법률행위는 무효이다.

03 조건에 관한 설명으로 옳지 않은 것은? (다툼이 있으면 판례에 따름)

① "건축허가 신청이 불허되면 계약은 효력을 상실한다"는 특약은 해제조건에 관한 약정이다.
② 조건이 법률행위 당시에 이미 성취된 것인 때에는 그 조건이 해제조건이면 그 법률행위는 무효로 한다.
③ 당사자가 조건성취 전에 특별한 의사표시를 하지 않으면 조건성취의 효력은 소급효가 없다.
④ 조건부 법률행위는 조건을 붙이고자 하는 의사와 그 표시가 요구된다.
⑤ 부첩관계의 종료를 해제조건으로 하는 증여계약은 조건 없는 법률행위가 된다.

04 조건에 관한 설명으로 옳은 것은? (다툼이 있으면 판례에 따름)

① 정지조건부 법률행위에 있어서 조건이 성취되었다는 사실은 권리를 취득하고자 하는 자가 증명하여야 한다.
② 조건을 붙이고자 하는 의사가 외부에 표시되지 않더라도 조건부 법률행위로 인정된다.
③ 법률행위의 조건이 선량한 풍속에 반하는 경우, 원칙적으로 조건만 무효로 될 뿐 그 법률행위가 무효로 되는 것은 아니다.
④ 불능조건이 정지조건이면 조건 없는 법률행위가 된다.
⑤ 당사자 사이에는 의사표시로 조건성취의 효력을 소급할 수 없다.

정답 및 해설

01 ④ ① 성지조건이 있는 법률행위는 조건이 성취한 때로부터 그 효력이 발생한다.
② 조건부 권리는 조건의 성취가 미정인 동안이라도 일반 규정에 의하여 처분하거나 담보로 제공할 수 있다.
③ 약혼예물의 수수는 혼인의 불성립을 해제조건으로 하는 증여와 유사한 성질을 갖는다.
⑤ 반사회질서의 조건이 붙은 법률행위는 조건 없는 법률행위가 아니고 전부 무효인 법률행위이다.

02 ② 조건의 성취가 미정한 권리, 의무도 일반규정에 의하여 처분, 상속, 보존 또는 담보로 할 수 있다(「민법」 제149조).

03 ⑤ 부첩관계의 종료를 해제조건으로 하는 증여계약은 조건만 무효가 되는 것이 아니라 증여계약 전부가 무효이다.

04 ① ② 조건은 법률행위의 효력의 발생 또는 소멸을 장래의 불확실한 사실의 성부에 의존케 하는 법률행위의 부관으로서 당해 법률행위를 구성하는 의사표시의 일체적인 내용을 이루는 것이므로, 의사표시의 일반원칙에 따라 조건을 붙이고자 하는 의사 즉 조건의사와 그 표시가 필요하며, 조건의 의사가 있더라도 그것이 외부에 표시되지 않으면 법률행위의 동기에 불과할 뿐이고 그것만으로 법률행위의 부관으로서의 조건이 되는 것은 아니다.
③ 조건이 선량한 풍속 기타 사회질서에 위반한 것인 때에는 그 법률행위 전부를 무효로 한다(「민법」 제151조 제1항).
④ 불능조건이 정지조건이면 그 법률행위는 무효로 한다(「민법」 제151조 제3항).
⑤ 당사자가 조건성취의 효력을 그 성취 전에 소급하게 할 의사를 표시한 때에는 그 의사에 의한다(「민법」 제147조 제3항).

05 법률행위의 조건에 관한 설명으로 옳지 않은 것은? (다툼이 있으면 판례에 따름)

① 조건성취사실에 대한 증명책임은 조건성취로 인하여 법률행위의 효력이 확정되었음을 주장하는 자가 부담한다.

② 해제조건이 성취되면 그 조건부 법률행위는 불성립한 것으로 본다.

③ 기성조건이 정지조건이면 조건 없는 법률행위가 된다.

④ 당사자가 조건성취의 효력을 그 성취 전에 소급하게 할 의사를 표시한 때에는 그 의사에 의한다.

⑤ 조건의 성취로 인하여 이익을 받을 당사자가 신의성실에 반하여 조건을 성취시킨 때에는 상대방은 그 조건을 성취하지 않은 것으로 주장할 수 있다.

06 「민법」상 조건에 관한 설명으로 옳지 않은 것은? (다툼이 있으면 판례에 따름) [세무사 20]

① 조건의사가 있더라도 외부에 표시되지 않은 이상 이는 법률행위의 동기에 불과하다.

② 불능조건이 정지조건이면, 그 법률행위는 무효이다.

③ 현상광고에 정한 지정행위의 완료에 조건을 붙일 수 있다.

④ 조건부 권리는 조건이 성취되기 전까지 담보로 제공될 수 없다.

⑤ 조건을 붙이는 것이 허용되지 않는 법률행위에 조건을 붙인 경우, 그 법률행위 전부가 무효이다.

07 조건부 법률행위에 관한 설명으로 옳지 않은 것은? (다툼이 있으면 판례에 따름) [세무사 22]

① 조건의 경우에도 의사표시의 일반원칙에 따라 조건의사와 그 표시가 필요하다.

② 법률행위에 불법조건이 붙어 있는 경우, 그 조건은 물론 법률행위 자체도 무효이다.

③ 불능조건이 해제조건이면 조건 없는 법률행위가 된다.

④ 법률행위가 정지조건부 법률행위에 해당한다는 사실은 그 법률효과의 발생을 다투려는 자가 주장·증명하여야 한다.

⑤ 조건의 성취로 인하여 불이익을 받을 당사자가 신의칙에 반하여 조건의 성취를 방해한 경우, 조건은 그러한 방해행위가 있었던 때에 성취된 것으로 본다.

08 법률행위의 조건에 관한 설명으로 옳지 않은 것은? (다툼이 있으면 판례에 따름)

① 조건의 성취가 미정한 권리도 일반규정에 의하여 담보로 제공할 수 있다.

② 조건이 사회질서에 반하는 경우, 그 법률행위는 무효가 된다.

③ 해제조건을 법률행위 당시 이미 성취한 경우, 그 법률행위는 무효이다.

④ 법률행위의 당사자는 특별한 사정이 없는 한 합의로 해제조건성취의 효력을 그 성취 전으로 소급하게 할 수 있다.

⑤ 동산소유권유보부 매매에서는 해제조건부로 소유권이 이전된다.

09 조건에 관한 설명으로 옳지 않은 것은? (다툼이 있으면 판례에 따름) [세무사 21]

① 조건부 권리는 특별한 사정이 없는 한 그 조건이 성취되기 전이라도 처분할 수 있다.

② 법률행위에 불법조건이 붙은 경우에는 그 조건뿐 아니라 법률행위도 무효이다.

③ 다른 의사표시가 없는 한 조건성취의 효과는 조건이 성취한 때부터 발생한다.

④ 조건이 법률행위의 당시에 이미 성취할 수 없는 것인 경우에는 그 조건이 해제조건이면 무효로 하고 정지조건이면 조건 없는 법률행위로 한다.

⑤ 조건이 법률행위의 당시에 이미 성취한 것인 경우에는 그 조건이 정지조건이면 조건 없는 법률행위로 하고 해제조건이면 그 법률행위는 무효로 한다.

정답 및 해설

05 ② 조건은 성립요건이 아니고 특별효력요건이다. 해제조건이 성취되면 그때로부터 효력을 상실하는 것이지, 조건부 법률행위가 불성립한 것으로 바뀌는 것이 아니다.

06 ④ 조건부 권리는 조건이 성취되기 전에도 담보로 제공할 수 있다.

07 ⑤ 조건의 성취로 인하여 불이익을 받을 당사자가 신의칙에 반하여 조건의 성취를 방해한 경우, 조건은 그러한 방해행위가 있었던 때가 아니라 방해행위가 없었더라면 조건이 성취되었을 것이라고 인정되는 '추산시점'에 성취된 것으로 본다.

08 ⑤ 정지조건부로 소유권이 이전된다.

09 ④ 조건이 법률행위의 당시에 이미 성취할 수 없는 것인 경우에는 그 조건이 해제조건이면 조건 없는 법률행위로 하고 정지조건이면 무효인 법률행위로 한다.

10 다음 중 기한을 붙일 수 있으나 조건을 붙일 수 없는 행위는?

① 상계   ② 혼인   ③ 채무의 면제

④ 상속의 승인, 포기   ⑤ 어음행위

11 기한부 법률행위에 관한 설명으로 옳지 않은 것은? (다툼이 있으면 판례에 따름)

① 기한의 효력은 소급하지 않는다.

② 미리 지급한 중간퇴직금은 회사가 기한의 이익을 포기하고 변제한 것으로 볼 수 있다.

③ 기한의 이익이 양당사자에게 있는 경우 기한의 이익을 포기할 수 없다.

④ 상계의 의사표시에는 기한을 붙이지 못한다.

⑤ 기한은 채무자의 이익을 위한 것으로 추정한다.

12 기한에 관한 설명으로 옳지 않은 것은? (다툼이 있으면 판례에 따름)   [세무사 16]

① 기한은 채무자의 이익을 위한 것으로 추정되므로, 기한의 이익이 채권자에게 있다는 것은 채권자가 증명하여야 한다.

② 기한의 이익을 가진 자는 이를 포기할 수 있지만 상대방의 이익을 해하지 못한다.

③ 당사자가 불확정한 사실이 발생한 때를 이행기한으로 정한 경우에는 그 사실이 발생한 때는 물론 그 사실의 발생이 불가능하게 된 때에도 이행기한은 도래한 것으로 보아야 한다.

④ 기한부 법률행위의 당사자는 기한의 도래로 인하여 생길 상대방의 이익을 해하지 못한다.

⑤ 형성권적 기한이익 상실의 특약이 있는 경우에는 그 기한이익 상실사유가 발생함과 동시에 기한의 이익을 상실케 하는 채권자의 의사표시가 없더라도 이행기 도래의 효과가 발생한다.

13 기한의 이익에 관한 설명으로 옳지 않은 것은? (다툼이 있으면 판례에 따름)

① 기한의 이익이 채권자와 채무자 모두에게 있는 경우, 채무자는 채권자에게 손해를 배상하고 기한 전에 변제할 수 있다.

② 일정한 사유가 발생하면 채권자의 청구 등을 요함이 없이 당연히 기한의 이익이 상실되어 이행기가 도래하는 것으로 하는 특약은 정지조건부 기한이익 상실의 특약이다.

③ 일정한 사유가 발생한 후 채권자의 통지나 청구 등 채권자의 의사행위를 기다려 비로소 이행기가 도래하는 것으로 하는 특약은 형성권적 기한이익 상실의 특약이다.

④ 기한이익 상실의 특약이 정지조건부 기한이익 상실의 특약과 형성권적 기한이익 상실의 특약 중 어느 것에 해당하느냐는 당사자의 의사해석의 문제이다.

⑤ 일반적으로 기한이익 상실의 특약이 명백히 형성권적 기한이익 상실의 특약이라고 볼만한 특별한 사정이 없는 이상 정지조건부 기한이익 상실의 특약으로 추정하는 것이 타당하다.

14 기한에 관한 설명으로 옳지 않은 것은? (다툼이 있으면 판례에 따름)

① 기한부 권리는 기한이 도래하기 전에 처분, 상속, 보존 또는 담보로 할 수 있다.

② 기한은 채무자의 이익을 위한 것으로 추정한다.

③ 기한에는 소급효가 없으나 당사자의 약정에 의해 소급효를 인정할 수 있다.

④ 기한의 이익은 포기할 수 있다.

⑤ 어음에는 시기를 붙일 수 있다.

정답 및 해설

10 ⑤ 어음, 수표행위는 조건은 붙일 수 없으나 기한을 붙이는 것은 가능하다.

11 ③ 기한의 이익 포기는 자유롭게 할 수 있으나, 상대방에게 손해를 발생시킨 경우 배상할 책임이 있다. 따라서 기한의 이익이 양당사자에게 있는 경우 기한의 이익을 포기할 수 있고 배상할 책임이 있을 뿐이다.

12 ⑤ 형성권적 기한이익 상실의 특약이 있는 경우에는 그 기한이익 상실사유가 발생하였더라도 채권자의 의사표시가 있어야만 이행기 도래의 효과가 발생한다.

13 ⑤ 일반적으로 기한이익 상실의 특약은 특별한 사정이 없는 이상 형성권적 기한이익 상실의 특약으로 추정한다.

14 ③ 기한에는 소급효가 없으므로, 당사자의 약정에 의해서도 소급효를 인정할 수 없다(= 절대적 비소급).

15 기한의 이익에 관한 설명으로 옳은 것은?

① 기한의 이익은 원칙적으로 채권자의 이익을 위한 것으로 추정한다.

② 무이자 소비대차의 경우, 채권자가 기한의 이익을 가진다.

③ 이자부 소비대차의 경우, 채무자가 기한의 이익을 가지고 채권자는 기한의 이익을 가지지 못한다.

④ 기한의 이익을 가지는 자는 기한이 도래하기 전에는 그 이익을 포기하지 못한다.

⑤ 기한의 이익을 가지는 자가 그 이익을 포기하는 경우, 그로 말미암아 상대방에게 손해를 준 경우에는 그 손해를 배상하여야 한다.

16 다음 중 채무자가 기한의 이익을 상실하는 경우가 아닌 것은?

① 채무자가 파산선고를 받은 경우

② 채무자가 성년후견개시심판을 받은 경우

③ 채무자가 저당 잡힌 가옥을 멸실시킨 경우

④ 채무자가 보증인을 살해한 경우

⑤ 채무자가 담보를 제공하지 않은 경우

17 기한에 관한 설명으로 옳지 않은 것은? (다툼이 있으면 판례에 따름) [세무사 21]

① 기한은 법률행위의 효력의 발생 및 소멸을 장래 발생할 것이 확실한 사실에 의존시키는 법률행위의 부관이다.

② 장래 반드시 실현되는 사실이면 그 실현시기가 비록 확정되지 않더라도 기한이다.

③ 부관에 표시된 사실이 발생한 때에는 물론이고 반대로 발생하지 않은 것이 확정된 때에도 채무를 이행해야 한다고 보는 것이 합리적인 경우에 그 사실은 정지조건으로 보아야 한다.

④ 기한부 권리는 특별한 사정이 없는 한 담보로 할 수 있다.

⑤ 기한은 채무자의 이익을 위한 것으로 추정한다.

18 기한부 법률행위에 관한 설명으로 옳은 것은? (다툼이 있으면 판례에 따름) [세무사 22]

① 기한은 원칙적으로 채권자의 이익을 위한 것으로 추정한다.

② 불확정한 사실이 발생한 때를 이행기한으로 정한 경우, 그 사실의 발생이 불가능하게 되었다면 기한은 도래하지 않은 것으로 보아야 한다.

③ 기한부 법률행위의 당사자는 기한의 도래로 인하여 생길 상대방의 이익을 해하지 못한다.

④ 어음·수표행위에 시기(始期)를 붙이는 것은 원칙적으로 허용되지 않는다.

⑤ 형성권적 기한이익 상실의 특약이 있는 경우, 채무자는 기한이익의 상실사유의 발생으로 즉시 기한의 이익을 상실한다.

정답 및 해설

15 ⑤ ① 기한의 이익은 원칙적으로 채무자의 이익을 위한 것으로 추정한다.

② 무이자 소비대차의 경우, 채무자가 기한의 이익을 가진다.

③ 이자부 소비대차의 경우, 채무자와 채권자 쌍방이 기한의 이익을 갖는다.

④ 기한의 이익을 가지는 자는 기한이 도래하기 전에는 상대방의 손해를 배상하고 그 이익을 포기할 수 있다.

16 ② 채무자의 무자력, 성년후견개시심판, 한정후견개시심판 등은 기한이익 상실사유가 아니다.

17 ③ 부관에 표시된 사실이 발생한 때에는 물론이고 반대로 발생하지 않은 것이 확정된 때에도 그 채무를 이행해야 한다고 보는 것이 합리적인 경우에는 표시된 사실의 발생 여부가 확정되는 것을 불확정기한으로 정한 것으로 보아야 한다.

18 ③ ① 기한은 원칙적으로 채무자의 이익을 위한 것으로 추정한다(「민법」 제153조 제1항).

② 불확정한 사실이 발생한 때를 이행기한으로 정한 경우, 그 사실의 발생이 불가능하게 되었더라도 기한은 도래한 것으로 보아야 한다.

④ 어음·수표행위에 시기(始期)를 붙이는 것은 원칙적으로 허용된다.

⑤ 형성권적 기한이익 상실의 특약이 있는 경우, 채무자는 기한이익의 상실사유의 발생으로 즉시 기한의 이익을 상실하는 것이 아니고 채권자의 의사표시가 있어야만 기한의 이익을 상실한다.

19 조건과 기한에 관한 설명으로 옳지 않은 것은?

① 정지조건부 법률행위는 조건이 성취되면 소급하여 법률관계의 효력이 발생한다.

② 조건이 사회질서에 반하는 경우 그 법률행위는 무효로 한다.

③ 해제조건부 법률행위의 해제조건이 법률행위 당시에 이미 성취되어 있으면 그 법률행위는 무효이다.

④ 기한의 이익은 채무자의 이익으로 추정한다.

⑤ 기한의 이익은 이를 포기할 수 있으나 상대방의 이익을 해하지 못한다.

20 법률행위의 부관에 관한 설명으로 옳지 않은 것은? (다툼이 있으면 판례에 따름)

① 조건은 의사표시의 일반원칙에 따라 조건의사와 그 표시가 필요하다.

② 법률행위가 정지조건부 법률행위에 해당한다는 사실은 그 법률효과의 발생을 다투려는 자에게 증명책임이 있다.

③ 당사자 사이에 기한이익 상실의 특약이 있는 경우, 특별한 사정이 없는 한 이는 형성권적 기한이익 상실의 특약으로 추정된다.

④ 보증채무에서 주채무자의 기한이익의 포기는 보증인에게 효력이 미치지 아니한다.

⑤ 조건의 성취로 인하여 불이익을 받을 당사자가 신의칙에 반하여 조건의 성취를 방해한 경우, 그러한 행위가 있었던 시점에서 조건은 성취된 것으로 의제된다.

21 기한의 이익을 갖는 자를 모두 고른 것은?

ㄱ. 사용대차에서 차주   ㄴ. 임대차에서 임차인
ㄷ. 무상임치에서 수치인   ㄹ. 이자 없는 소비대차에서 차주
ㅁ. 이자 있는 소비대차에서 차주

① ㄱ, ㅁ   ② ㄷ, ㄹ   ③ ㄱ, ㄴ, ㄷ

④ ㄱ, ㄴ, ㄹ, ㅁ   ⑤ ㄴ, ㄷ, ㄹ, ㅁ

22 기한부 법률행위에 관한 설명으로 옳지 않은 것은? (다툼이 있으면 판례에 따름)

① 토지임대차계약을 체결함에 있어 임대기간을 '그 토지를 임차인에게 매도할 때까지'로 정한 것은 별다른 사정이 없는 한 기간의 약정이 없는 계약이라 볼 수 있다.

② 채무자가 과실로 담보제공의 의무를 이행하지 않았다면, 채권자는 즉시 채무의 이행을 청구할 수 있다.

③ 무이자 금전소비대차의 차주는 빌린 금전을 언제든지 반환할 수 있다.

④ 상계의 의사표시에는 상대방의 동의 없이도 조건이나 기한을 붙일 수 있다.

⑤ 신축 중인 건물의 분양계약에 따른 중도금 지급기일을 '1층 골조공사 완료 시'로 정한 경우, 그 중도금 지급의무는 불확정기한을 이행기로 정한 것이다.

정답 및 해설

19 ① 정지조건부 법률행위는 조건이 성취되면 원칙적으로 비소급한다.

20 ⑤ 조건의 성취로 인하여 불이익을 받을 당사자가 신의칙에 반하여 조건의 성취를 방해한 경우, 그러한 행위가 있었던 시점이 아니라 그 행위가 없었더라면 조건이 성취되었을 것이라고 추산되는 시점에 조건성취의 의제를 주장할 수 있다.

21 ④ ㄷ. 유상계약에서는 당사자 쌍방이 기한의 이익을 가지지만, 무상계약에서는 일방만이 기한의 이익을 갖는다. 무상임치의 경우에는 채권자인 임치인이 기한의 이익을 갖고, 채무자인 무상수치인은 기한의 이익을 갖지 못한다.

22 ④ 취소·추인·상계·해제·환매권의 행사와 같은 단독행위에는 원칙적으로 조건과 기한을 붙이는 것이 금지된다.

23 법률행위의 조건과 기한에 관한 설명으로 옳은 것은? (다툼이 있으면 판례에 따름)

① 조건성취로 불이익을 받을 자가 고의가 아닌 과실로 신의성실에 반하여 조건의 성취를 방해한 경우, 상대방은 조건이 성취된 것으로 주장할 수 없다.

② 정지조건이 성취되면 법률효과는 그 성취된 때로부터 발생하며, 당사자의 의사로 이를 소급시킬 수 없다.

③ 조건이 선량한 풍속 기타 사회질서에 위반한 것인 때에는 그 조건은 무효로 되지만 그 조건이 붙은 법률행위가 무효로 되는 것은 아니다.

④ "3년 안에 甲이 사망하면 현재 甲이 사용 중인 乙 소유의 자전거를 乙이 丙에게 증여한다"는 계약은 조건부 법률행위이다.

⑤ 조건의 성취가 미정한 권리는 일반규정에 의하여 처분할 수 없다.

24 조건과 기한 등에 관한 설명으로 옳지 않은 것은? (다툼이 있으면 판례에 따름)

① 동산의 소유권유보부 매매는 정지조건부 매매에 해당한다.

② 어떤 법률행위가 정지조건부 법률행위에 해당한다는 사실은 그 법률효과의 발생을 다투려는 자에게 주장·입증책임이 있다.

③ 불확실한 사실의 발생을 이행기한으로 정한 경우 그 사실의 발생이 불가능한 경우에는 이행을 할 필요가 없다.

④ 조건이 법률행위의 당시 이미 성취한 것인 경우에는 그 조건이 정지조건이면 그 법률행위는 유효이다.

⑤ 기한이익 상실의 특약은 명백히 정지조건부 기한이익 상실의 특약이라고 볼만한 특별한 사정이 없는 한, 형성권적 기한이익 상실의 특약으로 추정된다.

25 법률행위의 조건과 기한에 관한 설명으로 옳은 것은? (다툼이 있으면 판례에 따름)

① 기한이익 상실의 특약은 특별한 사정이 없는 한 정지조건부 기한이익 상실의 특약으로 추정한다.

② 당사자가 불확정한 사실이 발생한 때를 이행기한으로 정한 경우, 그 사실의 발생이 불가능하게 된 때에는 기한의 도래로 볼 수 없다.

③ 조건성취로 불이익을 받을 자가 과실로 신의성실에 반하여 조건의 성취를 방해한 때에는 상대방은 조건이 성취된 것으로 주장할 수 없다.

④ 기한부 법률행위의 당사자가 기한도래의 효력을 그 도래 전으로 소급하게 할 의사를 표시한 때에는 그 의사에 의한다.

⑤ 조건이 성립하기 위해서는 조건의사와 그 표시가 필요하고, 조건의사가 있더라도 그것이 외부에 표시되지 않으면 원칙적으로 법률행위의 동기에 불과하다.

정답 및 해설

23 ④ ① 조건성취로 불이익을 받을 자가 고의가 아닌 과실로 신의성실에 반하여 조건의 성취를 방해한 경우, 상대방은 조건이 성취된 것으로 주장할 수 있다.

② 정지조건이 성취되면 법률효과는 그 성취된 때로부터 발생하며, 당사자의 의사로 이를 소급시킬 수 있다.

③ 조건이 선량한 풍속 기타 사회질서에 위반한 것인 때에는 법률행위가 전부 무효로 된다.

⑤ 조건의 성취가 미정한 권리라도 조건성취 전에 일반규정에 의하여 처분할 수 있다.

24 ③ 불확실한 사실의 발생을 이행기한으로 정한 경우 그 사실이 발생한 때는 물론 그 사실의 발생이 불가능한 경우에도 기한은 도래한 것이므로 이행을 하여야 한다.

25 ⑤ ① 기한이익 상실의 특약은 특별한 사정이 없는 한 형성권적 기한이익 상실의 특약으로 추정한다.

② 당사자가 불확정한 사실이 발생한 때를 이행기한으로 정한 경우, 그 사실의 발생이 불가능하게 된 때에도 기한은 도래한 것으로 본다.

③ 조건성취로 불이익을 받을 자가 과실로 신의성실에 반하여 조건의 성취를 방해한 때에는 상대방은 조건이 성취된 것으로 주장할 수 있다.

④ 기한부 법률행위의 당사자가 기한도래의 효력을 그 도래 전으로 소급하게 할 의사를 표시한 때에도 절대적으로 소급할 수 없다.

회계사 · 세무사 · 경영지도사 단번에 합격!
해커스 경영아카데미 cpa.Hackers.com

제4편

기간과 소멸시효

01 「민법」상 기간에 관한 설명으로 옳지 않은 것은?

① 기간의 계산은 법령, 재판상의 처분 또는 법률행위에 다른 정한 바가 없으면 「민법」의 규정에 의한다.
② 기간을 시, 분, 초로 정한 때에는 즉시로부터 기산한다.
③ 기간을 일, 주, 월 또는 연으로 정한 때에도 그 기간이 오전 영시로부터 시작하는 경우에는 기간의 초일을 산입한다.
④ 연령계산 시에는 출생일을 산입하지 아니한다.
⑤ 기간의 말일이 토요일 또는 공휴일에 해당하는 때에는 기간은 그 익일로 만료한다.

02 「민법」상 기간에 관한 설명으로 옳은 것은? (다툼이 있으면 판례에 따름)

① 2023년 6월 1일(목) 14시부터 2일간의 기간이 만료하는 때는 2023년 6월 4일 24시이다.
② 2023년 6월 1일(목) 16시부터 72시간의 기간이 만료하는 때는 2023년 6월 4일 16시이다.
③ 2023년 4월 1일(토) 09시부터 2개월의 기간이 만료하는 때는 2023년 6월 2일 24시이다.
④ 2004년 5월 16일(일) 오전 7시에 태어난 사람은 2023년 5월 16일 24시에 성년자가 된다.
⑤ 「민법」 제157조의 초일불산입의 원칙은 강행규정이므로 당사자의 합의로 달리 정할 수 없다.

03 기간의 계산에 관한 설명으로 옳은 것은? (다툼이 있으면 판례에 따름)

① 어느 법률이 2009년 1월 30일에 공포되고 부칙에서 공포 후 6월이 경과한 날부터 시행하도록 되어 있다면, 그 법률은 2009년 7월 31일 0시부터 시행된다.
② 기간계산에 관한 「민법」규정은 강행규정이므로 당사자가 법률행위로 달리 정할 수 없다.
③ 2009년 8월 5일 오전 8시에 태어난 자는 2028년 8월 6일 0시부터 성년자이다.
④ 2009년 5월 22일 오후 1시에 오토바이를 빌리면서 3월 내에 반환하기로 한 경우 8월 22일이 토요일이므로 그 익일인 8월 23일 24시가 만료점이 된다.
⑤ 2009년 9월 8일 오후 2시에 사단법인의 사원총회를 소집하려면, 별도의 정함이 없는 한, 2009년 9월 2일 24시까지 사원들에게 소집통지가 발송되어야 한다.

04 기간에 관한 설명으로 옳은 것은? (다툼이 있으면 판례에 따름)

① 다가오는 2월 16일부터 5일간이라고 한 경우에 기산점은 2월 17일이 된다.

② 원칙적으로 정년이 60세라 함은 만 61세에 도달하는 날의 전날을 의미한다.

③ 1월 29일 정오에 오늘부터 1개월이라고 한 경우와 1월 31일 정오에 오늘부터 1개월이라고 한 경우, 양자는 같은 시점에 기간이 만료된다.

④ 5월 16일 정오에 오늘부터 6일간이라고 한 경우에 5월 17일이 공휴일이면, 그 기산점은 5월 18일이 된다.

⑤ 기간의 말일이 토요일인 경우에는 그 익일인 일요일에 기간이 만료된다.

정답 및 해설

01 ④ 연령계산 시에는 출생일을 산입한다.

02 ② ① 2023년 6월 1일(목) 14시부터 2일간의 기간이 만료하는 때는 2023년 6월 3일(토) 24시인데, 말일이 공휴일이므로 만료점은 2023년 6월 4일(일) 24시가 아니고, 2023년 6월 5일(월) 24시이다.
③ 2023년 4월 1일(토) 09시부터 2개월의 기간이 만료하는 때는 2023년 4월 2일(일) 0시부터 기산하므로, 2023년 6월 1일 24시이다.
④ 2004년 5월 16일(일) 오전 7시에 태어난 사람은 2023년 5월 15일 24시에 성년자가 된다.
⑤ 「민법」 제157조의 초일불산입의 원칙은 임의규정이므로 당사자의 합의로 달리 정할 수 있다.

03 ① ② 기간계산에 관한 「민법」규정은 임의규정이다.
③ 2009년 8월 5일 오전 8시에 태어난 자는 2028년 8월 5일 0시부터(= 8월 4일 24시 이후) 성년자이다.
④ 2009년 5월 22일 오후 1시에 오토바이를 빌리면서 3월 내에 반환하기로 한 경우 만료일인 8월 22일이 토요일, 8월 23일 일요일이므로 그 익일인 8월 24일 월요일 24시가 만료점이 된다.
⑤ 2009년 9월 8일 오후 2시에 사단법인의 사원총회를 소집하려면, 별도의 정함이 없는 한, 2009년 8월 31일 24시까지 사원들에게 소집통지가 발송되어야 한다.

04 ③ ① 다가오는 2월 16일부터 5일간이라고 한 경우에 기산점은 2월 16일이 된다.
② 원칙적으로 정년이 60세라 함은 만 60세에 도달하는 날을 의미한다.
④ 5월 16일 정오에 오늘부터 6일간이라고 한 경우에 5월 17일이 공휴일이더라도, 그 기산점은 5월 17일이 된다.
⑤ 기간의 말일이 토요일인 경우에는 월요일에 기간이 만료된다.

05 기간의 계산에 관한 설명으로 옳지 않은 것은?

① 2015년 6월 16일 오후 3시부터 10일간이라고 하면, 2015년 6월 26일(금) 24시에 기간이 만료한다.

② 2015년 4월 1일 오전 10시부터 6개월간이라고 하면, 2015년 10월 1일(목) 24시에 기간이 만료한다.

③ 2015년 10월 1일 오전 0시부터 3개월간이라고 하면, 2015년 12월 31일(목) 24시에 기간이 만료한다.

④ 2015년 6월 28일 오전 10시에 출생한 아이는 2034년 6월 27일(화) 24시에 성년이 된다.

⑤ 정관에 달리 정함이 없다면, 2015년 4월 29일에 사단법인의 사원총회를 개최하기 위해서는 2015년 4월 22일(수) 24시까지 소집통지를 발송하여야 한다.

06 기간에 관한 계산으로 옳지 않은 것은?

① 1999. 5. 30. 01시에 출생한 사람은 2018. 5. 30. 0시부터 성년자가 된다.

② 2013. 5. 15. 08시에 승용차를 빌리면서 12시간 후에 반환하기로 약정하였다면, 같은 날 20시까지 이행하여야 한다.

③ 2012. 3. 8. 14시에 돈을 빌리면서 1년 후에 변제하기로 약정하였다면, 2013. 3. 8. 24시까지 이행하여야 한다.

④ 2013. 3. 23. 토요일 13시에 매매목적물을 인도받으면서 1개월 후에 대금을 변제하겠다고 약정하였다면, 2013. 4. 24. 24시까지 이행하여야 한다.

⑤ 사단법인의 사원총회소집을 1주 전에 통지하여야 하는 경우, 총회일이 2013. 5. 15. 10시라면 늦어도 2013. 5. 7. 24시까지는 총회소집의 통지를 발송하여야 한다.

07 「민법」상 기간에 관한 설명으로 옳은 것은? (다툼이 있으면 판례에 따름)

① 월로 정한 기간의 기산일이 공휴일인 경우에는 그 다음 날부터 기산한다.

② 기한을 일, 주, 월 또는 연으로 정한 때에 기간의 초일을 산입하지 아니하는 것은 강행규정이며 당사자의 약정으로 달리 정할 수 없다.

③ 2016. 4. 30. 10시부터 2개월인 경우 2016. 6. 30. 10시로 기간이 만료한다.

④ 사단법인의 사원총회일이 2016. 7. 19. 10시인 경우 늦어도 7. 12. 24시까지 사원에게 총회소집통지를 발신하면 된다.

⑤ 1997. 6. 1. 07시에 출생한 사람은 2016. 6. 1. 0시부터 성년자가 된다.

정답 및 해설

05 ⑤ 정관에 달리 정함이 없다면, 2015년 4월 29일에 사단법인의 사원총회를 개최하기 위해서는 2015년 4월 21일(화) 24시까지 소집통지를 발송하여야 한다.

06 ④ 2013. 3. 23. 토요일 13시에 매매목적물을 인도받으면서 1개월 후에 대금을 변제하겠다고 약정하였다면, 초일불산입이므로 2013. 3. 24. 0시부터 기산하여 전일로 종료하므로 2013. 4. 23. 24시까지 이행하여야 한다.

07 ⑤ ① 월로 정한 기간의 기산일이 공휴일인 경우에는 그 다음 날부터 기산하지 않고 그 날부터 기산한다. 말일이 공휴일인 경우에는 그 다음 날로 만료한다.

② 기한을 일, 주, 월 또는 연으로 정한 때에 기간의 초일을 산입하지 아니하는 것은 임의규정이며 당사자의 약정으로 달리 정할 수 있다.

③ 2016. 4. 30. 10시부터 2개월인 경우 2016. 5. 1. 0시부터 기산하므로 2016. 6. 30. 24시로 기간이 만료한다.

④ 사단법인의 사원총회일이 2016. 7. 19. 10시인 경우 늦어도 7. 11. 24시까지 사원에게 총회소집통지를 발신하면 된다.

01 제척기간에 관한 설명으로 옳은 것은? (다툼이 있으면 판례에 따름) [세무사 21]

① 제척기간은 소멸시효와 같이 중단의 효력이 인정된다.
② 형성권 이외에 청구권도 제척기간의 경과에 의해 소멸할 수 있다.
③ 변론주의의 원칙상 제척기간에 따른 권리소멸은 당사자가 주장하여야 한다.
④ 특별한 사정이 없는 한 제척기간이 규정되어 있는 권리는 재판 외에서 행사할 수 없고 재판상 행사해야 한다.
⑤ 제척기간이 규정되어 있는 권리는 제척기간이 경과하더라도 당사자의 원용이 있어야 소멸한다.

02 제척기간에 관한 설명으로 옳지 않은 것은? (다툼이 있으면 판례에 따름) [세무사 22]

① 제척기간에는 기간의 중단이나 정지가 인정되지 않는다.
② 매매예약완결권은 형성권으로서 제척기간의 적용을 받는다.
③ 제척기간은 기간의 도과로 권리가 소멸하므로 그 포기가 인정되지 않는다.
④ 미성년자의 법률행위를 취소할 수 있는 권리는 형성권으로서 그 취소권의 존속기간은 제척기간이라고 보아야 한다.
⑤ 매매예약완결권의 행사기간을 30년으로 약정하더라도, 예약성립일로부터 10년간 예약완결권을 행사하지 않으면 그 예약완결권은 소멸한다.

03 소멸시효와 제척기간에 관한 설명으로 옳지 않은 것은? (다툼이 있으면 판례에 따름)

① 소멸시효에 의한 권리소멸은 기산일에 소급하여 효력이 있으나, 제척기간에 의한 권리소멸은 장래에 향하여 효력이 있다.
② 소멸시효의 이익은 미리 포기가 가능하나, 제척기간에는 포기가 인정되지 않는다.
③ 제척기간의 경과는 법원의 직권조사사항이지만, 소멸시효의 완성은 직권조사사항이 아니다.
④ 소멸시효에는 중단이 인정되고 있으나, 제척기간에는 중단이 인정되지 않는다.
⑤ 소멸시효의 정지에 관해서는 「민법」에 명문의 규정이 있으나, 제척기간의 정지에 관해서는 「민법」에 명문의 규정이 없다.

04 제척기간에 관한 설명으로 옳지 않은 것은? (다툼이 있으면 판례에 따름)

① 제척기간에 의한 권리소멸의 효과는 그 기간이 경과한 때로부터 장래에 향하여 생긴다.

② 제척기간에 의한 권리소멸의 여부는 당사자의 주장에 관계없이 법원이 직권으로 조사하여야 한다.

③ 불법행위를 한 날로부터 10년이 경과하면 손해배상청구를 할 수 없도록 한 「민법」의 규정은 제척기간이 아니라 소멸시효에 관한 규정이다.

④ 형성권의 행사기간은 당사자의 약정에 관계없이 10년이다.

⑤ 제척기간에는 기간의 중단이 있을 수 없다.

정답 및 해설

01 ② ① 제척기간은 소멸시효와 달리 중단의 효력이 인정되지 않는다.

③ 제척기간에 따른 권리소멸은 당사자의 주장이 허용되지 않고 법원이 직권으로 판단한다.

④ 제척기간이 규정되어 있는 권리는 재판 외 또는 재판상 행사해야 하는 경우도 있고 반드시 재판상 행사하여야 하는 경우도 있다.

⑤ 제척기간이 규정되어 있는 권리는 제척기간이 경과하면 당사자의 원용과 상관없이 장래를 향하여 소멸한다.

02 ⑤ 매매예약완결권의 행사기간은 당사자가 자유롭게 정할 수 있으며 제한이 없다. 따라서 매매예약완결권의 행사기간을 30년으로 약정하였다면, 예약성립일로부터 10년간 예약완결권을 행사하지 않더라도 그 예약완결권은 소멸하지 않는다.

03 ② 소멸시효의 이익은 시효가 완성되기 전, 미리 포기할 수 없다.

04 ④ 형성권은 원칙적으로 법규정에 의하는 것이지만, 당사자의 특약에 의해 계약으로 전환하는 것이 가능하므로, 당사자의 약정이 우선한다.

05 소멸시효와 제척기간에 관한 설명으로 옳은 것은? (다툼이 있으면 판례에 따름)

① 채권양도의 통지만으로도 제척기간의 준수에 필요한 권리의 재판 외 행사로 볼 수 있다.

② 점유물 반환청구권은 실체법상의 권리이므로 그 제척기간은 출소기간을 의미하지 않는다.

③ 소멸시효기간은 법률행위에 의해 연장할 수 없으나, 제척기간은 당사자 사이의 약정으로 연장할 수 있다.

④ 소멸시효완성 후에 채무승인이 있었다면, 곧바로 소멸시효이익의 포기가 있는 것으로 간주된다.

⑤ 공유관계가 존속하는 한, 공유물 분할청구권만이 독립하여 시효소멸하지 않는다.

06 소멸시효의 대상이 되지 않는 권리를 모두 고른 것은? (다툼이 있으면 판례에 따름) [세무사 22]

> ㄱ. 소유권에 기한 물권적 청구권
> ㄴ. 매수한 부동산을 인도받아 점유하고 있는 매수인의 소유권이전등기청구권
> ㄷ. 수급인이 보수(報酬)채권의 확보를 위해 완성물에 대하여 행사하고 있는 유치권

① ㄱ   ② ㄴ   ③ ㄱ, ㄷ
④ ㄴ, ㄷ   ⑤ ㄱ, ㄴ, ㄷ

07 소멸시효에 관한 설명으로 옳은 것을 모두 고른 것은? (다툼이 있으면 판례에 따름)

> ㄱ. 소유권에 기한 물권적 청구권은 소멸시효에 걸리지 않는다.
> ㄴ. 하자담보책임에 기한 토지매수인의 손해배상청구권은 제척기간에 걸리므로 소멸시효의 적용이 배제된다.
> ㄷ. 사실상 권리의 존재나 권리행사 가능성을 알지 못하였다는 사유는 특별한 사정이 없는 한 소멸시효의 진행을 방해하지 않는다.

① ㄴ   ② ㄱ, ㄴ   ③ ㄱ, ㄷ
④ ㄴ, ㄷ   ⑤ ㄱ, ㄴ, ㄷ

08 소멸시효에 걸리지 않는 권리는? (다툼이 있으면 판례에 따름)

① 판결에 의하여 확정된 대여금반환청구권

② 유치권으로 담보된 공사대금지급청구권

③ 건물의 무단 신축자에 대한 토지공유자의 철거청구권

④ 인격권 침해로 인한 손해배상청구권

⑤ 점유자의 회복자에 대한 비용상환청구권

정답 및 해설

05 ⑤ ① 채권양도 통지만으로 제척기간 준수에 필요한 '권리의 재판 외 행사'가 이루어졌다고 볼 수 없다.

② 점유물 반환청구권은 침탈을 당한 날로부터 1년 내에 행사하여야 하는데, 여기의 행사기간은 그 기간 내에 소를 제기해야 하는 출소기간(제척기간)으로 보는 것이 판례이다.

③ 제척기간은 최고권 행사 등으로 단축할 수 있으나 당사자 사이의 약정으로 연장할 수 없다.

④ 소멸시효 중단사유로서의 채무승인은 시효이익을 받는 당사자인 채무자가 소멸시효의 완성으로 채권을 상실하게 될 자에 대하여 상대방의 권리 또는 자신의 채무가 있음을 알고 있다는 뜻을 표시함으로써 성립하는 이른바 관념의 통지로 여기에 어떠한 효과의사가 필요하지 않다. 이에 반하여 시효완성 후 시효이익의 포기가 인정되려면 시효이익을 받는 채무자가 시효의 완성으로 인한 법적인 이익을 받지 않겠다는 효과의사가 필요하기 때문에 시효완성 후 소멸시효 중단사유에 해당하는 채무의 승인이 있었다 하더라도 그것만으로는 곧바로 소멸시효이익의 포기라는 의사표시가 있었다고 단정할 수 없다.

06 ⑤ 모두 소멸시효에 걸리지 않는다.

07 ③ ㄴ. 하자담보책임에 기한 토지매수인의 손해배상청구권은 제척기간도 적용되고, 그와 별개로 소멸시효도 적용된다.

08 ③ 공유지분에 근거한 토지공유자의 철거청구권은 물권에 근거하는 것으로 그 기초가 되는 공유관계가 존속하는 한 독립하여 소멸시효에 걸리지 않는다.

09 소멸시효의 대상이 되는 권리에 관한 설명으로 옳은 것은? (다툼이 있으면 판례에 따름)

① 유치권은 소멸시효에 걸린다.

② 소유권에 기한 물권적 청구권은 소멸시효에 걸린다.

③ 공유물 분할청구권은 공유관계가 존속하더라도 그 분할청구권만이 독립하여 소멸시효에 걸린다.

④ 근저당권설정약정에 의한 근저당권설정등기청구권은 그 피담보채권이 될 채권과 별개로 소멸시효에 걸린다.

⑤ 부동산을 매수한 자가 그 목적물을 인도받아 사용·수익하고 있는 경우에도 매수인의 소유권이전등기청구권은 소멸시효에 걸린다.

10 「민법」상 3년의 소멸시효기간의 적용을 받는 채권이 아닌 것은? (다툼이 있으면 판례에 따름)

① 의사의 치료에 관한 채권

② 세무사의 직무에 관한 채권

③ 도급받은 자의 공사에 관한 채권

④ 공인회계사의 직무에 관한 채권

⑤ 수공업자의 업무에 관한 채권

11 소멸시효기간에 관한 설명으로 옳지 않은 것을 모두 고른 것은? (다툼이 있으면 판례에 따름)

> ㄱ. 1개월 단위로 지급되는 집합건물의 관리비채권은 10년의 소멸시효에 걸린다.
> ㄴ. 상인이 판매한 상품의 대금채권은 3년의 소멸시효에 걸린다.
> ㄷ. 상인이 아닌 물상보증인이 상인인 채무자에게 구상권을 행사하는 경우 그 구상권은 5년의 소멸시효에 걸린다.
> ㄹ. 도급으로 인한 공사대금채권은 3년의 소멸시효에 걸린다.

① ㄱ, ㄴ   ② ㄱ, ㄷ   ③ ㄴ, ㄷ

④ ㄴ, ㄹ   ⑤ ㄷ, ㄹ

12 甲은 2000. 6. 1. 오후에 乙에게 1억 원을 빌려주면서 변제기를 2002. 6. 1. 정오(12시)로 정하였다. 그러나 약정기일에 乙이 변제하지 않자, 甲은 乙에게 변제를 독촉하는 내용증명우편을 보냈고 乙은 2002. 8. 7. 15시에 이를 수령하였다. 甲의 대여금채권의 소멸시효는 언제 완성되는가?

① 2010. 6. 1. 자정(24시)
② 2012. 6. 1. 정오(12시)
③ 2012. 6. 1. 자정(24시)
④ 2012. 8. 7. 자정(24시)
⑤ 2012. 8. 7. 15시

정답 및 해설

09 ④ ① 담보물권(유치권, 질권, 저당권)은 피담보채권이 존재하는 한 독립해서 소멸시효에 걸리지 않는다.
② 소유권에 기한 물권적 청구권은 소멸시효에 걸리지 않는다.
③ 공유물 분할청구권은 공유관계가 존속하면 그 분할청구권만이 독립하여 소멸시효에 걸리지 않는다.
⑤ 부동산을 매수한 자가 그 목적물을 인도받아 사용·수익 또는 처분한 경우 매수인의 소유권이전등기청구권은 소멸시효에 걸리지 않는다.

10 ② 세무사의 직무에 관한 채권은 10년의 소멸시효가 적용되는 채권이다.

11 ② ㄱ. 1개월 단위로 지급되는 집합건물의 관리비채권은 3년의 소멸시효에 걸린다.
ㄷ. 상인이 아닌 물상보증인이 상인인 채무자에게 구상권을 행사하는 경우 그 구상권은 10년의 소멸시효에 걸린다.

12 ③ 소멸시효는 권리가 발생한 때부터 진행한다. 위 경우 기산점은 2002. 6. 1. 정오(12시)이고, 일반채권으로서 10년의 소멸시효에 해당된다. 기간계산의 경우 역법적 계산 시 초일불산입이 원칙이므로 2002. 6. 2. 0시부터 기산하여 전일인 2012. 6. 1. 자정(24시)으로 만료하여 소멸시효가 완성된다. 이 경우 내용증명을 보내 최고하였다는 사실만으로는 시효가 중단되지 않는다.

13 甲은 그 소유 부동산을 1980. 7. 16. 乙에게 매도하였다. 2016. 7. 16. 현재 乙의 甲에 대한 부동산소유권이전등기청구권의 소멸시효가 완성된 경우를 모두 고른 것은? (다툼이 있으면 판례에 따름)

> ㄱ. 乙이 매매와 동시에 부동산을 인도받아 현재까지 계속 점유·사용하고 있는 경우
> ㄴ. 乙이 매매와 동시에 부동산을 인도받아 사용·수익하다가 2000년 丙에 의해 그 점유를 침탈당한 뒤 현재까지 점유를 회복하지 못한 경우
> ㄷ. 乙이 매매와 동시에 부동산을 인도받아 사용·수익하다가 2005년 丁에게 전매하고 인도한 경우

① ㄴ   ② ㄷ   ③ ㄱ, ㄴ
④ ㄱ, ㄷ   ⑤ ㄴ, ㄷ

14 소멸시효의 기산점에 관한 설명으로 옳은 것은? (다툼이 있으면 판례에 따름)

① 기한의 정함이 없는 채권 – 기한이 객관적으로 도래한 때
② 부작위 채권 – 채무자가 위반행위를 한 때
③ 불확정기한부 채권 – 채무자가 기한의 도래를 안 때
④ 동시이행의 항변권이 붙어 있는 채권 – 그 항변권이 소멸된 이후부터
⑤ 확정기한부 채권 – 이행의 청구를 받은 때

15 소멸시효의 기산점에 대한 설명 중 옳은 것은? (다툼 있으면 판례에 의함)

① 기한을 정하지 아니한 권리는 권리가 발생한 때로부터 소멸시효가 진행한다.
② 정지조건부 권리는 조건이 성취되지 않은 것으로 확정된 때로부터 소멸시효가 진행한다.
③ 부작위를 목적으로 하는 채권은 위반행위를 하였음을 채권자가 안 때로부터 소멸시효가 진행한다.
④ 병원에 장기간 입원하여 치료받은 환자의 치료비채권은 환자가 퇴원한 때로부터 소멸시효가 진행한다.
⑤ 공동불법행위자 중 1인의 다른 공동불법행위자에 대한 구상금채권은 불법행위 시부터 소멸시효가 진행한다.

16 甲이 동료교사 乙에게 이자 없이 5백만원을 빌려주었고, 동료교사 丙은 乙의 채무를 보증하였다. 이 경우 소멸시효에 관한 설명으로 옳지 않은 것은? (다툼이 있으면 판례에 따름)

① 甲의 乙에 대한 채권은 10년의 소멸시효에 걸린다.

② 乙이 甲에게 3월 후에 갚기로 약정하였다면, 甲의 乙에 대한 채권의 소멸시효는 3월이 경과한 때부터 진행한다.

③ 乙이 甲에게 甲의 부(父) 丁이 사망하면 갚기로 약정하였다면, 甲의 乙에 대한 채권의 소멸시효는 乙이 丁의 사망을 안 때부터 진행한다.

④ 甲은 乙과의 합의로 미리 그 채권의 소멸시효를 연장 또는 가중할 수 없다.

⑤ 丙이 보증채무를 이행한 경우, 丙의 乙에 대한 구상권은 보증채무를 이행한 때부터 소멸시효가 진행한다.

정답 및 해설

13 ① ㄴ. 매수인 乙이 그 부동산의 점유를 침탈당하고 회복하지 못한 후 16년이 경과하였으므로 乙의 소유권이전등기청구권은 소멸시효가 완성되었다.

[오답체크]
ㄱ, ㄷ. 부동산 매수인의 소유권이전등기청구권은 채권적 청구권이므로 원칙적으로 10년의 소멸시효가 적용되지만, 매수인이 그 부동산을 점유하여 사용·수익하거나 처분한 경우에는 소멸시효에 걸리지 않는다.

14 ② ① 기한의 정함이 없는 채권 – 채권발생 시부터
③ 불확정기한부 채권 – 기한이 객관적으로 도래한 때
④ 동시이행의 항변권이 붙어 있는 채권 – 채권발생 시부터
⑤ 확정기한부 채권 – 이행기가 도래한 때

15 ① ② 정지조건부 권리는 정지조건이 성취되어 권리가 발생한 때부터 소멸시효가 진행한다. 그런데 설문에 의하면 '조건이 성취되지 않았으므로' 권리도 발생하지 않고 따라서 소멸시효의 기산점이 문제되지 않는다.
③ 부작위 채권은 의무자가 '위반행위를 한 때부터' 소멸시효가 진행한다.
④ 입원환자의 치료비채권은 ⅰ) 별도의 납부기한이 있으면 그 기한이 도래한 때부터 ⅱ) 납부기한이 없으면 ①과 마찬가지로 기한을 정하지 않은 권리에 해당하므로 권리가 발생한 때로부터 소멸시효가 진행한다.
⑤ 공동불법행위자의 다른 공동불법행위자에 대한 구상권의 소멸시효는 그 구상권이 발생한 시점, 즉 구상권자가 공동면책행위를 한 때로부터 기산하여야 할 것이고, 그 기간도 일반채권과 같이 10년으로 보아야 한다.

16 ③ 불확정기한부 법률행위에 있어서 소멸시효의 기산점은 그 사실을 안 때가 아니라 객관적 사실 발생 시부터이다. 따라서 乙이 甲에게 甲의 부(父) 丁이 사망하면 갚기로 약정하였다면, 甲의 乙에 대한 채권의 소멸시효는 丁의 사망 시부터 진행한다.

17 소멸시효에 관한 설명으로 옳지 않은 것은? (다툼이 있으면 판례에 따름)

① 선택채권의 소멸시효는 선택권을 행사할 수 있는 때로부터 진행한다.

② 부작위를 목적으로 하는 채권의 소멸시효는 위반행위를 한 때로부터 진행한다.

③ 불확정기한부 채권의 소멸시효는 그 기한이 객관적으로 도래한 때로부터 진행한다.

④ 어떤 권리의 소멸시효기간이 얼마나 되는지에 대해서는 법원이 직권으로 판단할 수 없다.

⑤ 부동산에 대한 매매대금채권이 소유권이전등기청구권과 동시이행의 관계에 있는 경우, 매매대금청구권은 그 지급기일 이후 시효의 진행에 걸린다.

18 소멸시효의 기산점에 관한 설명으로 옳지 않은 것은? (다툼이 있으면 판례에 따름) [세무사 21]

① 부작위를 목적으로 하는 채권의 소멸시효는 위반행위를 한 때로부터 진행한다.

② 정지조건부 권리는 조건이 성취되지 않는 한 시효가 진행되지 않는다.

③ 신축 중인 건물에 관한 소유권이전등기청구권은 건물이 완공되지 않는 한 시효가 진행되지 않는다.

④ 주택임대차 종료 후 임차인이 보증금을 반환받기 위해 임차목적물을 적법하게 점유하고 있는 경우에 보증금반환채권의 시효는 진행된다.

⑤ 법원은 특별한 사정이 없는 한 당사자가 주장한 기산일을 기준으로 시효완성 여부를 판단해야 한다.

19 소멸시효의 기산점에 관한 설명으로 옳지 않은 것은? (다툼이 있으면 판례에 따름) [세무사 22]

① 신축 중인 건물에 관한 소유권이전등기청구권의 소멸시효는 특별한 사정이 없는 한 건물의 완공 시부터 진행한다.

② 변제기가 불확정기한인 때에는 그 기한이 객관적으로 도래한 때로부터 소멸시효가 진행한다.

③ 부당이득반환청구권은 기한의 정함이 없는 채권이므로 채권자가 그 이행을 청구한 때로부터 소멸시효가 진행한다.

④ 부작위를 목적으로 하는 채권의 소멸시효는 위반행위를 한 때로부터 진행한다.

⑤ 채권자가 변제기 도래 후에 채무자에 대하여 기한을 유예한 경우, 채권의 소멸시효는 유예한 변제기로부터 다시 진행한다.

20 소멸시효에 관한 설명으로 옳지 않은 것은? (다툼이 있으면 판례에 따름)

① 손해배상청구권에 대해 법률이 제척기간을 규정하고 있더라도 그 청구권은 소멸시효에 걸린다.

② 동시이행의 항변권이 붙어 있는 채권은 그 항변권이 소멸한 때로부터 소멸시효를 기산한다.

③ 채권양도 후 대항요건을 갖추지 못한 상태에서 양수인이 채무자를 상대로 소를 제기하면 양도된 채권의 소멸시효는 중단된다.

④ 비법인사단이 채무를 승인하여 소멸시효를 중단시키는 것은 사원총회의 결의를 요하는 총유물의 관리·처분행위가 아니다.

⑤ 채권의 소멸시효완성 후 채무자가 채권자에게 그 담보를 위해 저당권을 설정해 줌으로써 소멸시효의 이익을 포기했다면 그 효력은 그 후 저당부동산을 취득한 제3자에게도 미친다.

정답 및 해설

17 ④ 어떤 권리의 소멸시효기간이 얼마나 되는지에 대해서는 법원이 직권으로 판단할 수 있다.

18 ④ 「주택임대차보호법」에 따른 임대차에서 그 기간이 끝난 후 임차인이 보증금을 반환받기 위해 목적물을 점유하고 있는 경우 보증금반환채권에 대한 소멸시효는 진행하지 않는다.

19 ③ 부당이득반환청구권은 무효 또는 취소가 확정되어 반환청구권이 발생한 때로부터 소멸시효가 진행한다.

20 ② 동시이행의 항변권이 붙어 있는 채권은 채권의 이행기가 도래한 때로부터 소멸시효를 기산한다.

21 「민법」상 소멸시효에 관한 설명으로 옳은 것은? (다툼이 있으면 판례에 따름)

① 판결에 의하여 확정된 채권은 판결확정 당시에 변제기가 도래하지 않아도 10년의 소멸시효에 걸린다.

② 본래의 소멸시효기산일과 당사자가 주장하는 기산일이 서로 다른 경우에 법원은 당사자가 주장하는 기산일을 기준으로 소멸시효를 계산해야 한다.

③ 소멸시효의 기산점이 되는 '권리를 행사할 수 있는 때'란 권리를 행사하는 데 있어 사실상의 장애가 없는 경우를 말한다.

④ 어떤 권리의 소멸시효기간이 얼마나 되는지에 대해서 법원은 당사자의 주장에 따라 판단하여야 한다.

⑤ 어떤 채권이 1년의 단기소멸시효에 걸리는 경우, 그 채권의 발생원인이 된 계약에 기하여 상대방이 가지는 반대채권도 당연히 1년의 단기소멸시효에 걸린다.

22 다음 중 소멸시효의 중단사유로 볼 수 없는 것은?

① 가처분
② 파산절차 참가
③ 이행의 청구
④ 유치권의 행사
⑤ 재판상 화해를 위한 소환

23 소멸시효 중단에 관한 설명으로 옳지 않은 것은? (다툼이 있으면 판례에 따름)

① 지급명령에 의한 시효중단의 효과는 지급명령을 신청한 때에 발생한다.

② 시효이익을 받을 본인의 대리인은 소멸시효 중단사유인 채무의 승인을 할 수 있다.

③ 가압류의 피보전채권에 관하여 본안의 승소판결이 확정되면 가압류에 의한 시효중단의 효력은 당연히 소멸한다.

④ 재판상의 청구로 인하여 중단한 소멸시효는 재판이 확정된 때로부터 새로이 진행한다.

⑤ 시효중단의 효력 있는 승인에는 상대방의 권리에 관한 처분능력이나 권한 있음을 요하지 않는다.

24 소멸시효의 중단에 관한 설명으로 옳지 않은 것은? (다툼이 있으면 판례에 따름)

① 유치권의 행사가 있더라도 시효는 중단되지 않는다.

② 재판상 청구 후에 그 소를 취하하더라도 시효중단의 효력이 유지된다.

③ 매수인이 매매목적 부동산을 인도받아 점유하고 있다면, 그의 매도인에 대한 소유권이전등기 청구권은 시효로 소멸하지 않는다.

④ 주채무자에 대한 시효의 중단은 보증인에 대하여 그 효력이 있다.

⑤ 채권자가 확정판결에 기한 채권의 실현을 위해 「민사집행법」상의 재산명시신청을 하고 그 결정이 채무자에게 송달된 경우, 시효중단사유인 최고로서의 효력이 있다.

25 시효중단의 효력에 관한 설명 중 옳지 않은 것은? (다툼이 있으면 판례에 따름)

① 손해배상청구권을 공동상속한 자 중 1인이 자기의 상속분을 행사하여 승소판결을 얻었다면, 다른 공동상속인의 상속분에도 시효중단의 효력이 미친다.

② 물상보증인의 재산에 대하여 압류를 한 경우에, 이를 채무자에게 통지하면 채무자에 대해서도 시효가 중단된다.

③ 요역지가 수인의 공유인 경우에, 어느 1인에 의한 지역권 소멸시효의 중단은 다른 공유자에 대해서도 효력이 있다.

④ 연대채무자 중 1인에 대한 이행청구는 다른 연대채무자에게도 시효중단의 효력이 미친다.

⑤ 주채무자에 대한 시효중단은 보증인에게도 효력이 있다.

정답 및 해설

21 ② ① 판결에 의하여 확정된 채권은 판결확정 당시에 변제기가 도래하지 않은 경우 10년의 소멸시효에 걸리지 않고 본래의 소멸시효에 걸린다.
③ 소멸시효의 기산점이 되는 '권리를 행사할 수 있는 때'란 권리를 행사하는 데 있어 사실상의 장애가 아니라 법률상 장애가 없는 경우를 말한다.
④ 어떤 권리의 소멸시효기간이 얼마나 되는지에 대해서 법원은 당사자의 주장에 따라 판단하는 것이 아니라 법원이 직권으로 고려하여야 한다.
⑤ 어떤 채권이 1년의 단기소멸시효에 걸리는 경우, 그 채권의 발생원인이 된 계약에 기하여 상대방이 가지는 반대채권은 10년의 소멸시효에 걸린다.

22 ④ 유치권의 행사, 동시이행항변권의 행사가 있다고 하더라도 소멸시효는 중단되지 않는다.

23 ③ 가압류의 집행보전의 효력이 유지되어 존속하는 동안에 피보전채권에 관하여 본안의 승소판결이 확정되더라도 가압류에 의한 시효중단의 효력은 소멸하지 않는다.

24 ② 재판상의 청구는 소송의 각하, 기각 또는 취하의 경우에는 시효중단의 효력이 없다(「민법」 제170조 제1항).

25 ① 시효가 중단되면 이미 진행한 기간은 소멸한다. 시효중단의 효력은 당사자와 그 승계인에만 미친다. 당사자란 시효중단행위에 관여한 자만을 말하며, 승계인에는 포괄승계인과 특정승계인이 포함된다. 손해배상청구권을 공동상속한 자 중 1인이 자기의 상속분을 행사하여 승소판결을 얻었더라도, 다른 공동상속인의 상속분에는 시효중단의 효력이 미치지 않는다.

26 소멸시효의 중단에 관한 설명으로 옳은 것은? (다툼이 있으면 판례에 따름)

① 가압류가 법률의 규정에 따르지 않아 취소된 때에도 시효중단의 효력이 있다.

② 채권자가 확정판결에 기한 채권의 실현을 위해 「민사집행법」상의 재산명시신청을 하고 그 결정이 채무자에게 송달된 경우, 시효중단사유인 최고로서의 효력이 있다.

③ 보증채무에 대한 소멸시효가 중단되면 주채무에 대한 소멸시효도 중단되는 것이 원칙이다.

④ 제소 전 화해의 신청을 받은 법원이 화해를 권고하기 위해 당사자를 소환하였으나 화해가 성립되지 않은 경우, 즉시 소를 제기하지 않으면 시효중단의 효력이 없다.

⑤ 시효중단의 효력은 시효중단에 관여한 당사자로부터 중단의 효과가 생긴 권리를 포괄승계한 자에게는 미치지만, 특정승계한 자에게는 미치지 않는다.

27 甲은 乙에 대하여 채권을 가지고 있다. 다음 설명 중 옳은 것은? (다툼이 있으면 판례에 따름)

① 甲이 소멸시효기간 만료 전 최고를 한 후 6개월 이내에 소를 제기한 경우, 그 소제기 시에 시효중단의 효력이 생긴다.

② 甲의 乙에 대한 시효중단의 효력은 乙의 보증인에게는 미치지 않는다.

③ 乙이 명시적으로 채무를 승인한 경우뿐만 아니라 묵시적으로 승인한 경우에도 소멸시효는 중단될 수 있다.

④ 甲이 乙을 사기죄로 고소하여 형사재판이 개시된 경우, 특별한 사정이 없는 한 소멸시효의 중단사유인 재판상의 청구로 볼 수 있다.

⑤ 甲이 이미 사망한 乙을 피신청인으로 하여 가압류신청을 한 경우, 법원의 가압류결정이 내려지면 소멸시효가 중단된다.

28 소멸시효의 중단에 관한 설명으로 옳지 않은 것은? (다툼이 있으면 판례에 따름)

① 소멸시효가 중단된 때에는 중단까지 경과한 시효기간은 산입되지 아니하고, 중단사유가 종료한 때로부터 시효가 새로이 진행한다.

② 재판상 청구 후에 그 소를 취하하더라도 시효중단의 효력이 유지된다.

③ 원고가 제기한 소에서 피고로서 응소하여 그 소송에서 적극적으로 권리를 주장하고 그것이 받아들여진 경우, 시효중단사유인 재판상의 청구에 해당한다.

④ 주채무자에 대한 시효의 중단은 보증인에 대하여 그 효력이 있다.

⑤ 한 개의 채권 중 일부에 관하여만 판결을 구한다는 취지를 명백히 하여 소송을 제기한 경우, 소멸시효 중단의 효력은 나머지 부분에는 발생하지 않는 것이 원칙이다.

29 甲은 2010. 1. 15. 乙의 식당에서 친구들에게 음식을 사주고 그 대금은 다음 날 지급하기로 乙과 약정하였다. 다음 설명 중 옳지 않은 것은? (다툼이 있으면 판례에 따름)

① 甲과 乙이 음식료에 대하여 2010. 10. 10. 재판상 화해를 한 경우에 시효기간은 10년이다.

② 甲이 2011. 1. 9. 乙에게 음식료를 갚겠다고 한 경우에 시효는 중단된다.

③ 乙이 음식료 채권을 위하여 2010. 9. 9. 甲의 재산에 유효한 가압류를 한 경우에도 시효는 중단되지 않는다.

④ 乙이 甲에게 2010. 10. 25. 음식료의 지급을 최고하고 다시 2011. 2. 25. 재판상 청구를 한 경우에 시효는 중단된다.

⑤ 乙이 甲에 대해 음식료 지급청구의 소를 제기하여 승소판결을 받은 경우에 그 시효기간은 판결이 확정된 날로부터 10년이다.

정답 및 해설

26 ② ① 가압류가 법률의 규정에 따르지 않아 취소된 때에는 시효중단의 효력이 없다(「민법」 제175조).
③ 시효중단의 효력은 원칙적으로 당사자와 그 승계인에만 미친다(「민법」 제169조). 그러나 주채무자에 대한 시효중단의 효력은 보증인에게도 미친다(「민법」 제440조).
④ 제소 전 화해의 신청을 받은 법원이 화해를 권고하기 위해 당사자를 소환하였으나 화해가 성립되지 않은 경우, 1월 내에 소를 제기하지 않으면 시효중단의 효력이 없다.
⑤ 시효중단의 효력은 당사자와 그 승계인에만 미친다(「민법」 제169조). 당사자란 시효중단행위에 관여한 자만을 말하며, 승계인에는 포괄승계인과 특정승계인이 포함된다.

27 ③ ① 최고 후 6개월 이내에, 재판상 청구, 화해를 위한 소환, 지급명령신청, 파산절차 참가, 임의출석 등의 1가지 사유가 존재하면 최고 시에 시효중단의 효력이 생긴다.
② 주채무자에 대한 시효중단의 효력은 보증채무에도 시효중단의 효력이 미친다.
④ 시효중단의 효력이 발생하는 재판상 청구는 민사소송을 말하는 것이고, 행정소송 또는 형사소송을 말하는 것이 아니다.
⑤ 甲이 이미 사망한 乙을 피신청인으로 하여 가압류신청을 한 경우, 신청자체가 무효이므로 소멸시효 중단의 효력은 발생되지 않는다.

28 ② 재판상의 청구는 소송의 각하, 기각 또는 취하의 경우에는 시효중단의 효력이 없다(「민법」 제170조 제1항).

29 ③ 甲의 乙에 대한 음식료 외상대금채권의 소멸시효는 1년의 단기소멸시효에 해당하므로, 소멸시효의 만료점은 2011. 1. 15. 자정이다. 따라서 乙이 음식료 채권을 위하여 2010. 9. 9. 甲의 재산에 유효한 가압류를 한 경우 시효는 중단된다.

30 소멸시효에 관한 설명으로 옳지 않은 것은? (다툼이 있으면 판례에 따름)

① 인도받은 부동산을 소유권이전등기를 하지 않고 제3자에게 처분·인도한 매수인의 등기청구권은 소멸시효에 걸리지 않는다.

② 채무불이행으로 인한 손해배상청구권의 소멸시효는 손해배상을 청구한 때부터 진행한다.

③ 채권자가 보증인을 상대로 이행을 청구하는 소를 제기한 때에도 주채무의 소멸시효가 완성하면 보증인은 주채무가 시효로 소멸되었음을 주장할 수 있다.

④ 재산권이전청구권과 동시이행관계에 있는 매매대금채권의 소멸시효는 지급기일부터 진행한다.

⑤ 등기 없는 점유취득시효가 완성하였으나 등기하지 않은 토지점유자가 토지의 점유를 잃은 경우, 그로부터 10년이 지나면 등기청구권은 소멸한다.

31 소멸시효의 중단에 관한 설명으로 옳지 않은 것은? (다툼이 있으면 판례에 따름)

① 주채무자에 대한 시효중단은 보증인에 대하여 그 효력이 없다.

② 시효중단의 효력이 있는 승인에는 상대방의 권리에 관한 처분의 능력이나 권한 있음을 요하지 않는다.

③ 파면된 직원이 제기한 파면처분 무효 확인의 소는 그 파면 후의 보수금채권에 대하여 시효중단의 효력이 있다.

④ 압류는 시효이익을 받은 자에 대하여 하지 아니한 때에는 이를 그에게 통지한 후가 아니면 시효중단의 효력이 없다.

⑤ 채권자가 피고로서 응소하여 그 소송에서 적극적인 권리를 주장하고 그것이 받아들여진 경우, 시효중단사유인 재판상 청구에 해당한다.

32 甲은 乙에게 1억 원을 대여하였고, 丙은 乙의 甲에 대한 채무를 담보하기 위하여 자기소유 X부동산 위에 甲 명의의 저당권을 설정하였다. 다음 설명 중 옳은 것을 모두 고른 것은? (다툼이 있으면 판례에 따름)

[세무사 21]

> ㄱ. 丙이 제기한 대여금채무부존재확인의 소에서 甲이 피고로서 응소하여 그 소송에서 적극적으로 권리를 주장하고 그것이 받아들여진 경우에 甲의 乙에 대한 채권의 시효가 중단된다.
> ㄴ. 甲이 X에 대한 압류를 한 후 이러한 사실을 乙에게 통지하면, 乙에 대한 시효중단의 효력이 발생한다.
> ㄷ. 甲의 乙에 대한 채권의 시효가 완성된 경우에 丙은 甲에게 소멸시효를 주장할 수 있다.

① ㄴ   ② ㄱ, ㄴ   ③ ㄱ, ㄷ

④ ㄴ, ㄷ   ⑤ ㄱ, ㄴ, ㄷ

33 소멸시효의 중단에 관한 설명으로 옳지 않은 것은? (다툼이 있으면 판례에 따름) [세무사 22]

① 재판상 청구가 각하된 후 6월 내에 다시 재판상 청구를 하면 시효는 최초의 재판상 청구로 인하여 중단된 것으로 본다.

② 채무의 승인은 시효이익을 받을 자가 시효로 권리를 잃는 자에게 그 권리가 있음을 알고 있다는 뜻을 표시함으로써 성립하는 관념의 통지이다.

③ 시효중단의 효력 있는 승인에는 상대방의 권리에 관한 처분의 능력이나 권한 있음을 요한다.

④ 시효를 주장하는 자가 제기한 소에 대하여 권리자가 피고로서 응소하여 적극적으로 권리를 주장하고 그것이 받아들여진 경우, 시효중단의 효과가 발생한다.

⑤ 시효중단의 효과는 원칙적으로 시효중단에 관여한 당사자로부터 중단의 효과를 받는 권리를 그 중단 효과의 발생 이후에 승계한 특정승계인에게도 미친다.

34 소멸시효의 중단과 정지에 관한 설명으로 옳지 않은 것은? (다툼이 있으면 판례에 따름)

① 시효의 중단은 원칙적으로 당사자 및 그 승계인 간에만 효력이 있다.

② 가압류에 의한 시효중단의 효력은 가압류의 집행보전의 효력이 존속하는 동안 계속된다.

③ 물상보증인 소유의 부동산에 대한 압류는 그 통지와 관계없이 주채무자에 대하여 시효중단의 효력이 생긴다.

④ 재산을 관리하는 후견인에 대한 제한능력자의 권리는 그가 능력자가 되거나 후임법정대리인이 취임한 때부터 6개월 내에는 소멸시효가 완성되지 않는다.

⑤ 부부 중 한쪽이 다른 쪽에 대하여 가지는 권리는 혼인관계가 종료된 때부터 6개월 내에는 소멸시효가 완성되지 않는다.

정답 및 해설

30 ② 채무불이행으로 인한 손해배상청구권의 소멸시효는 손해배상을 청구한 때가 아니라 채무불이행 시부터 진행한다.

31 ① 주채무자에 대한 시효의 중단은 보증인에 대하여 그 효력이 있다(「민법」 제440조).

32 ④ ㄱ. 물상보증인이 제기한 대여금채무부존재확인의 소에서 채권자가 피고로서 응소하여 그 소송에서 적극적으로 권리를 주장하고 그것이 받아들여진 경우라도 채권자와 보증인 사이에서의 시효가 중단되는 것이고, 그 사실을 채무자에게 통지하지 않은 이상 채무자에 대한 채권의 시효는 중단되지 않는다.

33 ③ 시효중단의 효력 있는 승인에는 상대방의 권리에 관한 처분의 능력이나 권한 있음을 요하지 않는다(「민법」 제177조).

34 ③ 물상보증인 소유의 부동산에 대한 압류를 하면 보증채무는 시효가 중단되지만, 그 사실을 채무자에게 통지하여야만 주채무자에 대하여 시효중단의 효력이 생긴다.

35 소멸시효에 관한 설명으로 옳은 것은? (다툼이 있으면 판례에 따름)

① 소멸시효는 당사자의 합의에 의하여 단축할 수 없으나 연장할 수는 있다.

② 법원은 어떤 권리의 소멸시효기간이 얼마나 되는지를 직권으로 판단할 수 없다.

③ 연대채무자 중 한 사람에 대한 이행청구는 다른 연대채무자에 대하여도 시효중단의 효력이 있다.

④ 재판상 청구는 소송이 각하된 경우에는 시효중단의 효력이 없으나, 기각된 경우에는 시효중단의 효력이 있다.

⑤ 주채무가 민사채무이고 보증채무는 상행위로 인한 것일 경우, 보증채무는 주채무에 따라 10년의 소멸시효에 걸린다.

36 소멸시효의 효과에 관한 설명 중 옳지 않은 것은?

① 소멸시효의 완성으로 인하여 채무를 면하게 되는 자는 기산일 이후의 이자를 지급할 필요가 없다.

② 소멸시효가 완성된 채권이 시효의 완성 전에 상계할 수 있었던 것이면 상계할 수 있다.

③ 시효의 중단은 당사자 간에만 효력이 있다.

④ 절대적 소멸설은 소멸시효의 완성으로 권리가 당연히 소멸한다고 한다.

⑤ 상대적 소멸설은 소멸시효의 완성으로 권리가 당연히 소멸하는 것이 아니라 시효의 이익을 받을 자에게 권리의 소멸을 주장할 권리가 생길 뿐이라고 한다.

37 소멸시효에 관한 설명으로 옳지 않은 것은? (다툼이 있으면 판례에 따름)

① 소멸시효는 법률행위에 의하여 이를 가중할 수 있으나 배제할 수는 없다.

② 소멸시효가 완성된 채권이 그 완성 전에 상계할 수 있었던 것이면 그 채권자는 상계할 수 있다.

③ 소멸시효의 완성은 그 기산일에 소급하여 효력이 있으나 제척기간의 완성은 장래에 향하여 효력이 있다.

④ 채무자가 소멸시효완성 후에 채권자에게 채무를 승인함으로써 그 시효이익을 포기한 경우에는 그때부터 새로이 소멸시효가 진행한다.

⑤ 천재 기타 사변으로 인하여 소멸시효를 중단할 수 없을 때에는 그 사유가 종료한 때로부터 1개월 내에는 시효가 완성되지 않는다.

38 소멸시효의 중단과 정지에 관한 설명으로 옳지 않은 것은?

① 시효의 중단은 원칙적으로 당사자 및 그 승계인 간에만 효력이 있다.

② 파산절차참가는 채권자가 이를 취소하거나 그 청구가 각하된 때에는 시효중단의 효력이 없다.

③ 부재자재산관리인은 법원의 허가 없이 부재자를 대리하여 상대방 채권의 소멸시효를 중단시키는 채무의 승인을 할 수 없다.

④ 천재 기타 사변으로 인하여 소멸시효를 중단할 수 없을 때에는 그 사유가 종료한 때로부터 1월 내에는 시효가 완성되지 아니한다.

⑤ 부부 중 한쪽이 다른 쪽에 대하여 가지는 권리는 혼인관계가 종료된 때부터 6개월 내에는 소멸시효가 완성되지 아니한다.

정답 및 해설

35 ③ ① 소멸시효는 법률행위에 의하여 이를 배제, 연장 또는 가중할 수 없으나 이를 단축 또는 경감할 수 있다(「민법」 제184조 제2항).

② 어떤 권리의 소멸시효기간이 얼마나 되는지에 관한 주장은 단순한 법률상의 주장에 불과하므로 변론주의의 적용대상이 되지 않고 법원이 직권으로 판단할 수 있다.

④ 재판상 청구는 소송의 각하, 기각 또는 취하의 경우에는 시효중단의 효력이 없다(「민법」 제170조 제1항).

⑤ 주채무가 민사채무이고 보증채무는 상행위로 발생한 것이면, 주채무는 10년의 소멸시효에 걸리지만 보증채무는 5년의 상사소멸시효에 걸린다.

36 ③ 시효의 중단은 당사자뿐만 아니라 그 승계인에게도 효력이 있다.

37 ① 소멸시효는 법률행위에 의하여 이를 배제, 연장 또는 가중할 수 없으나 이를 단축 또는 경감할 수 있다(「민법」 제184조 제2항).

38 ③ 부재자재산관리인은 법원의 허가 없이 부재자를 대리하여 상대방 채권의 소멸시효를 중단시키는 채무의 승인을 할 수 있다.

39 甲은 乙에 대하여 1,000만원의 채권이 있다. 이에 관한 설명으로 옳지 않은 것은? (다툼이 있으면 판례에 따름)

① 乙은 소멸시효완성 전에는 미리 소멸시효의 이익을 포기하지 못한다.

② 乙이 소멸시효완성 전에 500만원을 갚은 경우, 다른 특별한 사정이 없는 한 나머지 500만원에 대하여도 소멸시효가 중단된다.

③ 乙이 소멸시효완성 후 500만원을 갚은 경우, 다른 특별한 사정이 없는 한 그 채무 전체에 대하여 시효이익을 포기한 것으로 보아야 한다.

④ 위 ③의 경우 500만원을 갚은 시점부터 소멸시효가 새로이 진행한다.

⑤ 1,000만원의 원금채권이 시효로 소멸하여도 그에 대한 이자채권까지 시효로 소멸하는 것은 아니다.

40 소멸시효에 관한 설명으로 옳지 않은 것은? (다툼이 있으면 판례에 따름)

① 소멸시효는 법률행위에 의하여 이를 배제하거나 연장할 수 없다.

② 소멸시효의 중단은 원칙적으로 당사자 및 그 승계인 사이에서만 효력이 있다.

③ 소멸시효 중단사유로서의 채무승인은 채무가 있음을 알고 있다는 뜻의 의사표시이므로 효과의사가 필요하다.

④ 소멸시효의 이익은 시효가 완성되기 전에 미리 포기하지 못한다.

⑤ 소멸시효완성 후 채무자는 시효완성의 사실을 알고 그 채무를 묵시적으로 승인함으로써 시효의 이익을 포기할 수 있다.

41 소멸시효완성에 관한 설명으로 옳지 않은 것은? (다툼이 있으면 판례에 따름)　　　　[세무사 21]

① 가압류의 피보전채권에 관하여 승소판결이 확정되면 가압류에 의한 시효중단의 효력은 소멸하므로 그 채권은 확정판결 후 10년이 경과하면 시효로 소멸한다.

② 저당권부 채권의 채무자가 그 채권의 시효완성 후에 시효이익을 포기한 경우에 그 포기는 저당부동산의 제3취득자에게는 효력이 미치지 않는다.

③ 시효가 완성되기 전에 한 시효이익의 포기는 무효이다.

④ 채무자가 시효이익을 포기하면 그때부터 새로이 소멸시효가 진행된다.

⑤ 시효완성의 효력은 그 기산일로 소급하여 생긴다.

42 소멸시효의 이익의 포기에 관한 다음의 설명 중 옳지 않은 것은?

① 소멸시효의 이익은 시효기간이 완성되기 전에 미리 포기하지 못한다.

② 소멸시효기간을 단축하거나 시효요건을 경감하는 특약은 유효이다.

③ 소멸시효가 완성한 후에 하는 시효이익의 포기는 유효하다.

④ 소멸시효의 이익을 포기함에는 처분능력과 처분권한이 있어야 한다.

⑤ 소멸시효의 이익을 포기할 수 있는 사람이 여러 사람인 경우 한 사람의 포기는 다른 사람에게 영향을 준다.

정답 및 해설

39 ⑤ 1,000만원의 원금채권이 시효로 소멸하였다면 그에 대한 이자채권까지 시효로 소멸한다.

40 ③ 소멸시효 중단사유로서의 채무승인은 채무가 있음을 알고 있다는 뜻의 준법률행위인 관념의 통지에 해당하므로 효과의사가 필요하지 않다.

41 ① 가압류의 피보전채권에 관하여 본안의 승소판결이 확정되어도, 가압류의 집행보전의 효력이 있는 중이므로, 가압류에 의한 시효중단의 효력은 소멸되지 않는다.

42 ⑤ 소멸시효이익의 포기효과는 상대적이다. 주채무자의 시효이익의 포기는 보증인에게 효력이 없으며 연대채무자 중 어느 한 사람의 포기는 다른 연대채무자에게 효력이 없다.

43 소멸시효이익의 포기에 관한 다음 설명 중 옳지 않은 것은? (다툼이 있으면 판례에 따름)

① 소멸시효완성 후에 채무승인이 있었다면, 곧바로 소멸시효이익의 포기가 있는 것으로 간주된다.

② 주채무자가 시효이익을 포기하더라도 보증인이나 물상보증인에게는 포기의 효과가 미치지 않는다.

③ 소멸시효이익 포기의 의사표시를 할 수 있는 자는 시효완성의 이익을 받을 당사자 또는 대리인에 한정된다.

④ 채권의 소멸시효가 완성된 후에 채무자가 그 기한의 유예를 요청하였다면 그때에 소멸시효의 이익을 포기한 것으로 보아야 한다.

⑤ 채무자가 소멸시효완성 후 채무를 일부 변제한 때에는 그 액수에 관하여 다툼이 없는 한 그 채무 전체를 묵시적으로 승인한 것으로 보아야 하고, 이 경우 시효완성의 사실을 알고 그 이익을 포기한 것으로 추정된다.

44 소멸시효완성 후에 한 시효이익의 포기에 관한 설명으로 옳지 않은 것은? (다툼이 있으면 판례에 따름)

① 시효이익을 포기하면 그때부터 시효가 새로 진행한다.

② 시효완성의 이익을 받을 당사자 또는 그 대리인은 시효이익 포기의 의사표시를 할 수 있다.

③ 주채무자가 시효이익을 포기하더라도 보증인에게는 그 효력이 없다.

④ 시효이익을 이미 포기한 사람과의 법률관계를 통해 시효이익을 원용할 이해관계를 형성한 사람은 소멸시효를 주장할 수 있다.

⑤ 채권의 시효완성 후에 채무자가 그 기한의 유예를 요청한 때에는 시효이익을 포기한 것으로 보아야 한다.

정답 및 해설

43 ① 시효완성 후 시효이익의 포기가 인정되려면 시효이익을 받는 채무자가 시효의 완성으로 인한 법적인 이익을 받지 않겠다는 효과의사가 필요하기 때문에 시효완성 후 소멸시효 중단사유에 해당하는 채무의 승인이 있었다 하더라도 그것만으로는 곧바로 소멸시효이익의 포기라는 의사표시가 있었다고 단정할 수 없다.

44 ④ 시효이익을 이미 포기한 사람과의 법률관계를 통해 시효이익을 원용할 이해관계를 형성한 사람은 소멸시효의 완성을 주장할 수 없다.

해커스
세무사
객관식 민법

개정 3판 1쇄 발행 2023년 11월 10일

지은이	김지원
펴낸곳	해커스패스
펴낸이	해커스 경영아카데미 출판팀

주소	서울특별시 강남구 강남대로 428 해커스 경영아카데미
고객센터	02-537-5000
교재 관련 문의	publishing@hackers.com
학원 강의 및 동영상강의	cpa.Hackers.com

ISBN	979-11-6999-545-0 (13320)
Serial Number	03-01-01

회계사·세무사·경영지도사 단번에 합격,
해커스 경영아카데미 cpa.Hackers.com

ⅢⅢ 해커스 경영아카데미

- 김지원 교수님의 **본 교재 인강**(교재 내 할인쿠폰 수록)
- **세무사 기출문제, 시험정보/뉴스** 등 추가학습 콘텐츠
- 선배들의 성공 비법을 확인하는 **시험 합격후기**